AF247251

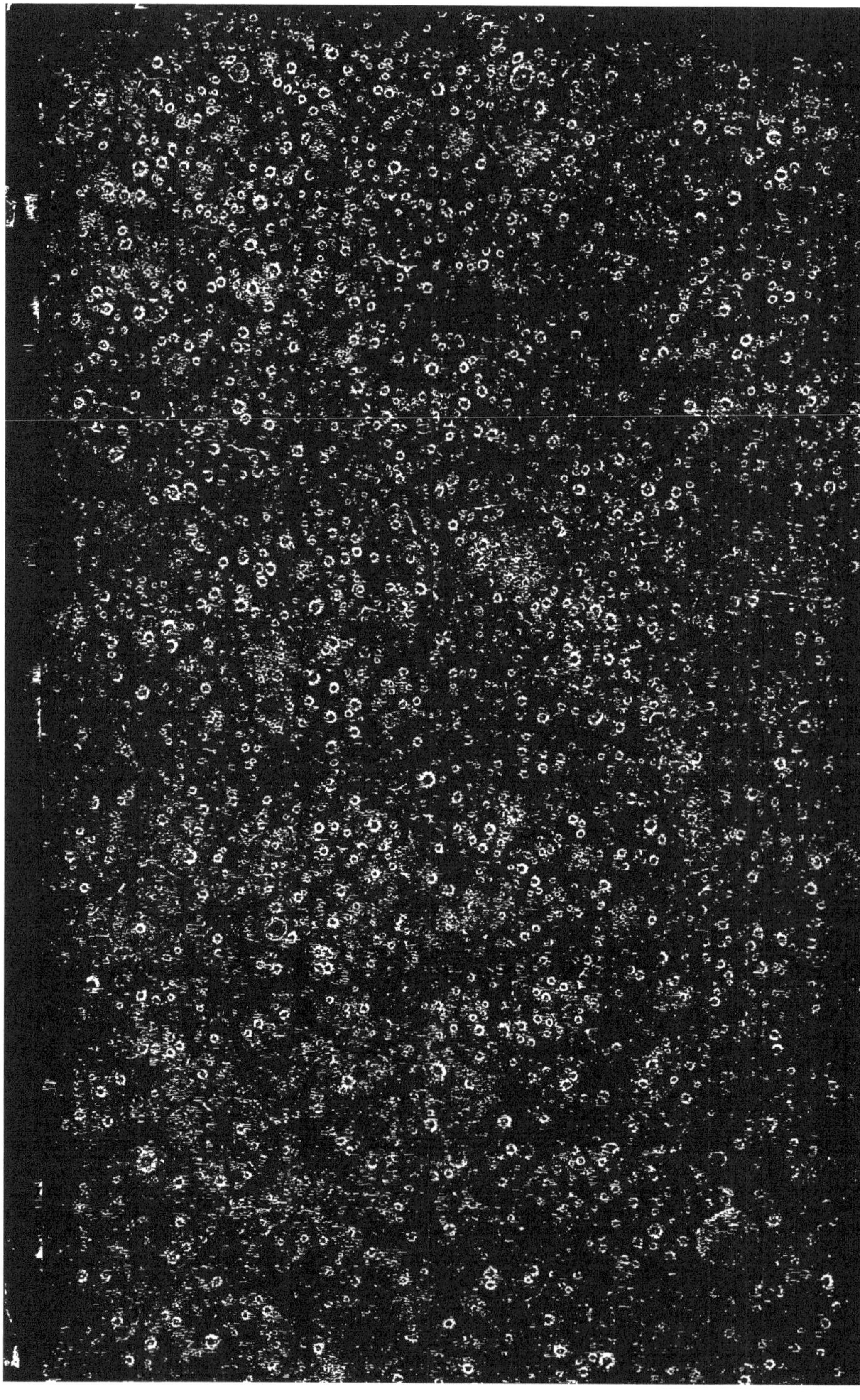

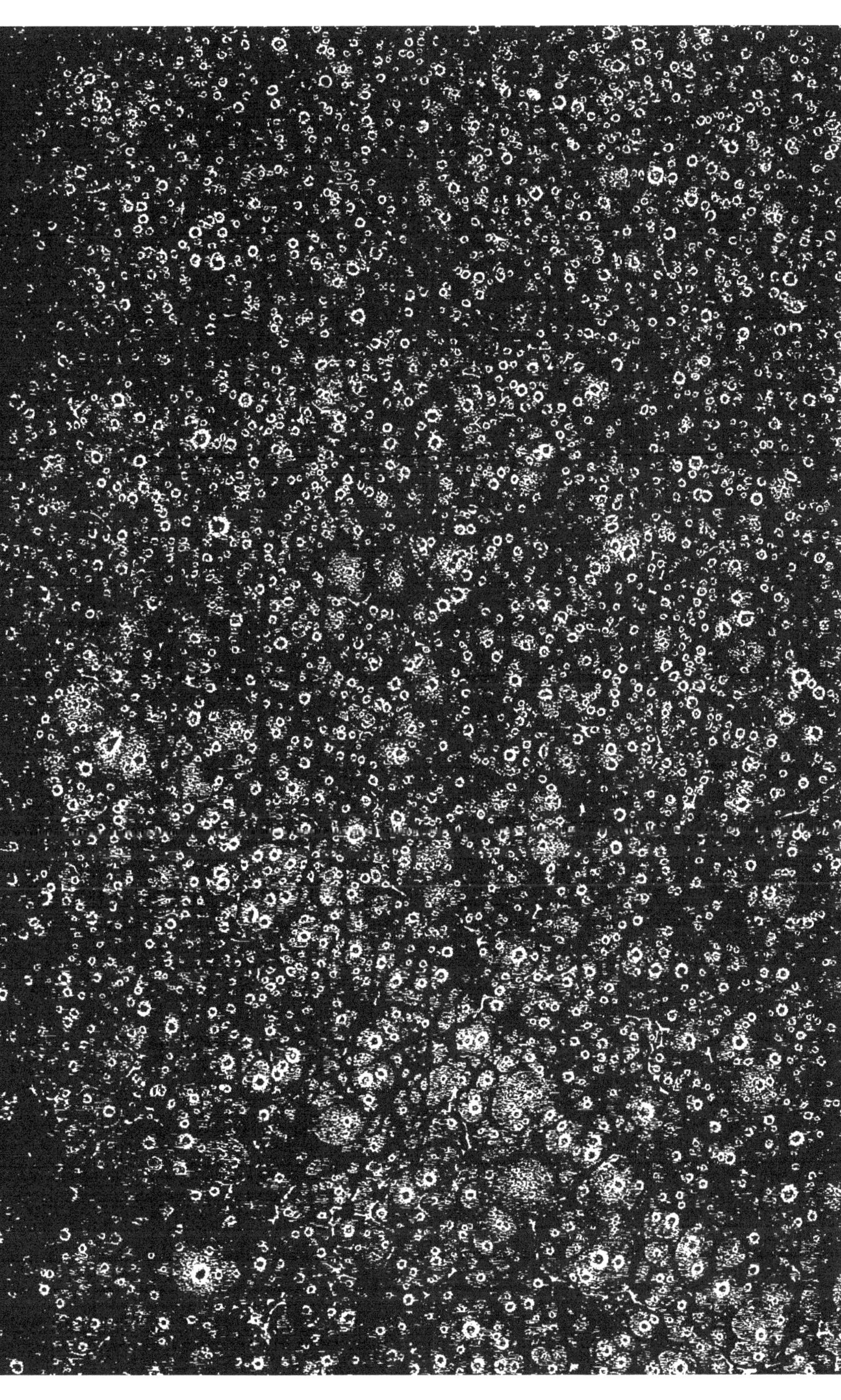

ANATOMIE

DES

FORMES DU CORPS HUMAIN

Paris. — Imprimerie de E. MARTINET, rue Mignon, 2.

ANATOMIE

DES

FORMES DU CORPS HUMAIN

A L'USAGE

DES PEINTRES ET DES SCULPTEURS

PAR

LE DOCTEUR J. FAU

Avec un Atlas de 25 planches dessinées d'après nature

DEUXIÈME ÉDITION REVUE ET AUGMENTÉE

PARIS

MÉQUIGNON-MARVIS, | GERMER BAILLIÈRE,

88, boulevard Saint-Germain. | 17, rue de l'École-de-Médecine.

1865

A LA MÉMOIRE

DE

P. N. GERDY

PROFESSEUR A LA FACULTÉ DE MÉDECINE DE PARIS

MEMBRE DE L'ACADÉMIE DE MÉDECINE

CHIRURGIEN DE L'HÔPITAL DE LA CHARITÉ

CHEVALIER DE LA LÉGION D'HONNEUR

Son élève reconnaissant,

D' JULIEN FAU.

PRÉFACE

Personne aujourd'hui ne conteste l'utilité de l'anatomie artistique. L'homme intelligent et désireux d'apprendre ne néglige aucun moyen d'augmenter ses connaissances; le moindre renseignement prend une certaine valeur aux yeux du savant et de l'artiste consciencieux. Doués d'un esprit observateur et d'un jugement
sain, ils discernent tout d'abord ce qui peut leur être
utile, le reste s'efface de leur souvenir.

L'anatomie des formes du corps humain a quelquefois
été un sujet de plaisanteries pour les peintres, et si l'on
cherche la cause de leurs sarcasmes, peut-être la trouvera-t-on dans un esprit d'indépendance souvent exagéré. Comment, en effet, ces hommes qui se révoltent
même à l'idée de se laisser influencer par le maître, qui
ne veulent parfois reconnaître d'autre puissance que
l'imagination, comment pourraient-ils se décider à
prendre pour guide la sévère anatomie?

Craindraient-ils, par hasard, de nous voir empiéter
sur leur brillant domaine? La science n'a jamais eu la
prétention de régenter les beaux-arts; que les artistes
se rassurent; elle se borne à leur offrir fraternellement

des connaissances qui lui paraissent d'une utilité, d'une nécessité incontestables. De toutes les études auxquelles doivent se livrer les peintres et les statuaires, la plus importante est celle des formes du corps humain. A l'appui de mon assertion je citerai l'exemple des grands peintres qui faisaient non-seulement suivre des cours d'anatomie à leurs élèves, mais encore écrivaient des livres ou dessinaient des planches anatomiques. Albert Durer, Léonard de Vinci dont l'ouvrage fut illustré par Poussin, Jean Cousin, voilà certes des autorités de quelque valeur.

Il y a deux manières d'étudier les formes : 1° l'imitation servile du modèle; 2° l'étude analytique du corps humain.

La première, toute machinale, ne laisse dans l'esprit de l'élève que de faibles impressions bientôt effacées ou modifiées; la seconde, basée sur l'observation et le raisonnement, produit une impression durable et résiste aux caprices de l'imagination. Il ne suffit pas de savoir copier plus ou moins exactement une académie, — c'est là un travail de manœuvre, — il faut que l'élève puisse remonter aux causes, découvrir l'origine des formes qu'il veut reproduire, en un mot, il doit être en état de décomposer pour recomposer, alors seulement il sera capable de représenter *naturellement* l'œuvre de la nature; guidé par l'inspiration soumise au raisonnement, il ne franchira jamais les limites du vrai.

Des deux manières que je viens d'indiquer, l'une produit des peintres, l'autre forme des artistes (1).

Il faut avouer que si l'anatomie des formes n'est pas plus généralement étudiée, la faute n'en est pas entièrement aux élèves.

Un professeur s'imagine parfois avoir enseigné l'anatomie artistique lorsqu'il n'a fait, en réalité, que décrire des os et des muscles, sans appeler l'attention de ses auditeurs sur les applications pratiques; lorsqu'à la fin du cours l'élève a copié un ou deux écorchés, il croit avoir complété ses études anatomiques et connaître à fond l'anatomie des formes. Confiance funeste dont les tristes résultats se manifestent bientôt dans ses œuvres !

Si l'artiste reconnaît l'insuffisance d'un pareil cours, s'il veut approfondir cette science dont une étude superficielle lui a fait pressentir toute l'utilité, où trouvera-t-il un guide sûr, un livre consciencieusement spécial ? S'adressera-t-il aux recueils de planches presque toujours inexactes, décorés du titre d'*Anatomie des peintres ?* Perdra-t-il un temps précieux à la recherche fastidieuse de quelques fragments épars dans divers ouvrages et si bien ensevelis sous des dissertations plus ou moins scien-

(1) Je ne prétends pas dire que l'étude de l'anatomie suffise pour faire un artiste, je suppose toujours que l'élève est entraîné par cette vocation irrésistible à laquelle nous devons les Michel-Ange, les Raphaël, les Benvenuto-Cellini, etc. On n'est pas véritablement artiste par cela seul que l'on cultive les beaux-arts.

tifiques, qu'il ne lui sera pas toujours facile ou même possible de les en extraire? Donner aux élèves des planches sans texte, c'est mettre un outil entre les mains d'un ouvrier sans lui en expliquer l'usage, encore vaudrait-il mieux agir de la sorte que de se laisser aller à des élucubrations peut-être fort savantes, mais fort peu utiles et toujours déplacées dans un ouvrage élémentaire.

Les anatomies artistiques, publiées à diverses époques, n'ont réellement pas exercé une grande influence sur les beaux-arts. Alors même que l'empire de la forme était dans toute sa splendeur, on rejetait ces ouvrages pour copier le modèle, parce qu'on n'y trouvait qu'une reproduction inexacte des dissections cadavériques. On y voyait à peu près la forme, mais jamais les accidents de cette forme. Le Gladiateur de Salvage est mieux compris, c'est une œuvre plus consciencieuse, malheureusement ce n'est pas un traité des formes, ce n'est qu'une application de l'anatomie à l'un des plus beaux monuments de l'antiquité. On doit encore distinguer les deux planches de Martinez, non à cause de leur exactitude, mais sous le rapport de la conception.

Le grand ouvrage de M. de Montabert, véritable encyclopédie de la peinture, est certainement un travail très-remarquable, cependant, qu'on me permette de le dire, la partie anatomique laisse beaucoup à désirer; on y trouve trop de détails inutiles, et les points

les plus importants sont traités d'une manière superficielle. Quant aux planches, elles sont insuffisantes.
Au reste, je n'ai pas l'intention de critiquer ce bel
ouvrage auquel on reproche pourtant un grave défaut : — son prix élevé; — les artistes ne sont ordinairement en position de se le procurer que lorsqu'ils
n'en ont plus besoin (1).

Il me reste à parler d'un livre qui mérite d'attirer
toute l'attention des artistes, ouvrage consciencieux,
écrit par un des plus savants professeurs de la Faculté
de médecine, avec cet esprit élevé, original, que l'on
retrouve dans tous ses travaux; c'est désigner assez
clairement l'*Anatomie des formes* du professeur
Gerdy (2).

J'ai longtemps hésité avant d'écrire ce traité; n'était-il
pas téméraire à l'élève de s'exposer à un parallèle
dangereux avec son professeur ! En vérité, sans les *circonstances atténuantes* dont je vais dire quelques mots,
je n'aurais pas eu le courage d'entreprendre ce travail.

(1) Je ne crois pas nécessaire de passer en revue une foule de recueils
bien connus des artistes et presque entièrement abandonnés aujourd'hui.

(2) Le professeur Gerdy, né à Loches le 1er mai 1797, est mort au mois
de mars 1856, victime de son dévouement absolu à la science. Sa vie tout
entière fut consacrée à l'étude. Esprit élevé, conscience pure, savoir ency-
clopédique, impressionnabilité extrême, persévérance inébranlable, courage
vrai : tout se réunissait en lui pour en faire le modèle du savant consciencieux et du bon citoyen. Parvenu, malgré des obstacles sans nombre, à une
position qui devait lui permettre quelques instants de repos si nécessaire à
une santé délabrée, il resta courageusement sur la brèche et succomba,
jeune encore, épuisé par un travail opiniâtre.

Après avoir longtemps professé l'anatomie artistique, Gerdy, sollicité par ses élèves, résolut de leur donner un traité complet des formes. Il devait inévitablement arriver que la science vînt réclamer une large place dans l'œuvre nouvelle ; entre les mains du savant professeur, l'anatomie des formes devenait un flambeau pour la chirurgie pratique ; comment se résoudre à frustrer la science au profit des beaux-arts ? Aussi lorsque parut cet ouvrage si éminemment original, produisit-il peut-être plus de sensation parmi les chirurgiens et les anatomistes que parmi les peintres et les sculpteurs qui attendaient un livre spécial, un guide exclusivement consacré à l'art.

Néanmoins l'ouvrage eut du succès, et je n'aurais même pas conçu l'audacieuse pensée d'écrire ce traité, si celui de M. Gerdy eût été terminé ; mais nous ne possédons que la première partie de son livre : — la *description des formes extérieures,* — et cette description ne suffit pas. Tout en profitant des travaux du professeur, j'ai songé à les compléter, en me tenant toutefois dans une région moins élevée. Je n'emprunterai à la science que ce qui sera rigoureusement nécessaire pour expliquer le mécanisme de la station et de la locomotion, et je m'abstiendrai de tout empiétement sur le domaine de l'art proprement dit.

Voici en peu de mots le plan que j'ai cru devoir adopter.

Cet ouvrage est divisé en deux parties; la première comprend : 1° des considérations générales sur l'homme et sur les modifications que lui font subir les influences morales et physiques ; les caractères principaux des divers tempéraments et ceux des races; 2° un aperçu de l'organisation humaine ; 3° la description du squelette considéré dans ses diverses parties et dans son ensemble; 4° l'anatomie des articulations et l'explication du rôle qu'elles remplissent; 5° la mécanique animale ou le mécanisme de la station et des mouvements; 6° la description des contours et de la surface extérieure du tégument, l'indication des principales causes des formes, la manière de mesurer toutes les parties du corps et d'en déterminer les proportions.

J'ai réservé pour la deuxième partie, 1° des considérations sur les formes osseuses; 2° la description des formes et des changements que leur impriment les mouvements, l'âge et le sexe ; enfin, 3° dans un dernier chapitre, l'application de l'anatomie des formes à la statuaire antique.

Tel est l'ordre qui m'a paru le plus convenable; il était impossible de ne donner aux artistes qu'une description aride des formes humaines, il fallait évidemment les préparer à cette étude par les généralités contenues dans la première partie de ce livre, en évitant toutefois de fatiguer leur attention et de les rebuter par de scientifiques détails qui exigeraient eux-mêmes de

longues explications et ne leur seraient pas d'une grande
utilité. J'ai donc tâché de réunir dans cet ouvrage
tout ce qui me paraissait *vraiment utile*, sans dépasser
certaines limites, évitant de trop en dire, aussi bien
que de ne pas en dire assez ; empruntant à la science
et à l'art les renseignements indispensables à l'intelligence du sujet. J'avouerai que, par moments, je me sen-
tais à l'étroit ; j'aurais volontiers fait quelques pas de
plus, mais j'étais placé entre deux écueils : — les artistes, pour lesquels j'écris, m'auraient accusé de leur
faire trop de science, et les savants, d'en avoir fait trop
peu, si, par aventure, ils avaient jamais ouvert ce livre.

Les planches qui accompagnent cet ouvrage ont
toutes été dessinées d'après nature et lithographiées par
M. Léveillé, artiste aussi consciencieux qu'habile, dont
le beau talent est trop connu des anatomistes pour que
j'aie besoin d'en faire l'éloge.

La destination de notre atlas commandait la plus
scrupuleuse exactitude, car lorsqu'on veut créer des
types de forme, ils doivent être aussi parfaits qu'il est
possible de les faire. Si l'œil exercé de l'artiste ne tarde
pas à découvrir des imperfections voilées par tous les
séduisants prestiges de l'art, comment se prémunir contre l'erreur quand on n'a pas encore acquis ce coup
d'œil pénétrant, ce goût épuré, ce jugement sain et
sévère sans lesquels il est impossible d'apprécier les
œuvres à leur valeur ; n'est-ce pas surtout aux élèves

que sont destinés les modèles écorchés, les anatomies
des formes, etc., aux élèves qui copieront le faux comme
le vrai, et seront obligés plus tard de faire des études
nouvelles pour effacer des impressions premières trop
souvent ineffaçables !

Qu'il me soit permis, en terminant, de dire quelques
mots d'un travail que je considère comme le complément de ce livre.

L'examen attentif des divers écorchés, dont quelques-
uns ont été modelés par des sculpteurs célèbres, m'a fait
reconnaître dans tous des erreurs anatomiques d'autant
plus appréciables, que les sujets s'éloignent davantage
de l'attitude immobile. Comme œuvres d'art, il ne m'appartient pas de juger les écorchés de Michel-Ange, de
Houdon, de Bandinelli, etc.; cependant il me semble que
tout en conservant à ces modèles la grâce, les belles proportions, en un mot l'harmonie artistique, il eût été possible de les exécuter avec plus de précision anatomique,
sans, pour cela, nuire à la beauté de l'ensemble.

Ces réflexions m'ont suggéré l'idée de faire exécuter
un nouvel écorché qui réunît l'exactitude à l'élégance;
mais, ici, se présentaient plusieurs difficultés. L'exécution de la statuette réclamait la main habile d'un artiste
patient disposé à se plier aux exigences de l'anatomiste;
il fallait montrer au sculpteur un *écorché vivant*, animer, galvaniser en quelque sorte le cadavre par le raisonnement; je ne voulais pas faire un écorché au repos,

mais bien un modèle animé dont tous les muscles fussent en action, les uns tendus, les autres contractés. La forme accidentelle de chacun de ces muscles demandait une étude particulière dont il fallait expliquer les résultats au sculpteur arrêté à chaque instant dans son travail. Grâce à M. Caudron, jeune artiste habile et modeste, j'ai pu surmonter toutes ces difficultés et mener l'entreprise à bonne fin. Élève de David (d'Angers), une de nos illustrations nationales, M. Eugène Caudron s'est pénétré des grands principes du maître.

La pose élégante et hardie, l'exécution vigoureuse de l'écorché, ne laissent aucun doute à cet égard. Ces qualités seront appréciées par les élèves, et l'exactitude des détails anatomiques leur permettra de consulter ce nouveau modèle sans craindre de tomber dans l'erreur (1).

(1) Cet écorché est en vente chez Méquignon-Marvis, éditeur.

PRÉFACE

———

Depuis environ deux ans, la première édition de ce livre est épuisée, et certes nous aurions dû mettre plus d'empressement à en faire paraître une seconde, n'eût-ce été que pour témoigner aux artistes notre reconnaissance de l'accueil sympathique fait à l'*Anatomie des formes*. Nous devions encore trouver des stimulants dans le succès obtenu en Angleterre par l'excellente traduction du docteur Robert Knox, ainsi que dans certains bruits de publications du même genre.

Ces causes ont amené précisément le résultat contraire.

En adoptant notre ouvrage, les artistes nous imposaient l'obligation morale de faire tous nos efforts pour le rendre moins imparfait et aussi complet que possible.

Loin d'être un sujet d'inquiétude, la concurrence imminente nous faisait espérer que dans les nouvelles anatomies se rencontreraient des vues originales, des renseignements précieux, dont nous aurions fait notre profit. Cet espoir a été déçu, nous n'avons vu poindre aucun livre sur les formes, et les jours d'attente ont été employés à revoir le texte, à remanier les descriptions. Les découvertes récentes faites dans les sciences et les arts nous offraient des richesses nouvelles pour cette seconde édition ; les planches de l'Atlas réclamaient de nombreuses retouches, notamment les figures représentant l'ensemble de la femme ; tout cela a été fait, mais ces travaux ont exigé un temps plus considérable qu'on ne le croyait d'abord nécessaire ; toutefois il fallait paraître ou tomber dans l'oubli. Il est encore heureux pour nous d'avoir rencontré des éditeurs assez courageux pour résister aux nombreuses demandes qui leur étaient adressées, jusqu'au moment où il a été possible de présenter aux artistes une édition nouvelle de l'*Anatomie des formes*, *réellement* revue, corrigée et augmentée.

Qu'on nous permette d'exposer en quelques lignes ce que nous avons tenté pour améliorer ce livre.

Toutes les descriptions ont été étudiées avec le plus grand soin, corrigées et même entièrement refaites lorsqu'elles manquaient de précision ou de clarté.

Plusieurs additions relatives à la mesure de l'angle facial et aux classifications des races humaines, ont été faites au premier chapitre.

Dans le sixième chapitre, nous avons analysé l'article

remarquable publié par M. Charles Blanc, rédacteur en chef de la *Gazette des beaux-arts*, sur la découverte du *Canon égyptien*. L'élégante et si curieuse figure du *Canon* a été intercalée dans le texte.

Un résumé des savantes et originales recherches du docteur Duchenne (de Boulogne) sur l'*expression de la physionomie humaine*, complète le chapitre III de la seconde partie.

Les planches nouvelles méritent surtout d'attirer l'attention des artistes. Dans la première édition, deux figures étaient consacrées à la représentation des formes de la femme; non-seulement ces deux figures ont été entièrement refaites, mais on en a exécuté une troisième représentant le corps vu de profil. Nous ne craignons pas d'être taxé d'exagération en disant qu'il serait diffi-cile de rendre plus heureusement le modelé de la chair qui semble palpiter sous le regard.

Il ne nous reste plus maintenant qu'à solliciter le concours des artistes; qu'ils nous adressent leurs obser-vations et leurs critiques, nous serons heureux de les avoir pour collaborateurs d'une troisième édition de l'*Anatomie des formes*.

ANATOMIE

DES

FORMES DU CORPS HUMAIN

PREMIÈRE PARTIE

CHAPITRE PREMIER.

CONSIDÉRATIONS GÉNÉRALES SUR L'HOMME ET SUR LES MODIFICATIONS QUE LUI FONT SUBIR LES INFLUENCES MORALES ET PHYSIQUES. — TEMPÉRAMENTS, RACES.

Doué d'une intelligence supérieure à celle de tous les autres animaux, l'homme n'a rien à leur envier sous le rapport de la structure. Bien que l'on ait parfois gémi sur ses nombreuses imperfections, je ne saurais m'associer aux regrets de quelques philosophes qui, sans doute dans un accès de misanthropie, ont établi entre l'homme et les animaux d'un ordre inférieur un parallèle dont les résultats sont tous en faveur de ces derniers.

Ces formes onduleuses, ces membres grêles et agiles, robustes et doués d'une force redoutable; ces nuances admirables que la nature a empruntées aux plus riches trésors de sa palette; hélas! tous ces dons précieux manquent à notre pauvre espèce! Pourquoi l'homme ne peut-il suivre le vol rapide de l'oiseau et le sillon passager que l'habitant des mers trace dans leurs profondeurs?

— Pourquoi? Parce que, doué de formes appropriées à ses besoins, il a pour lui cette intelligence supérieure qui lui a soumis toutes les autres créatures, malgré leur agilité, leur force et leur brillante parure. Où trouver plus de souplesse que chez le serpent, plus de puissance musculaire que chez la plupart des grands mammifères? Comment rivaliser avec l'agilité de la gazelle, suivre le vol de l'aigle ou le sillon de l'ablette? Et pourtant, l'homme a tout soumis à son empire : souplesse, force, agilité, vol rapide, sans avoir besoin de s'élever dans les airs ou de plonger au fond des eaux; son intelligence l'a rendu maître, et on le nomme : roi de la nature !

Il est impossible de méconnaître l'harmonie admirable des formes du corps humain. Un torse élancé, accidenté par des saillies et des dépressions qui lui donnent une grâce particulière; des membres aux contours variés, dont les dimensions et les mouvements sont rigoureusement calculés pour les fonctions qu'ils doivent remplir et la beauté de l'ensemble; la position de l'homme, sa démarche, ses gestes et, par-dessus tout, l'expression de ses traits où viennent se peindre les sensations qu'il éprouve, n'offrent-ils pas un ensemble majestueux et bien en harmonie avec sa puissance intellectuelle? Comment a-t-il jamais pu entrer dans l'esprit d'un être doué de cette noble organisation, de s'imaginer que la civilisation seule lui a donné le privilége de marcher la tête levée vers le ciel, et qu'à l'état primitif il se traînait péniblement sur ses quatre membres conformés de manière à devenir, dans cette attitude, embarrassants et presque inutiles?

Nous ne suivrons pas le savant auteur de l'*Anatomie des formes* dans l'argumentation qu'il oppose à cette inconcevable rêverie de certains penseurs; nous nous contenterons de dire avec lui que — peut-être vaudrait-il mieux inviter les partisans de ce mode de progression à en essayer l'usage, dans l'espoir que l'expérience les persuaderait bien plus sûrement que la foule des raisons probables des anatomistes et des physiologistes. (1).

Jetons un regard sur l'ensemble du corps humain. Un examen rapide suffira pour mettre en évidence l'harmonie parfaite des différentes parties qui le composent.

Le corps est supporté par une base trop étroite en apparence, lorsqu'on l'examine isolément, mais qu'il faut considérer comme l'une des plus admirables combinaisons de la nature. Une base proportionnée au tronc eût été difforme et, loin de se prêter aux déplacements de la masse totale, l'eût en quelque sorte clouée au sol. Les membres inférieurs, au contraire, constituent une base variable suffisante pour supporter le corps pendant la station, et dont l'assise varie selon que les mouvements exigent plus de force et de stabilité. Au moment de soulever un fardeau, l'homme écarte les pieds, les place l'un devant l'autre, se forme une base plus large qui lui permet de porter le corps en avant et de résister aux efforts les plus énergiques. Ses membres, allongés et articulés en sens divers, se prêtent admirablement à la marche et à la course; destinés à mouvoir le tronc qu'ils supportent, ils ne pouvaient être embarrassés de leur propre poids.

(1) Gerdy, *Anatomie des formes. Considérations préliminaires sur l'homme*, p. 6.

Doués de la force et de l'agilité, ils sont encore embellis par des formes d'une pureté remarquable; de grandes et belles lignes flexueuses les limitent de toutes parts. Chez l'homme, des saillies musculaires prononcées leur donnent le cachet de la force, tandis que la grâce et la délicatesse des contours en font un des ornements de l'autre sexe.

Le torse, point de réunion, confluent de toutes les autres parties, enveloppe protectrice des organes les plus importants avait besoin des accidents nombreux qui le sillonnent pour dissimuler la lourdeur de sa masse. Comme le modelé en est large, combien le dessin en est pur, surtout lorsqu'on examine sa surface postérieure! Les mouvements du torse mettent en relief les plus belles saillies musculaires; cette vaste poitrine, ces reins cambrés, ce dos parcouru par un large sillon que limitent des muscles puissants, sont bien appropriés aux rudes travaux de l'homme; tandis que ces mêmes régions voluptueusement arrondies, douées de mouvements onduleux et d'une grâce inexprimable, donnent à la femme cette puissance d'attraction à laquelle nous ne pouvons résister, et annoncent les merveilleux mystères qui doivent un jour s'accomplir et lui prêter de nouveaux charmes.

Les contours gracieux ou les formes puissantes des bras aux mouvements nombreux et dégagés, les mains si richement articulées, mériteraient toute notre admiration si elle n'était captivée par la plus belle œuvre de la nature.

Située au sommet de l'édifice humain, la tête, siége de l'intelligence, semble placée en ce point culminant pour veiller à la conservation de l'individu soumis à sa domination toute-puissante. Elle lui commande tous les actes qu'il doit accomplir pour éviter le danger, satisfaire ses besoins et, trop souvent, assouvir ses passions. Ne semble-t-il pas, en vérité, que l'orgueilleuse nature ait voulu réunir ses plus admirables combinaisons dans la région la plus visible de son œuvre?

Quoi de plus merveilleux que ce splendide assemblage d'organes aux formes variées? N'est ce pas le chef-d'œuvre de la création, cet ensemble dont l'harmonie constitue la beauté la plus séduisante? Alors même que des contours irréguliers et moins purs impriment à l'individu un certain cachet de laideur, n'admire-t-on pas encore ce reflet des passions, de l'intelligence, qui a justement mérité à la face le nom de « miroir de l'âme » ?

Si belle que soit l'organisation matérielle de l'homme, elle ne peut cependant entrer en parallèle avec son intelligence supérieure ; mais cette intelligence même n'est-elle pas lourdement compensée par les nombreux besoins qu'elle fait naître, et dont l'empire est en raison directe de son développement?

Libre et vivant loin des êtres civilisés, l'homme éprouve des désirs qu'il s'efforce de satisfaire ; mais ces désirs sont restreints : le plus souvent, l'action corporelle suffit à leur accomplissement, l'instinct joue le principal rôle, celui de l'intelligence est presque toujours secondaire ; aussi voit-on les organes acquérir, les uns une souplesse et une force remarquables, d'autres une précision et une sensibilité exquises.

Le sauvage atteint à la course l'agile gazelle, lutte corps

à corps avec le jaguar, et, de sa flèche inévitable, frappe dans les airs l'oiseau rapide ; la bête fauve, la peuplade ennemie, ne sauraient se soustraire à sa poursuite ; le plus faible bruit, la trace la plus fugitive, la brise légère, le maintiennent sur la piste, et lorsqu'il rencontre enfin sa proie, commence une de ces luttes où l'adresse et la force se montrent dans toute leur puissance.

Pour représenter de tels individus, l'artiste aurait sans doute recours aux récits des voyageurs ; mais déjà son imagination, guidée par le raisonnement, lui fournirait les premières données de son travail. Voyez cet homme dont le corps se développe librement, débarrassé des entraves que nous impose la civilisation ; voyez sa taille droite et souvent élevée, sa large poitrine, ses membres déliés, robustes sans être lourds ; élégamment attachés au tronc par des articulations dégagées. Sur ses reins cambrés se dessinent des reliefs vigoureux ; nos étroites chaussures n'ont pas déformé ses pieds largement posés sur le sol ; presque toujours *sèchement* modelé, il n'offre pas aux regards cette maigreur maladive si commune dans nos grandes villes ; voilà comment l'artiste se repré-senterait l'homme encore vierge de civilisation.

Transportons-nous maintenant au sein de nos villes, et grande sera la différence. Ici, l'esprit tue le corps, trop souvent il trouve de cruels auxiliaires dans les excès de tout genre. L'habitant des villes est généralement maigre pendant les deux premiers tiers de sa vie. Son corps est déformé par les vêtements étroits dans lesquels la mode l'emprisonne ; il ne faut lui demander ni souplesse, ni force ; ce n'est point son affaire. Mais aussi dans nos cités, on admire ces belles têtes où respire la pensée et qui semblent écraser le corps sous leur poids; ces fronts vastes, ces yeux aux profonds regards, en un mot, cette physionomie modifiée par les nobles travaux de l'intelligence ou dévastée par les passions irrésistibles. Je passerai sous silence les êtres difformes dont la vaste corpulence est bien souvent le triste résultat d'excès gastronomiques. Chez ceux-là, l'esprit est presque toujours nul, l'estomac règne seul; fatigué d'être victime de l'esprit, le corps prend sa revanche et l'étouffe dans son épaisse enveloppe.

Des formes à peine prononcées, une physionomie sans caractère, parfois agréable mais efféminée et couverte d'une pâleur maladive; la chevelure disposée avec un soin méticuleux, des poses molles et nonchalantes, une peau blanche lustrée par l'emploi fréquent des cosmétiques, et que doivent recouvrir des tissus fins et soyeux; tel est l'ensemble gracieux peut-être, mais sans énergie, qui dénote l'homme favorisé de la fortune ou celui que le besoin de luxe et de paresse engage dans les voies honteuses où il sait rencontrer les moyens de se satisfaire.

Telles ne sont pas les apparences de l'homme livré tout entier aux travaux intellectuels. Bien que la nature l'ait doté parfois d'une robuste organisation, il est rare qu'elle résiste à une perpétuelle contention d'esprit, aux veilles et aux négligences de régime. Chez lui, plus de ces recherches de luxe; souvent, il faut l'avouer, l'oubli de soi-même est vraiment poussé un peu trop loin; mais ses yeux sont pleins de pensées et, quand son regard est animé par l'inspiration, lorsque ses traits s'épanouissent ou se contractent sous l'influence des idées, cet homme est vraiment beau; on oublie le corps affaibli, disgracieux et penché vers la terre, pour ne voir que la tête radieuse d'une beauté particulière, — la beauté intellectuelle.

Les hommes qui se livrent à de rudes travaux, le forgeron, le charpentier, le matelot, le portefaix, le laboureur, etc., ont des membres vigoureux, un torse robuste, surtout lorsqu'ils ne s'abandonnent pas à des excès débilitants. Leurs formes sont généralement lourdes, elles indiquent bien la force, mais la force *massive*, si j'ose m'exprimer ainsi; leurs membres manquent de souplesse et de légèreté. Pourtant, il est juste d'établir quelques différences; ainsi, chez les uns, les épaules et les bras semblent développés aux dépens des parties inférieures; chez d'autres, ces dernières l'emportent; il est assez rare de rencontrer un ensemble parfait. Les bras musculeux du forgeron, ses larges épaules, sa poitrine puissante, sont très-souvent supportés par des jambes grêles. Le portefaix présente fréquemment un ensemble plus harmonieux; mais son dos est voûté, ses jambes arc-boutées, ses pieds contournés en dedans et souvent plats. Si le laboureur ne contractait pas l'habitude de rester penché vers le sol, même dans ses heures de repos, ce serait peut-être chez lui que l'on trouverait le plus d'ensemble. Le matelot pourrait encore offrir de belles formes réunies à la souplesse, s'il ne les appauvrissait par la débauche effrénée à laquelle il se livre presque toujours lorsqu'il descend à terre à la suite d'une longue traversée; il faut encore tenir compte des privations sans nombre, des variations atmosphériques et des maladies auxquelles il est sans cesse exposé.

N'avez-vous pas souvent remarqué le développement général du système musculaire chez les hommes qui traînent de lourds fardeaux dans une charrette à bras? la puissance du mollet des tourneurs, des danseurs? la légèreté des formes, leur ensemble harmonieux et une élasticité surprenante chez les sauteurs? les larges fesses des tailleurs et des cavaliers, ainsi que leurs jambes cambrées? Toutes ces modifications résultent de l'exercice habituel d'une seule ou de plusieurs parties du corps.

Je n'ai pas la prétention de poser des règles absolues; il existe des exceptions assez nombreuses, quelle que soit la position sociale dans laquelle l'homme se trouve placé. J'ai seulement essayé de donner un aperçu des modifications imprimées à l'espèce humaine par la civilisation. Ce n'est qu'une légère esquisse destinée à mettre l'artiste sur la voie d'une étude importante. La perfection d'une œuvre d'art ne dépend pas uniquement de l'harmonie de la composition, de la pureté des formes et de la richesse du coloris; elle résulte surtout de la vérité des personnages; cette vérité, on ne saurait y atteindre sans une étude attentive des hommes et des influences qui les modifient.

Renfermé dans un cachot humide, où un faible rayon de lumière se glisse avec peine; en proie aux tortures morales, aux souffrances physiques, le prisonnier, après avoir vainement épuisé les plus admirables combinaisons pour recouvrer sa liberté, s'abandonne à un profond désespoir; son corps s'amaigrit, des rides profondes sillonnent son visage, sa peau se décolore, devient blafarde, ses yeux se retirent au fond des orbites. Sa chevelure en désordre ou spontanément blanchie, ses pommettes saillantes, ses joues creuses, ses mains crispées, sont les affreux indices du désespoir. Fort de son innocence, exalté par l'idée du glorieux martyre qui se prépare, cet autre captif résiste avec plus d'énergie ; tantôt sa physionomie résignée réfléchit le calme de son âme, tantôt ses regards ardents semblent entrevoir la divine auréole qui va descendre sur son front.

Une douleur profonde, le désir persévérant de vengeance, l'envie, la terreur ; en un mot, toutes les misères humaines réagissent sur le corps et se traduisent par des caractères particuliers qui doivent arrêter les regards de l'artiste observateur et lui fournir des sujets inépuisables d'étude. Trop de détails seraient nécessaires pour tracer même une pâle esquisse des changements que les maladies font subir au corps de l'homme ; c'est aux ouvrages spéciaux qu'il faut demander ces renseignements ; ce qu'il importe surtout à l'artiste d'étudier, ce sont les caractères principaux des divers tempéraments.

La prédominance de certaines parties de l'organisme imprime à l'espèce des caractères dont l'étude est d'autant plus indispensable, qu'à ces caractères extérieurs se rattachent presque toujours des facultés ou des dispositions particulières de l'esprit. Cette prédominance constitue le tempérament. Tantôt elle est bien tranchée et le tempérament est *simple ;* tantôt il est *composé,* parce que les tempéraments simples se combinent entre eux ; enfin, s'il n'y a aucune prédominance marquée, si les différents systèmes sont en équilibre, on ne peut classer le tempérament qui prend alors le nom d'*indécis*.

La connaissance des tempéraments composés découle naturellement de l'étude des tempéraments simples; c'est donc de ceux-ci qu'il faut s'occuper en premier lieu.

On distingue cinq espèces de tempéraments : *l'athlétique, le sanguin, le lymphatique, le nerveux et le bilieux*.

1° **Tempérament athlétique.**

Prédominance du système musculaire, intelligence faible et parfois complétement nulle. La charpente osseuse qui donne insertion à des muscles puissants, doit être très-solide; aussi les articulations sont-elles volumineuses. Les types de ce tempérament ne sont pas très-rares. Tout le monde a pu voir sur nos théâtres ou dans les foires, des hommes qui étalaient avec orgueil la superbe organisation animale dont la nature les avait doués. Ces Hercules plus ou moins authentiques ont ordinairement la tête petite; à quoi bon une vaste enveloppe pour une intelligence étroite? Le développement des temporaux et des masséters se traduit par les fortes proportions des tempes et de la mâchoire inférieure; caractères des instincts animaux. Le volume de la face l'emporte sur celui du crâne, les traits sont gros et communs, le front bas et les cheveux implantés à peu de distance des sourcils; les yeux manquent d'expression, les poils et surtout les cheveux sont abondants. Un cou épais et court réunit la tête au tronc, mais on remarque principalement les vastes proportions des épaules et de la poitrine, la solidité des

reins et la formidable musculature des membres. Tels
sont les principaux caractères du tempérament athlétique.
Je ferai remarquer ici que l'on commet presque toujours
une faute en donnant aux Hercules des formes lourdes
et engorgées. La force ne résulte pas seulement de la
solidité, elle trouve un puissant auxiliaire dans l'adresse
et l'agilité qui ne sauraient s'allier à la lourdeur; l'exercice fréquent imposé aux membres, la lutte et le pugilat
assouplissent les articulations et dégagent les parties avoi-
sinantes. Hercule soulageait Atlas du poids du ciel, mais il
savait aussi lutter avec souplesse et même atteindre les
biches à la course. En résumé, le tempérament athlétique
est caractérisé par la prédominance du système musculaire
et par le peu de développement des facultés intellectuelles,
presque entièrement remplacées par des instincts animaux. Il est rare de rencontrer ce tempérament chez les
femmes, on peut même dire qu'elles ne le présentent
jamais, bien que l'on voie parfois, en compagnie de jon-
gleurs, des *femmes fortes* qui se font briser des pavés sur
le ventre et portent des barres de fer en guise de pen-
dants d'oreille ; mais ces exercices sont plutôt des tours
d'adresse que des tours de force.

2° Tempérament sanguin.

Le corps de l'homme sanguin ne présente généralement pas des formes bien accusées; elles sont arrondies
comme chez la femme et beaucoup plus lourdes. La peau
est rosée ou fortement colorée, surtout à la face, dont la
forme est plutôt ronde qu'ovale. Des cheveux blonds ou
châtains ombragent un front plus large que celui de

l'athlète. Les yeux bleus ou gris, fréquemment injectés, sont saillants, ronds et largement ouverts; mais les joues proéminent souvent au niveau des pommettes et viennent rétrécir les orbites. Les traits de la face participent de la forme générale; effacés, arrondis, ils n'ont jamais un caractère bien prononcé. Il n'est pas rare de voir l'obésité survenir chez les hommes sanguins.

3° **Tempérament lymphatique.**

Assez commun chez les femmes, on le reconnaît à la blancheur mate et à la finesse de la peau sillonnée par le réseau bleuâtre des veines. Les contours sont arrondis comme dans le tempérament sanguin, mais les tissus manquent de fermeté. Les traits du visage, délicats et empreints d'une morbidesse qui ne manque pas toujours d'un certain charme, sont parfois empâtés, épais dans quelques parties, et l'aspect général rappelle assez bien celui des figures de cire. Les lymphatiques ont ordinairement les cheveux blonds, les yeux bleus; quelquefois une légère teinte rosée anime leur visage et donne de la diaphanéité à leur carnation; chez eux, l'intelligence ne présente rien de particulier.

4° **Tempérament nerveux.**

La physionomie inquiète et mobile, couverte d'une pâleur presque maladive, le visage allongé, des yeux de diverses nuances mais vifs et très-mobiles, des cheveux châtain plus ou moins foncé, des cordons veineux saillants, indiquent généralement l'individu nerveux. Sa peau est transparente, ses formes musculaires peu accusées. Dans le monde, on commet une grossière erreur lorsqu'on dit en parlant d'un homme vigoureux, aux formes prononcées : « Comme il est nerveux ! — Cet homme est tout nerfs ! » Rien ne ressemble moins à un athlète qu'un individu nerveux. On prend ici l'agent pour le principe, la cause pour l'effet ; le système nerveux commande ou transmet les ordres, les muscles obéissent et accomplissent l'action. Il existe peu d'exemples de l'alliance du tempérament nerveux avec un certain embonpoint. L'homme nerveux est doué d'une imagination vive, impressionnable, il a des passions ardentes et une grande propension à la tristesse.

5° Tempérament bilieux.

Les hommes bilieux ont le teint brun, le visage allongé, maigre, les traits accentués et graves, les cheveux et les yeux bruns, l'arcade sourcilière proéminente et surmontée d'un épais sourcil ; le regard pénétrant, le nez droit ou aquilin, les lèvres minces et peu colorées, le corps sec et la peau bistre. L'intelligence de l'homme nerveux est tout aussi développée ; mais le bilieux y joint une grande persévérance, une volonté inébranlable qui se plaît à marcher au-devant des obstacles pour les renverser ; parfois cruel, il est presque toujours en proie à une ambition insatiable.

Il serait inutile de décrire les tempéraments composés et indécis, puisqu'ils résultent de la combinaison de plusieurs tempéraments typiques ou de leur équilibre plus ou moins parfait. Les tempéraments simples sont les plus rares, tandis que l'on rencontre fréquemment les composés et surtout les indécis.

L'étude précédente est d'une grande importance pour l'artiste; ainsi, à quelques exceptions près, il ne représentera plus l'ambitieux, le conquérant, le chef de parti, sous les dehors frais et vermeils du tempérament sanguin; l'homme indolent ou sensuel n'empruntera plus l'apparence du bilieux ou du nerveux; au penseur, à l'homme d'étude, le peintre ne donnera pas des traits fleuris ou un riche embonpoint. Il est inutile de multiplier ces exemples pour faire comprendre le puissant secours que les arts puiseront dans l'étude des tempéraments.

Ce n'est qu'après une longue hésitation que je me suis décidé à placer ici quelques mots sur les races humaines considérées sous le rapport des modifications qu'elles impriment aux formes. Comment traiter succinctement une question aussi importante, aussi obscure encore, malgré les travaux nombreux des naturalistes les plus distingués, et dont la solution me paraît actuellement impossible? Comment exposer les diverses classifications, plus ou moins compliquées, dans un traité des formes? L'examen seul de ces classifications fournit une preuve irrécusable de l'indécision qui règne dans l'esprit des savants. Buffon ne reconnaît qu'une seule espèce; Linné part du même principe, mais il divise son espèce unique en cinq variétés; Blumenbach, Duméril adoptent la même division, tout en modifiant les dénominations; Cuvier admet l'existence de trois races bien distinctes : *blanche* ou *caucasique, mongolique* et *nègre*. En mesurant l'angle facial suivant le procédé de Camper, M. Virey a été conduit à distinguer deux espèces principales qu'il partage en six races ; Desmoulins, Bory de Saint-Vincent, Malte-Brun, en portent le nombre : le premier à onze, le second à quinze, et le dernier à seize, etc. Les artistes n'ont que faire de ces hypothèses plus ou moins ingénieuses ; je me bornerai à leur donner les principaux caractères distinctifs dont la connaissance peut quelquefois leur être utile.

De toutes les classifications proposées jusqu'à ce jour, la plus simple et la plus rationnelle, à mon avis, est celle du professeur Gerdy (1). Partant de ce principe que les guerres, les migrations ou la destruction de certaines peuplades, les alliances mixtes, etc., n'ont pu laisser subsister des espèces primitives, mais seulement des variétés plus ou moins pures, le savant professeur, après avoir passé en revue l'histoire des différents peuples en Europe, en Asie, en Afrique, en Amérique, dans l'Océanie et l'Australie, est conduit à conclure de cet examen que *la terre est couverte de variétés ou d'espèces secondaires, et qu'il n'en est peut-être pas une seule maintenant qui soit pure de tout sang étranger.*

Je crois ne pouvoir mieux faire que de donner ici un abrégé de la classification du professeur.

M. Gerdy partage toutes les variétés physiques que l'homme peut présenter, en quatre sous-genres, sous les noms de variétés blanches, jaunes ou basanées, nègres et rouges.

---

(1) *Physiologie médicale, didactique et critique*, t. Ier, p. 284.

Premier sous-genre.

Variétés blanches.

Elles occupent l'Europe, l'Asie, l'Amérique presque tout entière, les côtes de l'Afrique à une profondeur très-grande au nord, et sont répandues aujourd'hui par les établissements européens dans les îles de la mer des Indes, dans plusieurs de celles de l'Océanie et sur les côtes de l'Australie. La taille des individus qui en font partie, s'élève ordinairement au-dessus de 1^m,625 ; leur visage est ovale, allongé et saillant, leurs yeux sont largement ouverts et situés sur une ligne presque horizontale. Ces variétés ont la chevelure *blonde*, *rousse*, de *couleur châtain* ou *noire*. On doit encore rapporter à ce premier sous-genre la *variété blanche gigantesque* (Patagons).

Deuxième sous-genre.

Variétés jaunes ou olivâtres.

S'observent surtout en Asie et particulièrement dans l'Asie centrale et dans les latitudes septentrionales de l'ancien et du nouveau monde, en Chine, dans les îles de la mer des Indes et surtout dans celles qui avoisinent l'empire chinois.

Ces hommes ont une taille de 1^m,625 environ, le corps généralement robuste, les cheveux rares et durs, le teint d'un jaune brun-suie ou olive, le visage aplati, large aux pommettes, étroit au menton, les yeux noirs, écartés, les paupières très-obliques, peu ouvertes et bridées, pour ainsi dire, par leur tension ; le nez écrasé, aplati, épaté, à peine proéminent sur la face et quelquefois de niveau avec la saillie des joues; les oreilles grandes et très-détachées. Les Lapons, ou *variété naine*, font partie de ce deuxième sous-genre. On y distingue encore une variété blonde et une variété à cheveux noirs.

Il faut y rapporter aussi les Hindous à peau jaune, olivâtre, et les habitants de plusieurs des îles de la mer des Indes, notamment des Maldives.

Troisième sous-genre.

Variétés nègres.

Elles se trouvent dans presque toute l'Afrique, sur les côtes et au centre, vers la mer intérieure qu'y a découverte le major anglais Denham; on les trouve encore dans les îles de l'archipel Asiatique, de la Polynésie, de l'Océanie et sur les côtes de l'Australie.

Il faut distinguer dans ce sous-genre :

1° *Les nègres africains.* — Leur taille est ordinairement de 1^m,625 à 1^m,787 ; ils ont la peau d'un beau noir, les cheveux laineux, l'angle facial d'environ 75 degrés, les lèvres grosses et saillantes, le menton fuyant, le nez épaté, le mollet élevé, le talon proéminent.

Les mamelles des femmes pendent sur leur poitrine, et parfois on les voit allaiter leurs enfants par-dessus leurs épaules.

2° *Les mulâtres.* — Produits par l'accouplement d'un blanc et d'une négresse, et réciproquement, ils ne diffèrent du nègre que par une coloration moins foncée de la peau.

3° *Les Cafres.* — Leur taille est de 1^m,759 environ, leur peau d'un jaune brun; ils ont le visage triangulaire, le profil concave, les dents incisives verticales, la chevelure moins laineuse que celle de l'Africain.

4° *Les Hottentots.* — Ils ont ordinairement 1ᵐ,625 de haut, l'angle facial de 75 degrés environ, les cheveux laineux et implantés en demi-cercle sur le front. Les femmes hottentotes (1) sont remarquables par la longueur de leurs mamelles, le prolongement des petites lèvres et la gibbosité graisseuse de leurs fesses.

5° *Les Papous.* — A la peau noire, aux cheveux noirs touffus et frisés, au nez épaté, aux larges pommettes et aux grosses lèvres.

6° *Les Australiens.* — Cette variété a une taille au-dessous de la moyenne, les membres inférieurs grêles, *mais par suite de la misère et non de leur origine.* Les Australiens ont le torse maigre, la tête grosse, la face large, l'arcade sourcilière saillante, les narines aplaties et larges, la peau noire et rougeâtre.

7° *Les nègres océaniens.* — Ils sont noirs comme les Africains les plus noirs; leurs cheveux, laineux et serrés, sont implantés sur le front suivant une ligne plus exactement semi-circulaire; leurs narines sont très-grandes, détachées et largement ouvertes. Ils ont les arcades sourcilières saillantes, les pommettes larges et proéminentes, le menton presque carré et les membres grêles pour la force du corps.

On peut encore citer les Kouriliens, qui se distinguent par une teinte d'un brun foncé, par des sourcils saillants, un nez vertical, la chevelure noire et épaisse, et par leur peau velue.

(1) Boschismanes.

Quatrième sous-genre.

Variété rouge.

On ne peut classer aujourd'hui dans ce sous-genre que les indigènes du golfe du Mexique, des côtes orientales et septentrionales de l'Amérique méridionale, jusque vers l'embouchure de l'Amazone, et ceux des côtes orientales de l'Amérique du Nord jusque vers le Canada.

On prétend que cette variété a la peau d'un rouge cuivre de rosette sous tous les climats, les cheveux noirs, même dans l'âge le plus avancé, la barbe rare, la tête allongée et le front déprimé (1).

Je terminerai ce qui est relatif aux races par quelques renseignements complémentaires sur les caractères extérieurs des sous-genres précédents.

Premier sous-genre.

(Pl. VII, fig. 1 et 1 *bis*.)

Système musculaire variable suivant les tempéraments et l'état social, formes harmonieuses, taille ordinairement au-dessus de $1^m,625$, coloration de la peau variant entre le blanc mat et le brun clair, visage ovale, nez allongé, saillant, chevelure longue, souple, offrant toutes les teintes depuis le blond cendré jusqu'au plus beau noir ; front large, sourcils bien arqués, paupières longues et largement ouvertes, yeux situés sur une ligne presque

(1) Voy. Gerdy, *Physiologie médicale, etc.*, t. Ier, p. 284-351.

horizontale, pommettes peu saillantes, dents incisives verticales ; angle facial de 80 à 90 degrés.

Deuxième sous-genre.

(Pl. VII, fig. 2 et 2 *bis.*)

Corps robuste mais souvent trapu, formes moins élégantes et moins harmonieuses que dans le sous-genre précédent ; taille peu élevée, peau d'un jaune brun-suie ou olivâtre, barbe et cheveux durs, peu abondants, face aplatie, pommettes larges, nez écrasé, yeux noirs, très-écartés l'un de l'autre, paupières obliques, bridées, à ouverture étroite ; incisives verticales, menton étroit, oreilles grandes et détachées ; la tête est arrondie et ne présente pas les plans accusés qu'on remarque dans les variétés blanches ; angle facial de 70 à 80 degrés.

Troisième sous-genre.

(Pl. VII, fig. 3 et 3 *bis.*)

Corps souvent robuste et assez élégant de formes, parfois grêle et mal proportionné ; taille de 1^m,625 à 1^m,787, peau noire ou d'un brun plus ou moins foncé, chevelure noire et laineuse, barbe rare, tête peu volumineuse, front étroit, déprimé, tempes écrasées, nez épaté, à peine proéminent sur la face, pommettes saillantes, yeux ronds, gros et proéminents, lèvres épaisses, incisives obliques, maxillaires proéminents, menton étroit, angle facial de 60 à 75 degrés.

Quatrième sous-genre.

(Pl. VII, fig. 4 et 4 *bis*.)

Formes régulières, taille élevée, force corporelle assez grande, tégument rouge de cuivre plus ou moins prononcé, cheveux noirs, durs, plats et luisants, peu de barbe, face ovale, front fortement déprimé, nez long, souvent aquilin, yeux noirs et grands enfoncés dans les orbites, qui sont très-vastes ; dents incisives presque verticales, pommettes assez relevées, partie inférieure de la face proéminente. Le crâne, allongé et volumineux en arrière, est aussi développé que chez les autres variétés ; en général la tête est volumineuse. Angle facial de 60 à 70 degrés.

En exposant les principaux caractères distinctifs des variétés humaines, j'ai indiqué la mesure de l'*angle facial* des quatre sous-genres ; je ne saurais donc me dispenser de donner quelques explications sur cette découverte du célèbre P. Camper.

Si l'on trace sur un profil de tête humaine, deux lignes, dont l'une AB, pl. VII, fig. 1 *bis*, partant du conduit auditif, passe par l'épine nasale antérieure, tandis que la seconde CD (*id.*), tangente à la bosse frontale, vient couper la première, on formera un angle plus ou moins ouvert, plus ou moins aigu, auquel Camper a donné le nom d'angle facial. Au moyen de cet angle, Camper prouva la différence qui existait entre les têtes des différents peuples, et même entre celles de quelques animaux. De nombreuses expériences lui démontrèrent que chez l'homme cet angle variait entre 70 et 100 degrés ; cependant ces limites ne sont pas absolues, mais lorsqu'on dépasse 100 degrés, la tête devient difforme. En descendant l'échelle animale, on verra l'angle facial se fermer progressivement et mesurer les profils du singe, du chien, de la bécasse, etc.

Camper reconnut que les artistes grecs avaient adopté un maximum de 100 degrés; aussi remarque-t-on la proéminence du front dans les statues grecques, sans pouvoir toutefois décider si les sculpteurs reproduisaient dans leurs œuvres une forme particulière dont les types n'étaient peut-être pas rares à cette époque, ou bien si la saillie frontale était tout simplement une forme de convention destinée à caractériser la puissance intellectuelle. Les graveurs romains en pierres fines ne dépassaient guère 95 degrés.

Suivant Camper, « tout ce qui s'élève au-dessus de 80 degrés se ressent des règles de l'art; tout ce qui s'abaisse au-dessous de 70 degrés tombe dans la ressemblance du singe. »

L'angle facial de l'enfant nouveau-né est de 95 degrés, suivant Albert Durer; Quesnoy et J. de Wit lui donnent 100 degrés.

Les dimensions relatives du crâne et de la face, étudiées par plusieurs naturalistes et, entre autres, par Camper et par Cuvier, peuvent fournir des caractères assez intéressants à l'artiste; ces deux parties de la tête, liées si intimement, sont toujours en rivalité; le siége des principaux organes des sens et celui de l'intelligence semblent ne pouvoir exister dans un équilibre parfait; ils ne se développent qu'aux dépens l'un de l'autre; le crâne de l'homme l'emporte sur la face, et la face prend un développement d'autant plus considérable, qu'on l'étudie sur des individus placés plus bas dans l'échelle animale. L'aire du crâne de l'Européen égale quatre fois celle de la face; chez le nègre, l'aire de la face augmente d'un cinquième.

Pour compléter les renseignements relatifs à l'angle facial, j'ajouterai ici quelques lignes sur les moyens crâniométriques imaginés par différents auteurs.

1° L'*angle occipital* de Daubenton est formé : 1° par une ligne menée de la partie postérieure du trou occipital à la partie inférieure de l'orbite; 2° par une autre ligne qui, passant par le plan du même trou occipital, se prolonge en avant et en bas. Blumenbach ne reconnaissait à ce moyen d'autre utilité que de permettre la constatation des différences entre l'homme et les animaux, et non pas entre les races humaines. Il en proposa un autre connu sous le nom de :

2° *Norma verticalis* de Blumembach. Placez la tête de manière à voir tout l'ovale supérieur. Sur certains sujets, cet ovale masquera presque toutes les autres parties de la tête; sur d'autres, l'ovale sera plus allongé, moins large surtout en avant, et laissera voir certaines parties de la face; enfin un crâne pris dans la race mongole sera moins allongé que celui du nègre, moins régulier que celui d'un Géorgien, et laissera voir en avant les pommettes larges et saillantes.

3° Renversant le procédé de Blumenbach, Owen proposa d'examiner le crâne par sa base et de déterminer ainsi ses proportions par rapport à la face.

Tous ces moyens ne sont applicables qu'au squelette; ils ne peuvent donc offrir à l'artiste qu'un intérêt de curiosité.

Dois-je parler aussi de la division des crânes en deux principaux groupes, imaginée par le professeur Retzius de Stokholm? Les *dolichocéphales*, ou crânes longs, dont le diamètre antéro-postérieur est beaucoup plus considérable que le transversal. Les *brachycéphales* ou crânes courts, dont le diamètre transversal est presque aussi long que l'autre.

Il faut se résoudre, quoique avec peine, à classer les statues de Vénus et d'Apollon, ces modèles de grâce et d'élégance, sous cette barbare et peu poétique dénomination : *dolichocéphales*! Passe encore pour des types de force et de puissance, comme Hercule et Jupiter, qui supportent mieux la *brachicéphalie*. A coup sûr, Vulcain aussi devait être *brachycéphale*.

Épuisons tout de suite cette technologie peu musicale, en disant quelques mots des *orthognathes*, des *prognathes* et des *eurygnathes*.

Geoffroy Saint-Hilaire a rangé toutes les races connues sous quatre types :

1° Le *caucasique*, caractérisé par la prédominance des parties supérieures de la tête, c'est-à-dire de la région cérébrale;

2° Le *mongolique*, distingué par la prédominance de la partie moyenne, c'est-à-dire de la région faciale supérieure;

3° L'*éthiopique*, chez lequel prédomine la partie inférieure de la face, c'est-à-dire la région des mâchoires;

4° Le *hottentot*, remarquable par la prédominance de toute la région faciale.

Les éléments qui servent à déterminer le développement relatif de la région faciale sont : la largeur de cette région mesurée par l'écartement des pommettes (*eurygnathe*), et son étendue antéro-postérieure mesurée par son obliquité ou par la saillie qu'elle fait en avant de la région du cerveau (*orthognathe* ou *prognathe*).

Le type *caucasique* est *orthognathe ;*

Le *mongolique* est *eurygnathe ;*

L'*éthiopique* est *prognathe ;*

Le *hottentot* est à la fois *eurygnathe* et *prognathe.*

CHAPITRE II.

IDÉE GÉNÉRALE DE L'ORGANISATION.

Bien qu'à la rigueur l'artiste n'ait pas à s'occuper de toutes les parties qui entrent dans la composition du corps humain, il ne saurait pourtant se dispenser d'acquérir des notions générales sur l'organisation matérielle de l'homme; je croirais n'avoir pas rempli complétement les obligations que je me suis imposées en écrivant un livre destiné aux élèves, si je ne consacrais pas quelques lignes à ce sujet intéressant.

Le corps humain est composé de fluides et de solides, mais ces derniers ne sont pas à beaucoup près aussi abondants que les fluides répandus dans toute l'économie et pénétrant tous les organes.

Un cadavre desséché à l'ardeur du soleil ou par la chaleur artificielle d'un four perd à peu près les neuf dixièmes de son poids. Le professeur Chaussier a fait des expériences très-intéressantes sur la pesanteur relative des corps frais et desséchés, et quelques voyageurs rapportent qu'ils ont trouvé, sur les sables brûlants des déserts, des cadavres de chameaux desséchés par les rayons solaires et si légers qu'un seul homme pouvait les soulever sans peine.

Ne voyons-nous pas dans certaines maladies le corps réduit à une telle maigreur, que la peau semble appliquée immédiatement sur les os? Au surplus, l'étude des fluides ne présente aucun intérêt à l'artiste; aussi passerai-je tout de suite à l'examen des parties solides.

La peau, enveloppe générale du corps, s'offre d'abord à nos regards; elle se moule sur les parties sous-jacentes dont elle reproduit les formes; mais la présence du tissu cellulaire et l'épaisseur même de la peau, modifient ces formes, diminuent leur âpreté et leur prêtent une grâce toute particulière. Il existe une grande différence entre l'écorché et le cadavre revêtu du tégument externe.

Parsemée de sillons, de plis, de rides, de poils, etc., qui détruisent la monotonie de sa surface, limitent naturellement certaines régions et en embellissent plusieurs, la peau, dont quelques détails importants nous occuperont plus tard, est percée d'ouvertures qui établissent la communication de cette enveloppe avec les membranes muqueuses considérées par les anatomistes comme un tégument interne. Cette transition de tissus est bien évidente aux paupières, aux orifices des conduits auditifs, des narines, de la bouche, de l'anus et du canal de l'urèthre, où l'on voit la peau s'amincir, changer de coloration et se transformer presque insensiblement en tissu muqueux. Les ongles et les poils ne sont que des dépendances de la peau, qui, suivant l'élégante définition de Bichat, est une limite sensitive, placée à l'extrémité du domaine de l'âme, où les corps extérieurs viennent sans cesse heurter, afin d'établir les relations de la vie animale et de lier ainsi l'existence de l'homme à celle de tout ce qui l'entoure.

Immédiatement au-dessous de la peau, on trouve le *tissu cellulaire,* excepté au cou et à la face, où des muscles particuliers, connus sous le nom de *peauciers*, adhèrent intimement à l'enveloppe extérieure. Non-seulement le tissu cellulaire forme une couche sous-cutanée plus ou moins épaisse dans les diverses régions, mais il pénètre dans tous les interstices qu'offrent les parties sous-jacentes, les lie entre elles, leur forme des enveloppes moelleuses, facilite leur jeu et les protége contre les chocs violents. Dans ce tissu rampent sinueusement des vaisseaux et des filets nerveux.

Au tissu cellulaire sous-cutané succèdent les *muscles* dont l'ensemble forme plusieurs couches superposées. Ils sont au nombre de cinq cent vingt-sept; le professeur Chaussier n'en admettait que trois cent soixante-huit. Les muscles sont les organes actifs de la locomotion; ils ont ordinairement une couleur rouge plus ou moins foncée et présentent de nombreuses variétés sous les rapports du volume, de la forme, de la direction, etc. Mais je n'empiéterai pas sur ce que je dois dire de ce système important, en m'occupant de la mécanique animale; pour le moment, il suffit de savoir que les muscles sont composés de fibrilles, dont la réunion forme des fibres, des faisceaux liés entre eux au moyen du tissu cellulaire et traversés en tous sens par un grand nombre de nerfs et de vaisseaux. Les muscles sont tantôt insérés directement sur les os, tantôt ils s'y attachent au moyen de tendons.

Les muscles sont enveloppés de tous côtés par des membranes résistantes semi-transparentes, dont les dispositions particulières ont été décrites minutieusement par M. Gerdy. Ces *aponévroses*, que l'on rencontre d'abord sous le tissu cellulaire superficiel, envoient de toutes parts des cloisons qui se réunissent et forment des gaînes dans lesquelles les muscles sont exactement renfermés. Enfin, au centre des masses musculaires et leur servant de supports ou de points d'attache, on trouve les os unis entre eux par de nombreux ligaments destinés à les maintenir dans une position presque invariable, ou leur permettant d'exécuter des mouvements très-étendus. Quelques-uns de ces os sont creusés d'un canal que l'on nomme *médullaire*, d'autres n'offrent aucune cavité dans leur épaisseur. Il est à remarquer que les *os pleins* sont presque tous destinés à former, par leur réunion, les grandes cavités du corps; le crâne, la poitrine, une grande partie de l'abdomen, ont leurs charpentes osseuses composées d'os pleins, tandis que les parties molles des membres sont supportées par des os pourvus d'un canal médullaire.

Les parois des grandes cavités dont je viens de parler, présentent la même disposition de parties que l'on observe dans les membres; mais, au delà de la couche osseuse ou charnue, on rencontre des membranes transparentes, minces, humectées dans toute leur étendue par un fluide particulier, la *sérosité*, qui a donné son nom aux *membranes séreuses*. Ces toiles légères tapissent les cavités et se replient sur elles-mêmes en suivant parfois une marche assez compliquée, pour envelopper plus ou moins exactement les organes qu'elles maintiennent tout en facilitant leur jeu.

Le crâne contient le *cerveau* et le *cervelet;* la *moelle épinière* est logée dans le canal que forment les vertèbres superposées. L'organisation délicate de ces organes rend leurs lésions excessivement graves et fréquemment mortelles; aussi sont-ils protégés par de solides enveloppes, qui cependant ne suffisent pas toujours pour les préserver. De ce centre commun partent, dans toutes les directions, des cordons blancs et souples dont les divers troncs se divisent et se subdivisent à l'infini, se réunissent par leurs ramifications, pénètrent les tissus, les organes, et envoient leurs branches les plus déliées à la périphérie du corps, où elles servent à établir la relation de l'individu avec tout ce qui l'environne. Les *nerfs* sont à la fois les messagers des sensations et de la volonté; ils apportent les premières au centre commun et vont dans toutes les directions faire exécuter ses ordres.

Les *poumons* et le *cœur* sont contenus dans la cavité pectorale ou thoracique, mystérieux laboratoire de la respiration et de la circulation, inséparables sources de la vie. Les artistes ne sauraient ignorer la position exacte de ces organes sans être exposés à commettre parfois de graves erreurs.

Situé derrière le sternum et devant la colonne vertébrale, le *cœur* occupe, entre les deux poumons, la partie moyenne de la poitrine. Il est renfermé dans une poche particulière que l'on nomme le *péricarde*. La forme du cœur est à peu près celle d'un cône irrégulier, aplati d'avant en arrière; sa base est dirigée en arrière, en haut et un peu à droite; son sommet, ou pointe, correspond à l'intervalle des cartilages de la cinquième et de la sixième côte gauches.

Laennec avait cru reconnaître que, chez un sujet sain, le volume du cœur égalait celui du poing; mais les dimensions du cœur sont trop variables pour qu'on puisse accorder la moindre confiance à cette idée du célèbre médecin breton. Les principaux troncs artériels et veineux prennent naissance ou viennent s'ouvrir dans les cavités du cœur ; ces cavités sont au nombre de quatre.

La poitrine est presque entièrement remplie par les deux *poumons*, organes de la respiration. Le sommet de chaque poumon correspond aux premières côtes gauches et droites ; les bases de ces organes reposent sur la convexité du *diaphragme*, cloison musculaire tendue entre la poitrine et la cavité abdominale (1). Les poumons communiquent avec l'extérieur au moyen de tubes qui portent le nom de *bronches* et se réunissent pour former la *trachée-artère*, terminée supérieurement par le *larynx* où se forment en partie les sons, et qui vient s'ouvrir dans l'arrière-bouche. Cette ouverture supérieure du conduit pulmonaire est protégée par l'*épiglotte*, soupape élastique destinée à empêcher les aliments de tomber dans le larynx. Le jeu des poumons est facilité par la présence d'une membrane séreuse, la *plèvre*, qui les enveloppe, les maintient et tapisse les parois thoraciques. L'*œsophage*, dont l'orifice est placé derrière celui du larynx, descend aussi dans la poitrine pour aller gagner l'estomac et lui transmettre les aliments.

(1) Le diaphragme s'attache en avant à l'appendice xiphoïde, en arrière aux apophyses transverses de la première vertèbre lombaire et au devant du corps et des cartilages de la deuxième, de la troisième et de la quatrième vertèbre lombaires ; sur les côtés, il prend insertion sur les cartilages et sur les corps des six dernières côtes. Ces insertions sont bonnes à connaître, parce qu'elles indiquent les limites qui séparent les cavités thoracique et abdominale.

On trouvera peut-être que je me suis occupé trop longuement des organes contenus dans la poitrine, bien que je n'aie fait en quelque sorte que les énumérer ; mais ne devrait-on pas, au contraire, me reprocher mon laconisme ? Quoi de plus important pour l'homme qui veut reproduire la nature et ses accidents, que de connaître la situation des principaux organes de la vie ? L'histoire nous a transmis les hauts faits d'armes des héros de l'antiquité et de nos ancêtres ; elle nous montre le coup fatal qui les fit tomber glorieusement sur le champ de bataille ; la mythologie nous raconte les exploits fantastiques de ses dieux et les cruels châtiments que leur capricieuse omnipotence infligeait aux perturbateurs de l'ordre olympique, aux contrefacteurs de leurs œuvres et à tant d'autres rebelles ; l'artiste doit reproduire fidèlement ces blessures, ces supplices ; il doit, qu'on me permette l'expression, tuer son homme à coup sûr et proprement ; son vautour ne doit pas chercher au hasard le foie de Prométhée.

La cavité abdominale contient aussi des organes importants à connaître. Nous avons vu qu'elle était limitée supérieurement par le diaphragme ; nous savons également que les poumons correspondent par leurs bases à la surface convexe du diaphragme ; la face inférieure de cette cloison sera donc concave, elle formera une coupole à la cavité abdominale, et dans cette coupole viendront se loger des organes protégés sur les côtés et en arrière, par les côtes et la colonne vertébrale.

L'*estomac* est placé transversalement dans la partie supérieure de l'abdomen. Sa forme a quelque analogie avec celle d'une cornemuse, mais il présente deux ouvertures : l'une, située à gauche, reçoit l'œsophage dont j'ai déjà parlé; l'autre, à droite, s'abouche dans le conduit intestinal. L'estomac est situé immédiatement sous le diaphragme; dans l'état de plénitude, il vient faire saillie au-dessous de l'appendice xiphoïde, dans le point que l'on désigne sous le nom de *creux de l'estomac*.

On divise le *tube intestinal* en deux portions principales, l'*intestin grêle* et le *gros intestin*. Je ne parlerai pas des subdivisions conventionnelles auxquelles ces deux portions ont été soumises. L'intestin, dont la longueur égale six à sept fois celle du corps, doit nécessairement se replier sur lui-même et former de nombreuses *circonvolutions* pour se loger dans une cavité qu'occupent déjà d'autres organes. Afin que ces circonvolutions ne se mêlent pas et jouissent cependant de mouvements assez libres, elles sont fixées à la paroi postérieure de l'abdomen, par des replis membraneux que leur fournit le *péritoine*, vaste membrane séreuse qui enveloppe presque tout le tube intestinal, plusieurs autres organes, et tapisse les parois de l'abdomen, en suivant une marche assez compliquée. L'extrémité inférieure de l'intestin vient s'ouvrir à l'*anus* et fournit ainsi, depuis la bouche jusqu'à ce dernier orifice, un conduit continu aux aliments qui subissent, dans leur trajet, plusieurs modifications destinées à rendre certaines parties propres à la conservation de l'individu, tandis que les autres, inutiles ou nuisibles, sont chassées jusqu'à l'extrémité de l'intestin et enfin éliminées.

La partie droite de la coupole diaphragmatique loge le *foie*, organe volumineux dont le bord inférieur ou antérieur se fait sentir au-dessous des fausses côtes droites. Ce viscère est situé au-dessus de l'estomac et d'une partie de l'intestin; il est maintenu par des replis du péritoine qui lui fournit une enveloppe.

Je crois pouvoir maintenant abréger encore mes descriptions et me contenter d'énumérer rapidement les autres organes abdominaux.

La *rate* est située dans l'hypochondre gauche, au-dessous du diaphragme; les *reins*, au nombre de deux, sont placés dans la région lombaire, des deux côtés de la colonne vertébrale, au niveau des deux dernières vertèbres dorsales et des deux premières lombaires. Au-devant du *rectum* dernière portion du tube intestinal, on trouve la *vessie* qui communique avec l'extérieur par le *canal de l'urèthre*, et avec les reins, au moyen de deux conduits nommés *uretères*. L'urine, sécrétée par les reins, descend dans la vessie, d'où elle est expulsée en suivant le canal de l'urèthre. Chez la femme, la *matrice* sépare la vessie du rectum. Au milieu de tous ces organes, dans l'épaisseur de leurs tissus, on retrouve toujours les nerfs et les vaisseaux, sans lesquels ils ne sauraient accomplir leurs fonctions et concourir à l'existence de l'individu.

La portion inférieure de la cavité abdominale est formée en grande partie par le *bassin*; cette cavité se trouve donc protégée, en haut et en bas, par des parois osseuses; là, par les côtes, ici, par les os iliaques et le coccyx; en arrière, la colonne vertébrale règne dans toute sa longueur.

J'ai dû nécessairement me dispenser de décrire et même d'énumérer plusieurs parties fort importantes pour l'anatomiste, mais sans intérêt pour l'artiste; je passerai également sous silence les organes des sens et je terminerai cet aperçu rapide mais suffisant pour donner à l'artiste une idée du corps humain et lui inspirer le désir d'en acquérir une connaissance plus complète.

CHAPITRE III.

**DES DIFFÉRENTES PARTIES QUI COMPOSENT LE SQUELETTE
ET DE LEUR ENSEMBLE.**

Le squelette est formé par la réunion de tous les os du corps humain dont il détermine la grandeur, les formes principales et l'attitude; en un mot, c'est la charpente de l'édifice.

La hauteur du squelette adulte ne peut varier, à moins que le tissu osseux ne soit modifié par certaines maladies.

Les os sont les parties les plus dures de l'économie; tout, dans leur structure, concourt à leur donner la solidité et la mobilité.

On distingue les os en longs, en larges et en courts.

Les os longs sont surtout destinés aux membres; les cavités sont principalement formées par des os larges, et les extrémités par des os courts. Ces dispositions sont conformes aux usages des différentes parties; en effet, il était nécessaire que les articulations des membres fussent peu nombreuses pour que leur solidité n'eût pas à en souffrir, et pour éviter la trop grande fatigue des muscles destinés à les maintenir dans leur état de rectitude. Trop multipliées, elles eussent rendu les mouvements difficiles et compliqués, tandis qu'au moyen des os longs, ils s'exécutent avec une admirable simplicité.

La réunion d'un certain nombre d'os courts, donne

aux extrémités l'élasticité et la mobilité dont elles ont besoin pour supporter le poids du corps, saisir les objets,
exécuter des mouvements prompts et compliqués. Les os
du pied, courts et solides, réunis par de forts ligaments
et formant une voûte élastique, peuvent résister aux chutes
si fréquentes sur les extrémités inférieures et se prêter
aux mouvements de la marche en supportant le poids
entier de l'individu. Les mains embrassent vigoureusement les corps lourds et volumineux, saisissent les objets
les plus déliés, exécutent les travaux les plus délicats,
grâce à leurs articulations nombreuses et à la disposition
des appendices qui les terminent.

Les organes les plus importants sont protégés contre
les injures des agents extérieurs, par les os larges qui leur
forment des enveloppes solides à l'abri desquelles ils
peuvent librement remplir leurs fonctions; cependant, le
cœur et les poumons sont renfermés dans une espèce de
cage osseuse formée d'os longs; mais ne fallait-il pas que
le jeu des poumons pût s'effectuer sans entraves, et comment concilier cette condition essentielle avec l'existence
d'une cavité solide et immobile qu'ils auraient exactement
remplie? D'ailleurs, la réunion des côtes maintenues et
recouvertes par des muscles nombreux et puissants, offre
encore une protection suffisante à ces organes, tout en
conservant la mobilité nécessaire à l'accomplissement de
leurs fonctions.

Une grande partie de la cavité abdominale n'est formée que par des parties molles, et c'est encore à la
physiologie qu'il faut demander les causes de cette disposition.

Mais laissons là ces considérations tout à fait étrangères à notre sujet, et revenons au squelette.

Les os, dont la structure est très-compliquée, sont unis entre eux au moyen de surfaces disposées convenablement et qui prennent le nom d'articulaires; elles sont ordinairement revêtues de cartilages formés d'une substance moins dure que les os, lisse, souple et élastique, destinée à faciliter les mouvements et à régulariser les surfaces, etc. L'union des os entre eux forme ce qu'on nomme les *articulations*; elles sont maintenues par des ligaments composés d'un tissu blanc, compacte, fibreux, souple et d'une grande solidité.

On distingue dans les os différentes particularités dont la connaissance est indispensable. Les uns sont prismatiques, triangulaires ou cylindriques, les autres quadrilatères, parallélogrammes, etc., il en est qui ont la forme de coins, de cubes; les os sont encore sillonnés par des fentes, des gouttières, des coulisses, des rainures, etc. On y remarque des cellules, des fosses, des sinus, des trous, des empreintes, des crêtes, des bosses, des tubérosités; leurs extrémités présentent des têtes, des condyles, des apophyses, etc. Mais je reviendrai sur les plus importantes de ces particularités en décrivant le squelette.

Les os sont au nombre de 240 (1); la plupart de ces os sont *pairs*, c'est-à-dire qu'ils existent à droite et à gauche ou sur les deux côtés de la ligne médiane. Les autres sont *impairs* (2) et situés sur la ligne médiane.

(1) Sans compter les os sésamoïdes.

(2) Le pariétal, la clavicule, l'omoplate, l'humérus, le fémur, etc., sont des os *pairs*; le coronal, le sternum, les vertèbres, etc., sont des os *impairs*.

Description du squelette.

On divise le squelette en tronc et en membres. Le tronc osseux comprend la tête, la colonne vertébrale, la poitrine, formée par les côtes et le sternum, et le bassin. On distingue les membres en supérieurs et en inférieurs.

La tête comprend le crâne et la face; le crâne, beaucoup plus volumineux que la face, est formé par le *coronal* ou *frontal* en avant, par l'*occipital* en arrière, sur les côtés et en haut, par les *pariétaux*, en bas et latéralement, par les *temporaux*, en bas et en avant, par l'*ethmoïde*, et plus haut par le *sphénoïde*; mais ces deux derniers os ne doivent pas trouver place dans cette description, ils sont cachés aux regards et ne concourent point à la production des formes extérieures.

La face comprend les *os propres du nez*, les *maxillaires supérieurs*, les *os de la pommette* et l'*os maxillaire inférieur*. Je ne ferai que mentionner les *os unguis*, ceux du *palais*, le *vomer* et les *cornets inférieurs*.

Je ne décrirai pas séparément chacun de ces os; cette description serait inutile à l'artiste et exigerait d'ailleurs que l'on s'occupât de certaines parties qui n'ont aucun rapport avec notre sujet. Ce qu'il importe de connaître, c'est l'ensemble des formes que produit la réunion des différentes pièces osseuses de la tête.

La tête a la forme d'un ovoïde dont la grosse extrémité est tournée en arrière et dont la petite extrémité répond au menton; elle est plus ou moins aplatie sur les parties latérales. Le sommet de la tête, ou mieux du crâne, est convexe, lisse, et présente les sutures du frontal (1, pl. I, fig. 1) avec les pariétaux (2, *id.*); tout à fait en arrière, on trouve encore la suture des pariétaux et de l'occipital (2, pl. II, fig. 1), suture que l'on a nommée *lambdoïde*, parce qu'elle a quelque analogie avec le λ (lambda) des Grecs, tandis qu'on a donné le nom de *sagittale* à la suture que forme la réunion des deux pariétaux (2, pl. I, fig. 1). La convexité de ces deux os, très-prononcée vers le centre, constitue les bosses pariétales situées à l'extrémité postérieure et sur les côtés de la suture sagittale.

En avant, le *coronal* (1, pl. I, fig. 1) forme deux renflements qui se confondent parfois en un seul ; ce sont les *bosses frontales*. L'*occipital* (2, pl. II, fig. 1), d'abord lisse et uni comme le reste du crâne, devient tout à coup rugueux et présente une éminence assez saillante, connue sous le nom de protubérance occipitale (2, *id.*), à laquelle viennent aboutir deux lignes courbes qui prennent naissance de chaque côté aux *apophyses mastoïdes* (4, pl. I, fig. 1).

Mais ces diverses saillies sont peu importantes, parce que les formes qu'elles produisent sont entièrement cachées sous les cheveux et dissimulées par les parties molles qui les recouvrent; aussi je bornerai là cette description.

Les parties latérales du crâne sont moins convexes que le reste de son étendue. On y remarque de haut en bas : 1° la *ligne courbe temporale* (2, pl. I, fig. 1, et 6, pl. III, fig. 1), qui prend naissance en avant sur une éminence que nous retrouverons plus tard, se porte en haut et en arrière, se continue sur le pariétal, et se contourne de nouveau pour venir se perdre à la base de l'*apophyse zygomatique* (1). Cette ligne courbe est beaucoup plus prononcée vers son origine ; elle s'efface peu à peu pour reparaître de nouveau vers sa terminaison. Au-dessous, se trouve la *suture écailleuse*, articulation du temporal avec le pariétal et le sphénoïde. Plus bas encore, s'élève l'*arcade zygomatique* (5, pl. III, fig. 1, et *a*, pl. IX, fig. 1), produite par l'union de l'apophyse zygomatique du temporal, avec l'os de la pommette. Ce dernier os présente une autre apophyse verticale qui vient s'articuler avec l'*apophyse orbitaire externe* (3', pl. I, fig. 1), dans le point même où la ligne courbe temporale prend naissance.

La ligne courbe temporale, l'arcade zygomatique et l'apophyse orbitaire de l'os de la pommette, circonscrivent un espace assez considérable qui forme en avant une cavité prononcée et porte le nom de *fosse temporale*, comblée par les parties molles chez le sujet vivant.

L'apophyse zygomatique s'étend en arrière sous forme de crête assez saillante qui va rejoindre la ligne courbe temporale, et limite le bord supérieur de l'orifice du *conduit auditif* (*g*, pl. IX, fig. 1).

Au devant de ce conduit et toujours au-dessous de la crête précédente, existe la *cavité glénoïde* (*b*, pl. IX, fig. 1), destinée à recevoir le *condyle* de la mâchoire inférieure. Enfin, en arrière et au-dessous de l'orifice du conduit auditif, on trouve une grosse éminence mamelonnée, plus ou moins développée selon les sujets ; c'es[t] l'*apophyse mastoïde* au devant de laquelle s'élève la *branche de la mâchoire inférieure* (B, pl. IX, fig. 1). Deu[x]

(1) Qui fait suite à l'os de la pommette (4, fig. 1, pl. II ; et 5, fig. 1, pl. III).

éminences surmontent cette partie de l'os; l'une postérieure, allongée de dehors en dedans et d'avant en arrière,
vient se loger dans la fosse glénoïde; c'est le *condyle de
la mâchoire* (*d*, pl. IX, fig. 1); l'autre, anguleuse et
aplatie latéralement, porte le nom d'*apophyse coronoïde*
(*e*, pl. IX, fig. 1); elle se cache sous l'arcade zygomatique dans une fosse qui porte le même nom. La branche
de la mâchoire, aplatie transversalement, est limitée par
deux bords dont l'antérieur se continue avec l'arcade dentaire inférieure, et le postérieur avec l'*angle de la mâchoire* (*f*, pl. IX, fig. 1) formé par la réunion de ce bord
et du *corps de l'os* (8, pl. III, fig. 1).

La partie antérieure de la tête, entièrement constituée
par la face, laisse quelquefois apercevoir une ligne verticale entre les bosses frontales; elle indique le point de
réunion des deux parties de l'os dans le premier âge.
Au-dessus de la naissance du nez, existent deux *bosses
nasales* (6″, pl. III, fig. 1) qui acquièrent un grand développement chez certains sujets et surtout chez les vieillards; elles donnent naissance de chaque côté à une arcade
saillante dirigée en dehors, au-dessus d'une légère dépression à laquelle succède une seconde arcade qui devient de
plus en plus saillante, et forme, à la partie externe, l'*apophyse orbitaire* articulée avec l'os de la pommette. C'est
sur cette apophyse que la ligne courbe du temporal prend
naissance. Des deux arcades que j'ai signalées, la première est l'*arcade sourcilière*, la seconde est l'*arcade
orbitaire*.

Au-dessous des bosses nasales, sont situés les *os propres
du nez* (6, pl. III, fig. 1), petits os qui, réunis aux apo-

physes montantes des maxillaires supérieurs et à des cartilages, déterminent la forme du nez. Sur les côtés, se
trouvent les *fosses orbitaires* que surmontent les arcades
du même nom; leurs ouvertures sont formées en haut
par le frontal, en dehors et en bas par l'os de la pommette, et dans le reste de leur étendue par les maxillaires supérieurs. Plusieurs autres os concourent à former
les fosses orbitaires; je n'ai dû indiquer que ceux qui
jouent un rôle dans la production des formes extérieures.
Les ouvertures des orbites sont quadrilatérales, mais cette
figure est considérablement modifiée par les parties
molles.

En dehors et au-dessous des orbites, les *os malaires*
(5, pl. III, fig. 1) forment deux saillies lisses qui produisent ces éminences remarquables chez les gens maigres
et affaiblis par les chagrins ou de longues maladies. En
dedans des pommettes et au-dessous de l'orbite, existe la
fosse canine creusée sur l'os maxillaire supérieur; elle se
perd insensiblement sur l'apophyse montante du même
os. Ces apophyses, le corps de l'os et l'extrémité antérieure
des os propres du nez, circonscrivent une ouverture
oblique de haut en bas et d'avant en arrière. Elle est
triangulaire, à angles arrondis, et forme l'ouverture antérieure des fosses nasales; l'*épine* prononcée (5, pl. III,
fig. 1), que l'on remarque à la partie moyenne de la base
du triangle, se perd chez le vivant dans la cloison du nez.
L'ouverture des fosses nasales est partagée en deux parties
presque toujours inégales, par une lame osseuse verticale
(*vomer*), ordinairement déjetée d'un côté ou de l'autre.

Plus bas, on remarque le *bord alvéolaire* et les dents

de la mâchoire supérieure; ce bord, contourné à peu près en forme de fer à cheval, est un peu aplati à sa partie antérieure, tandis que l'arcade dentaire et le bord alvéolaire inférieurs suivent une courbe plus régulière. On remarquera que l'arcade supérieure empiète sur l'inférieure antérieurement, de manière que les dents supérieures recouvrent les inférieures lorsque la bouche est fermée, mais il n'en est plus de même des molaires qui se correspondent exactement. Une saillie médiane, trace de l'union des deux pièces de l'os, terminée inférieurement par une autre saillie triangulaire ou *éminence du menton* (8, pl. III, fig. 1); sur les parties latérales, deux surfaces lisses qui se dirigent en arrière, enfin un bord arrondi qui va se terminer aux angles de la mâchoire inférieure, complètent la description de la face.

Je le répète, je n'ai pas tenu compte de toutes les éminences, des impressions, gouttières, trous et sutures qui se montrent en grand nombre à la surface de la tête; j'ai également omis à dessein la description de la base du crâne; je n'ai voulu m'occuper que des parties importantes à connaître, soit pour expliquer les formes, soit pour comprendre les mouvements.

La colonne vertébrale, les côtes et le sternum forment la partie moyenne du tronc.

La *colonne vertébrale* (de 6 à 9, pl. II, fig. 1), placée à la partie postérieure et moyenne du tronc, entre la tête et le bassin, est constituée par l'assemblage des vertèbres au nombre de 24, classées dans l'ordre suivant: 7 *cervicales* (de 6 à 7, pl. II, fig. 1), 12 *dorsales* (de 7 à 8, *id.*), et 5 *lombaires* (de 8 à 9, *id.*).

La réunion de ces vertèbres forme une espèce de colonne dont la partie supérieure est plus mince que l'inférieure ; elle a ordinairement de 2 pieds 4 pouces à 2 pieds 2 pouces de hauteur. Cependant Winslow l'a considérée avec raison comme représentant deux pyramides dont les sommets se réunissent au niveau de la quatrième vertèbre dorsale. Il faut ajouter à cette colonne flexible le *sacrum* (10, pl. II, fig. 1), sur lequel elle s'appuie par sa base, et le *coccyx* (11, *id.*) qui termine le sacrum. Elle présente dans sa longueur des courbures antérieures, postérieures et latérales ; les premières sont au nombre de quatre ; latéralement il n'en existe qu'une seule. A la partie supérieure et vue par sa face postérieure, la colonne vertébrale est concave, convexe à la région dorsale, concave aux lombes et convexe au niveau du sacrum. Latéralement, on remarque, au niveau des troisième, quatrième et cinquième vertèbres dorsales, une courbure dont la concavité est tournée vers le côté gauche ; on a attribué cette déviation tantôt au voisinage de la crosse de l'aorte tronc principal du système artériel, tantôt à l'usage fréquent que l'on fait de la main et du bras droits, ou bien encore à la position du fœtus dans la matrice, mais nous n'avons pas à discuter ces hypothèses.

On trouve dans toutes les vertèbres un corps, des apophyses, des échancrures et un trou principal. Le *corps* de la vertèbre (*a*, pl. VIII, fig. 2), à peu près cylindrique, aplati de haut en bas, est convexe en avant ; en arrière du corps, on remarque une éminence osseuse, nommée *apophyse épineuse* (*d*, pl. VIII, fig. 2 et *d*, fig. 2 *ter*) ; elle est dirigée d'avant en arrière et de haut en bas; vers sa base, cette apophyse se divise en deux *lames* (*d, d*, fig. 2 *ter*) qui vont rejoindre le corps et former ainsi le *grand trou vertébral* (*a*, fig. 2 *ter*) destiné au passage de la moelle épinière. Il existe aussi deux apophyses de chaque côté du corps; les unes portent le nom de *transverses* (*e*, pl. VIII, fig. 2), et s'articulent avec les côtes; les autres, disposées pour l'articulation des vertèbres entre elles, prennent le nom d'*articulaires* (*c*, pl. VIII, fig. 2). Les petites facettes taillées sur ces mêmes faces, reçoivent les têtes des côtes. On remarquera que le corps des vertèbres cervicales et lombaires est plus épais en avant qu'en arrière, tandis que les vertèbres dorsales présentent une disposition inverse; les courbures antérieures et postérieures de la colonne vertébrale s'expliquent naturellement par cette différence d'épaisseur des corps.

Je n'ai décrit que les caractères communs des vertèbres, mais il en est de particuliers qui distinguent les différents os de la colonne; ainsi l'anatomiste reconnaît sans peine, à la région cervicale, les première, deuxième et septième vertèbres; à la région dorsale, les première, dixième, onzième et douzième; parmi les vertèbres lombaires, la cinquième est surtout facile à distinguer; mais l'artiste doit surtout s'attacher à l'étude des deux premières et de la septième cervicales. Je ne m'occuperai pas ici des premières que je décrirai en traitant des articulations, mais je ne puis me dispenser de dire quelques mots de la septième qui fait saillie à la partie supérieure du dos et sert de point de repère, pour reconnaître la position de toutes les autres. Elle est beaucoup plus volumineuse que les autres vertèbres de la même région ; son apophyse épineuse est forte et très-longue, aussi la nomme-t-on *proéminente ;* son sommet est presque toujours formé par un petit tubercule qui soulève la peau et indique la situation de la vertèbre.

Le *sacrum* (10, pl. II, fig. 1, et B, pl. IX, fig. 3) termine inférieurement la colonne vertébrale et lui sert de moyen d'union avec le bassin. Concave en avant, convexe en arrière, il est triangulaire et présente une base large qui reçoit la dernière vertèbre lombaire, et un sommet articulé avec le *coccyx* (11, pl. II, fig. 1, et C, pl. IX, fig. 3), petit os également triangulaire, correspondant à la partie supérieure de la fissure qui sépare les deux fesses. Le sacrum, que l'on considère comme formé par la réunion intime de plusieurs vertèbres, est surmonté, en arrière, par des éminences qui correspondent aux apophyses épineuses ; à la partie inférieure de l'os vient s'ouvrir l'extrémité du grand canal vertébral ; sur les côtés, on voit les vestiges des apophyses transverses, des rugosités destinées à l'insertion des ligaments, et, tout à fait en dehors, les deux surfaces articulaires qui correspondent à des surfaces semblables taillées en forme d'oreille sur les os iliaques (*f,* pl. IX, fig. 3).

Les faces supérieures et inférieures des corps des vertèbres sont revêtues de cartilages minces, entre lesquels sont placés les disques fibreux qui unissent intimement les vertèbres et donnent à l'ensemble de la colonne la mobilité nécessaire aux divers mouvements du tronc. Toutes les vertèbres sont encore maintenues par des ligaments sur lesquels je reviendrai plus loin.

Examinons actuellement l'ensemble de la colonne vertébrale réunie au sacrum.

La partie antérieure nous intéresse peu ; elle présente, dans toute sa longueur, une portion de cylindre, et au niveau du sacrum, une concavité prononcée. En arrière règne la *crête épinière* ou *épineuse*, formée par la réunion des apophyses épineuses. La disposition de cette crête est très-remarquable ; d'abord peu prononcée, elle devient plus proéminente au niveau des deuxième et troisième vertèbres, diminue ensuite jusqu'à la sixième et s'élève de nouveau jusqu'à la septième. Saillante aux régions dorsale et lombaire, elle s'affaisse progressivement et vient se perdre sur le sacrum, à l'origine du canal sacré. On doit surtout remarquer la direction des apophyses épineuses dans les différentes régions. Au cou, elles sont horizontales, obliques et imbriquées à la région dorsale, horizontales encore aux lombes ; admirable combinaison dont on reconnaîtra l'importance lorsque nous nous occuperons de la mécanique animale.

Les deux larges gouttières creusées de chaque côté de la crête, sont formées par la réunion de la colonne vertébrale et des côtes ; elles logent des faisceaux musculaires volumineux et sont d'autant plus prononcées au cou et aux lombes, que ces muscles forment des masses plus considérables dans ces régions. La face postérieure du sacrum complète la surface extérieure du bassin et n'exige pas de description particulière.

Le thorax ou poitrine, est formé par la colonne vertébrale en arrière, le sternum en avant, et latéralement par les côtes au nombre de vingt-quatre, douze de chaque côté (1).

Le *sternum* (12, pl. I, fig. 1) est un os impair, symétrique, allongé, que les anciens anatomistes comparaient à un glaive, et que les modernes considèrent comme une petite colonne vertébrale ; cet os, dont la longueur varie entre cinq et six pouces, est situé à la partie antérieure moyenne de la poitrine ; son extrémité inférieure est terminée par l'appendice xiphoïde dont la forme et la consistance sont très-variables. L'extrémité supérieure du sternum, plus large que l'inférieure, présente à sa partie moyenne une échancrure connue sous le nom de fourchette sternale, et de chaque côté, une cavité ou facette articulaire qui reçoit l'extrémité interne de la clavicule. Les deux bords du sternum sont sinueux et creusés de quatorze facettes pour l'articulation sternale des côtes. Chez l'adulte, les diverses pièces osseuses qui forment le sternum sont ordinairement soudées ensemble, à l'exception de la première qui se soude rarement à la seconde, même dans un âge avancé ; on distingue toujours leur articulation indiquée par un angle plus ou moins saillant en avant.

Le sternum est dirigé obliquement d'arrière en avant et de haut en bas. Suivant M. Cruveilhier, cet os doit faire, chez un homme bien conformé, un angle de 20 à 25 degrés, de manière qu'en prolongeant son extrémité supérieure, elle irait rencontrer la troisième vertèbre cervicale ; mais cette direction est très-variable.

(1) On a trouvé, chez certains sujets, vingt-six côtes et plus rarement vingt-deux.

Entre le sternum et la colonne vertébrale, sont situées les *côtes* (de 13 à 15, pl. I, fig, 1), arcs-boutants en partie osseux, en partie cartilagineux, dont les dimensions varient suivant la région qu'ils occupent. On distingue les côtes en vraies et en fausses; les premières, au nombre de quatorze (de 13 à 14, pl. I, fig. 1), viennent s'unir au sternum au moyen de cartilages; les cartilages des dix autres (de 14 à 15, pl. I, fig. 1) ne vont pas jusqu'à cet os; on nomme côtes flottantes les quatre dernières, dont l'extrémité est libre dans les tissus qui forment les parois abdominales (1).

Des deux extrémités de la côte, la postérieure est la plus volumineuse, on y remarque une tête qui s'articule avec les facettes articulaires des vertèbres, et une tubérosité (*f*, pl. VIII, fig. 2) pour l'articulation avec les apophyses transverses des mêmes os. L'extrémité antérieure, mince et aplatie d'avant en arrière, est unie au sternum par l'intermédiaire d'un cartilage. Le corps de l'os présente une courbure à convexité extérieure, plus ou moins prononcée suivant la position de la côte; il est aussi tordu sur lui-même, et l'on y remarque les saillies des insertions musculaires.

On sait déjà que les sept premières côtes s'articulent seules avec le sternum au moyen des cartilages; les dernières ne sont pourtant pas toutes flottantes, parce que les cartilages qui les terminent sont taillés en biseau,

---

(1) On remarquera que les côtes ne forment pas seulement la charpente osseuse de la poitrine, mais qu'elles entrent encore dans la composition des parois abdominales.

de manière à s'accoler successivement au bord inférieur du cartilage de la septième côte.

Les arcs costaux, dirigés d'arrière en avant, forment, avec la colonne vertébrale, des angles aigus ou obtus, suivant qu'on les examine inférieurement ou supérieurement; cette inclinaison de haut en bas et d'arrière en avant, augmente depuis la première jusqu'à la dernière côte.

L'examen attentif du squelette fera bien vite reconnaître que la poitrine, constituée par la réunion des diverses pièces osseuses que je viens de décrire, a la forme d'un cône dont la base est inférieure et le sommet supérieur ; forme entièrement différente de celle que nous trouvons sur le modèle vivant, dont la poitrine est au contraire large au niveau des épaules et resserrée à la partie inférieure. Il me paraît donc nécessaire de décrire la clavicule et l'omoplate avant d'entreprendre l'examen du thorax considéré dans son ensemble.

La *clavicule* (10, pl. I, fig. 1), ainsi nommée parce qu'on a bien voulu lui reconnaître quelque ressemblance avec une petite clef, est placée entre le sternum et l'omoplate avec lesquels elle s'articule par ses deux extrémités qui portent des facettes. Elle est située à peu près horizontalement à la partie supérieure et antérieure de la poitrine. Plus longue, plus mince et moins courbe chez la femme, elle est recourbée en forme d'S. La courbure externe est à concavité antérieure, l'interne est convexe en avant; de ses deux extrémités, l'externe (*b*, pl. VIII, fig. 3) est aplatie de haut en bas, l'interne (*a, id.*) est arrondie et terminée par une tête qui a quelque analogie avec celle que présente l'extrémité supérieure du radius. Cette tête de la clavicule repose dans la petite fossette creusée à la partie supérieure et latérale du sternum, où elle est maintenue par des ligaments; quelquefois la clavicule s'articule avec la première côte par la face inférieure de son extrémité interne. L'extrémité externe s'articule avec l'apophyse acromion de l'omoplate au moyen d'une facette étroite qui s'applique sur une facette semblable taillée sur l'acromion; les deux os sont aussi maintenus en contact par des ligaments. Près de l'extrémité acromiale de la clavicule et sur sa face inférieure, existent une tubérosité et une ligne oblique de dehors en dedans et d'avant en arrière; elles donnent insertion aux ligaments qui unissent la clavicule à l'apophyse coracoïde du scapulum. Sur cet os, qui joue un rôle important dans les mouvements de l'épaule, on remarque plusieurs autres saillies ou impressions que je signalerai en parlant des muscles et des ligaments.

L'*omoplate* ou *scapulum* (16, pl. II, fig. 1) est un os large, triangulaire, aplati d'arrière en avant, situé à la partie supérieure et latérale du dos, sur le côté de la colonne vertébrale; à l'exception de certains os de la tête, il n'est aucun os du corps qui présente des parties aussi minces.

La face antérieure de l'omoplate loge le muscle sous-scapulaire et s'applique exactement sur la paroi postérieure de la poitrine; sa face postérieure est partagée en deux parties inégales par une arête osseuse très-saillante, connue sous le nom d'*épine de l'omoplate* (*c*, pl. VIII, fig. 4); la partie inférieure, qui comprend environ les trois quarts de la surface postérieure de l'os, est la *fosse sous-épineuse;* elle loge le muscle sous-épineux ; la partie supérieure ou *fosse sus-épineuse*, est comblée par le muscle sus-épineux.

L'*épine de l'omoplate* naît du bord interne de l'os et se porte en arrière, en dehors et en haut, en s'élevant de plus en plus, pour venir se terminer par une apophyse recourbée, assez semblable à l'extrémité externe de la clavicule avec laquelle s'articule cette *apophyse acromion* (*a*, pl. VIII, fig. 4). L'épine de l'omoplate est aplatie de haut en bas, et sa crête assez épaisse soulève la peau qui la recouvre presque immédiatement. Trois bords circonscrivent l'omoplate : un supérieur, un interne et l'autre externe, et forment en se rencontrant trois angles dont l'un est inférieur, l'autre interne et le troisième externe. Ce dernier est le plus important ; c'est dans ce point que l'omoplate présente le plus d'épaisseur. Cet angle tronqué est surmonté d'une cavité ovalaire peu profonde, dont le grand diamètre est vertical ; c'est là *cavité glénoïde* (*d*, pl. VIII, fig. 4) qui reçoit la tête de l'humérus. Cette cavité est supportée par une portion d'os rétrécie, nommée *col* de l'omoplate. De ce col s'élève une apophyse recourbée en avant, qui forme une espèce d'arcade audessus de la tête de l'humérus ; on y distingue de nombreuses rugosités sur lesquelles se fixent des ligaments et des muscles ; c'est l'*apophyse coracoïde* (*e*, pl. VIII, fig. 3).

Le *thorax*, qui comprend le sternum, la partie supérieure de la colonne vertébrale et les côtes, aurait, comme je l'ai déjà dit, la forme d'un cône tronqué à base inférieure, si l'épaule composée de l'omoplate et de la clavicule, ne venait accroître le diamètre transversal du sommet de la poitrine et en former la partie la plus volumineuse, même lorsqu'elle est dépouillée des parties molles. Une section horizontale du thorax donnerait à peu près la forme d'un cœur de carte à jouer, aplati suivant le diamètre antéro-postérieur. La partie antérieure de la cage thoracique suit, comme le sternum, une direction oblique d'arrière en avant et de haut en bas ; les parties latérales convexes comme les côtes qui les constituent, après s'être recourbées en avant, vont aboutir en arrière à deux grandes gouttières formées par la réunion des côtes et des vertèbres et séparées par l'arête épineuse ; dans ces deux gouttières sont logées des masses musculaires puissantes. Plus larges en bas qu'à la partie supérieure, ces parties latérales sont légèrement convexes de haut en bas. L'écartement que les côtes laissent entre elles, est plus considérable à la partie supérieure que vers la base du thorax ; on remarquera encore qu'en avant, les espaces intercostaux sont plus larges qu'en arrière. La cage thoracique présente deux ouvertures : la première, supérieure, oblique de haut en bas et d'arrière en avant, est cordiforme et circonscrite par l'extrémité supérieure du sternum, la première vertèbre du dos, les deux premières côtes et les cartilages. L'ouverture inférieure, beaucoup plus large que la précédente, est fortement échancrée en avant, au niveau de l'appendice xiphoïde saillante au sommet ou plutôt au fond de cette échancrure continuée latéralement par les cartilages des fausses côtes et par ces os mêmes ; enfin, le circuit est fermé par la colonne vertébrale. Cette ouverture se confond avec les parois abdominales dont elle détermine en grande partie les formes latérales et postérieures.

L'ensemble de l'omoplate et de la clavicule constitue une espèce d'armure qui embrasse le sommet de la poitrine dans le sinus que forme la réunion de ces deux os. En arrière, le scapulum descend ordinairement jusqu'à la huitième côte; il est plus ou moins saillant, selon que l'individu est plus ou moins maigre; quelquefois il se détache tellement qu'on est frappé de sa ressemblance avec une petite aile.

Le *bassin* est composé de quatre os : les deux os des iles, le sacrum et le coccyx. Nous connaissons les deux derniers, passons tout de suite aux *os iliaques* (20, pl. I, fig. 1).

Situés de chaque côté du sacrum avec lequel ils s'articulent en arrière, ces deux os, excessivement volumineux, se contournent en avant et viennent se réunir au *pubis* (20', *id.*), en formant un véritable bassin évasé par le haut. On a divisé l'os iliaque en trois parties, l'*ilion*, le *pubis* et l'*ischion*, mais nous l'étudierons dans son ensemble, sans avoir égard à cette division intéressante pour l'anatomiste seul.

La face extérieure de l'os iliaque regarde en arrière, en dehors et en avant; les deux os constituent la presque totalité du bassin, complété en arrière par le sacrum. En arrière et sur le côté, l'os iliaque est large, à peu près triangulaire, mince dans sa partie moyenne, épais à sa périphérie. La portion centrale porte le nom de *fosse iliaque externe*, et présente deux lignes courbes peu saillantes, destinées à donner attache à des muscles.

Le bord supérieur ou *crête iliaque* (*d*, pl. IX, fig. 3) a à peu près la forme d'un S, et donne insertion à plusieurs muscles. Il est terminé en arrière par les deux *épines iliaques postérieures* séparées par une échancrure, et en avant par les *épines iliaques antérieures* (*d*, *e*, pl. IX, fig. 3), que sépare encore une échancrure. En arrière et en bas, le bord de l'os présente une autre large dépression divisée en deux par une éminence que l'on nomme *épine sciatique* (*b*, pl. IX, fig. 4). Cette dépression se termine en avant et en bas par la *tubérosité ischiatique* (*c*, pl. IX, fig. 4) qui reçoit plusieurs muscles et sur laquelle repose tout le poids du corps, lorsqu'on est assis.

La portion large de l'os iliaque se rétrécit en avant, devient beaucoup plus épaisse et se creuse en dehors d'une cavité profonde, hémisphérique, nommée *cotyloïde* (*g*, pl. IX, fig. 3), dans laquelle vient se loger la tête du fémur : elle est située presque verticalement au-dessus de la tubérosité ischiatique. Plus en avant et au-dessous de cette cavité, on voit le *trou ovale* (*b*, pl. IX, fig. 4), à peu près ovale chez l'homme, mais plus petit et triangulaire chez la femme. Ce trou est circonscrit par des branches osseuses qui forment la partie antérieure des os iliaques et vont aboutir en arrière, à l'épine iliaque antérieure et inférieure et à la tubérosité ischiatique. La branche supérieure forme avec l'inférieure, un angle aigu plutôt que droit, l'*angle pubien* (*c*, pl. IX, fig. 3) qui se réunit à l'angle semblable du côté opposé pour constituer la *symphyse du pubis*. La branche inférieure est dirigée obliquement de haut en bas, de dedans en dehors et en arrière.

La surface interne de ces os est sans intérêt pour l'artiste.

Les os iliaques forment, par leur réunion entre eux et avec le sacrum, une vaste cavité à parois solides, occupant à peu près la partie moyenne du corps. Évasé à sa partie supérieure et en arrière, le bassin se rétrécit en bas et en avant, et si on l'examine par sa face supérieure, il représente assez exactement un cœur de carte à jouer. Échancré en arrière pour recevoir la colonne vertébrale qui repose sur le sacrum ; plus largement échancré en avant, au niveau du bas-ventre, son bord antérieur est droit : mais, au-dessous du pubis, existe une arcade formée par l'écartement des deux branches inférieures de l'os ; c'est l'*arcade pubienne* plus large chez la femme que chez l'homme. Le bassin est dirigé obliquement de haut en bas et d'arrière en avant ; les os qui le composent s'articulent entre eux en avant, à la symphyse du pubis ; en arrière et en dedans, ils présentent deux larges surfaces articulaires qui correspondent à des surfaces semblables sculptées sur les parties latérales du sacrum avec lequel elles s'articulent.

Chez la femme, le bassin est beaucoup plus large transversalement et d'avant en arrière ; la portion large des os est plus évasée, le bord supérieur moins sinueux, les cavités cotyloïdes situées plus en dehors, etc. ; en un mot, les proportions du bassin sont plus larges en raison du rôle qu'il est appelé à jouer pendant la gestation et au moment de l'accouchement.

Il est à remarquer que la taille des individus a peu d'influence sur les dimensions du bassin.

Les membres supérieurs, composés du bras, de l'avant-bras et de la main, ont pour charpente osseuse l'humérus, le radius et le cubitus, les os du carpe, du métacarpe et les phalanges.

L'*humérus* (21, pl. I, fig. 1), placé entre l'épaule et l'avant-bras, est un os long, pair, que l'on divise en trois parties : le corps et les deux extrémités.

Le corps, ou partie moyenne de l'os, est à peu près prismatique, mais il s'arrondit vers la partie supérieure ; il est sillonné d'empreintes et de saillies d'insertion. Comme presque tous les os longs, il est courbé ou plutôt tordu sur son axe.

L'extrémité supérieure de l'humérus est plus volumineuse que l'inférieure ; elle est formée par la tête et deux tubérosités, l'une grosse, l'autre petite. A peu près hémisphérique, la *tête* de l'humérus (*g*, pl. VIII, fig. 3) est supportée par une partie plus étroite, peu étendue, que l'on nomme le *col*. La convexité de la tête, revêtue d'un cartilage articulaire, est tournée en haut et en dedans vers la cavité glénoïde de l'omoplate avec laquelle s'articule l'os du bras ; cette portion de sphère forme donc, avec l'axe du corps, un angle obtus. Les deux tubérosités, situées en dehors et sur le prolongement du corps, donnent insertion à plusieurs muscles.

L'extrémité inférieure de l'humérus s'articule avec les os de l'avant-bras ; elle est aplatie d'avant en arrière, et son diamètre transversal est à peu près double de celui du corps de l'os. On y remarque plusieurs saillies et dépressions articulaires ; en dehors, la *tubérosité externe* (*épicondyle*, *c*, fig. 4, pl. VIII), sur laquelle viennent s'attacher tous les muscles postérieurs de l'avant-bras ; en dedans, la *tubérosité interne* (*épitrochlée, b, id.*), plus saillante, située plus haut que l'externe et recevant la plupart des muscles antérieurs de l'avant-bras. Entre ces deux tubérosités et de dedans en dehors, on remarque la *trochlée* (*d, id.*), véritable gorge de poulie, principale surface articulaire du coude ; elle est bornée par des bords saillants. Plus en dehors, est une petite gouttière à laquelle succède une éminence arrondie, oblongue suivant le diamètre antéro-postérieur, et que l'on désigne sous le nom de *petite tête* de l'humérus (*e, id.*). Au devant de cette éminence, existe une petite dépression qui loge une portion de l'extrémité supérieure du radius. La trochlée est surmontée en avant et en arrière de deux cavités dont la seconde est beaucoup plus profonde que l'autre ; elles reçoivent les apophyses de l'extrémité supérieure du cubitus ; ce sont les cavités *coronoïde* (*a*, fig. 5, pl. VIII). et *olécrânienne* (*a*, fig. 6, *id.*).

Les deux os de l'avant-bras, le *cubitus* (22, pl. I, fig. 1) et le *radius* (23, *id.*), sont disposés d'une manière très-remarquable sur laquelle j'attirerai plus tard l'attention des lecteurs ; ici, je me bornerai à en donner une description succincte.

Placés l'un à côté de l'autre, le radius en dehors, le cubitus en dedans, ces deux os s'articulent avec l'humérus et avec le *carpe ;* mais à la partie supérieure, c'est le cubitus qui joue le rôle principal, tandis que le radius forme inférieurement la majeure partie de la surface articulaire du poignet. Le premier est le plus long et son extrémité supérieure est plus volumineuse que l'inférieure, disposition inverse de celle du radius.

Les corps de ces os, légèrement tordus sur eux-mêmes, sont séparés par un intervalle ou espace interosseux, mais ils se rapprochent par leurs extrémités qui sont articulées entre elles.

L'extrémité humérale du cubitus est volumineuse et contournée en crochet; en arrière, l'*apophyse olécrâne* (*e*, pl. VIII, fig. 6), en avant l'*apophyse coronoïde* (*h*, fig. 5, *id.*) moins volumineuse, sont séparées par une échancrure profonde, *grande cavité sigmoïde du cubitus* (*g*, fig. 5, *id.*), conformée de manière à embrasser exactement la trochlée de l'humérus. Dans les mouvements d'extension et de flexion de l'avant-bras, les apophyses olécrâne et coronoïde se logent successivement dans les cavités correspondantes que l'on a déjà remarquées sur l'humérus. En dehors, l'extrémité supérieure du cubitus est creusée d'une *petite cavité sigmoïde* (*i*, pl. VIII, fig. 5) qui reçoit la *tête du radius* (*m, id.*). Cette tête est aplatie de haut en bas et creusée d'une cavité dans laquelle glisse la petite tête de l'humérus. Un rebord saillant limite circulairement cette fossette et s'articule avec la petite cavité sigmoïde du cubitus. Un col rétréci supporte la tête du radius; au point où se termine le col, s'élève une éminence qu'il faut signaler parce qu'elle donne insertion au tendon du biceps; on la nomme *tubérosité bicipitale* (*n*, pl. VIII, fig. 5).

Inférieurement, le cubitus s'amincit et forme une petite éminence arrondie dont la partie externe s'articule avec le radius; c'est la *tête du cubitus* (*k, id.*) surmontée en dedans d'une petite *apophyse styloïde* (*l, id.*); tout à fait à son extrémité, le cubitus s'articule avec le *carpe*. L'extrémité inférieure du radius est à peu près quadrilatérale ; elle est creusée d'une double cavité articulaire où se logent deux os du carpe ; en dehors, elle porte, comme le cubitus, une *apophyse styloïde* (*p, id.*) moins longue, mais plus forte. La partie interne de cette extrémité présente une légère concavité de glissement (*o, id.*) pour la tête du cubitus. Sur les extrémités de ces deux os, on voit plusieurs saillies et dépressions, entre autres, des gouttières dans lesquelles glissent des tendons.

L'étude complète de tous les os de la main serait aussi fastidieuse qu'inutile aux artistes ; c'est l'ensemble de cet admirable chef-d'œuvre qu'il leur importe de connaître. La description de vingt-sept petits os exigerait presque autant d'espace que j'en ai consacré à l'examen rapide de tout le squelette. Je me bornerai donc à décrire l'ensemble ostéologique de cet organe qui fournit un des caractères principaux de l'espèce humaine, et sans lequel l'homme se verrait souvent dans l'impuissance d'exécuter ses plus belles conceptions.

La main est composée du carpe, du métacarpe et des phalanges.

Le *carpe* (24, pl. I, fig. 1) comprend huit petits os articulés entre eux, de manière à se soutenir mutuellement tout en conservant une certaine mobilité (1). L'ensemble de ces huit os forme la base de la main et sert à son articulation avec l'avant-bras. Le carpe est plus étendu dans

---

(1) Les os du carpe examinés de dehors en dedans sont : le *scaphoïde* (*q*, pl. VII, fig. 5), le *semi-lunaire* (*r*), le *pyramidal* (*s*), le *pisiforme* (*t*), le *trapèze* (*u*), le *trapézoïde* (*v*), le *grand os* (*x*), et l'*os crochu* (*y*,.

le sens transversal que de haut en bas; concave en avant pour recevoir les tendons des muscles fléchisseurs, il est convexe en arrière; son bord supérieur est convexe, et la réunion des os qui le composent constitue une surface articulaire logée en partie dans les cavités signalées sur les extrémités inférieures des os de l'avant bras. Le bord inférieur du carpe est irrégulier et s'articule solidement avec cinq os allongés, séparés les uns des autres par des intervalles qu'occupent certains muscles. Ces cinq os sont les *métacarpiens* (25, pl. I, fig. 1), tous à peu près de même forme, présentant deux extrémités et un corps. Ces os, de longueur inégale, sont disposés en éventail; l'ensemble de leurs extrémités inférieures ou *têtes* dessine une ligne légèrement convexe inférieurement. Le plus court et le plus mobile des métacarpiens est le premier ou métacarpien du pouce ; son extrémité inférieure correspond à la partie moyenne du second os du métacarpe. Cette partie de la main est concave en avant et convexe en arrière comme le carpe ; elle est encore légèrement concave de haut en bas.

La main est terminée par les *phalanges* (25, pl. I, fig. 1), os moins longs que les métacarpiens et qui diminuent progressivement de longueur en s'éloignant du métacarpe. On distingue les phalanges en premières, métacarpiennes ou *phalanges* proprement dites (z, pl. VIII, fig. 5) ; en secondes, moyennes ou *phalangines* (z', *id.*), et en troisièmes, *unguéales* ou *phalangettes* (z'', *id.*); le pouce seul n'a que deux phalanges. Ces os, tous à peu près semblables, à l'exception des phalangettes, ont un corps allongé, légèrement concave de haut en bas et en avant, convexe en arrière ; une extrémité supérieure, munie d'une cavité articulaire qui reçoit la tête du métacarpien correspondant, et une tête avec laquelle s'articule la phalange suivante. Les phalanges unguéales présentent supérieurement la fossette articulaire, puis se rétrécissent pour s'élargir ensuite en une espèce de palette rugueuse sur son bord et qui détermine la forme des extrémités digitales.

Je n'indiquerai pas ici la longueur relative des phalanges, considérée soit au niveau des articulations, soit au niveau de leurs extrémités libres ; cette estimation trouvera mieux sa place lorsque je traiterai des proportions.

Le membre supérieur est donc composé : 1° de l'épaule constituée par l'omoplate et la clavicule, et formant, avec les parties semblables du côté opposé, une ceinture presque complète, assez analogue au bassin. Elle facilite l'union du torse et des membres thoraciques dont elle augmente la mobilité ; 2° de l'humérus dirigé verticalement, mais un peu obliquement de haut en bas et de dehors en dedans ; 3° des os de l'avant-bras, qui font avec le précédent un angle obtus, parce que l'avant-bras ne peut s'étendre complétement sur le bras ; l'apophyse olécrâne, arrêtée dans la cavité olécrânienne de l'humérus, s'oppose à cette extension complète.

Le bras et l'avant-bras sont encore inclinés l'un sur l'autre, de haut en bas et de dedans en dehors, de manière que l'extrémité inférieure de l'avant-bras est plus éloignée de l'axe du corps, que l'extrémité supérieure. Les deux os de l'avant-bras, placés l'un à côté de l'autre, donnent au membre la forme aplatie d'avant en arrière, qu'il conserve lorsqu'il est revêtu des parties molles. Enfin, à l'extrémité de ces leviers, la main douée des mouvements les plus variés, termine élégamment le membre supérieur.

Le fémur, le péroné, le tibia et la rotule, constituent, avec les os du pied, le squelette du membre inférieur.

De tous les os, le fémur (27, pl. I, fig. 1) est le plus long et le plus volumineux ; son corps recourbé d'avant en arrière, est convexe en avant, concave postérieurement et un peu tordu sur lui-même dans le sens longitudinal ; il est prismatique et présente plusieurs parties plus ou moins saillantes, destinées à des insertions musculaires ; je signalerai particulièrement la *ligne âpre* (23, pl. II, fig. 1), qui forme l'arête postérieure du prisme et dont les deux extrémités se bifurquent.

La partie supérieure du fémur comprend la *tête*, le *col* et les deux *trochanters*. Cette extrémité forme en se réunissant à l'os, un angle plus ou moins obtus, dont le sommet correspond à peu près au grand trochanter.

La *tête du fémur* (*f*, pl. IX, fig. 4), qui se loge dans la *cavité cotyloïde* de l'os iliaque, représente une portion de sphère assez considérable ; revêtue d'un cartilage articulaire, elle est supportée par le *col* (*g*, pl, IX, fig. 4), portion rétrécie, aplatie d'avant en arrière, dont les bords concaves vont aboutir l'un au grand, l'autre au petit trochanter. Le *grand trochanter* (*h*, *id.*, *id.*), situé à la partie externe de l'extrémité supérieure du fémur, et un peu plus bas que la tête de l'os, est coupé à pans irréguliers qui donnent attache à des muscles nombreux ;

en dedans et un peu en arrière de ce trochanter, existe une fossette assez profonde. Le *petit trochanter* (*i*, pl. IX fig. 4), destiné, comme le précédent, à fournir des points d'insertion musculaire, est placé du même côté que la tête du fémur, mais beaucoup plus bas et en arrière ; c'est un tubercule peu volumineux qui se continue inférieurement avec le corps de l'os. Au reste, pour comprendre la position relative des trois éminences dont je viens de parler, il suffit de remarquer qu'elles correspondent aux angles d'un triangle dont le côté interne et inférieur est le plus grand, le côté supérieur le plus petit, et dont l'angle inférieur répond au petit trochanter.

A l'extrémité inférieure du fémur, sont deux grosses tubérosités saillantes en arrière ; de ces deux *condyles*, l'interne (*e*, pl. IX, fig. 6) descend plus bas que l'externe (*d*, *id.*), et forme en arrière une saillie plus considérable. En avant, les condyles sont séparés par une dépression dirigée verticalement, dans laquelle vient se loger la partie postérieure de la rotule. Cette dépression se prolonge d'avant en arrière (*c*, *id.*, fig. 5) en s'élargissant, et va former en arrière une large échancrure qui sépare les deux condyles. On remarque sur ces éminences deux *tubérosités*, l'une (*b*, pl. IX, fig. 5) en dehors du condyle externe, moins prononcée que l'autre (*a*, *id.*) située en dedans du condyle interne. De même que l'extrémité supérieure du fémur, l'inférieure reçoit plusieurs muscles puissants.

Avant de nous occuper de la rotule, étudions les os de la jambe, nous pourrons ensuite comprendre plus facilement la position de la rotule et ses relations avec les os du membre inférieur.

Le *tibia* (29, pl. I, fig. 1) et le *péroné* (30, *id.*), réunis par leurs extrémités, diffèrent considérablement sous le rapport du volume. Le tibia, gros os prismatique, à extrémités volumineuses, légèrement courbé en deux sens opposés et de haut en bas, tordu sur lui-même, est placé en avant et en dedans. Aussi long que le tibia, mais très-grêle, le péroné est situé en dehors et en arrière; il est prismatique et terminé par des extrémités renflées ; la torsion de cet os est très-prononcée ; il présente en outre une courbure longitudinale à concavité externe. En avant, le tibia est surmonté d'une véritable *crête* sinueuse qui s'arrondit en haut et en bas (1). La face interne de cet os est large à sa partie supérieure, se rétrécit jusqu'au niveau du tiers moyen environ, et conserve ensuite à peu près la même largeur jusqu'en bas, où elle s'élargit au-dessus de la *malléole interne* (*a*, pl. IX, fig. 7). Je ne m'arrêterai pas à décrire la partie moyenne du péroné, entièrement perdue dans les masses musculaires, et je passerai tout de suite aux extrémités des deux os.

L'extrémité supérieure du *tibia* présente un renflement considérable dont le grand diamètre est transversal ; ce renflement est surmonté de deux *facettes articulaires* (*f*, *f*, pl. IX, fig. 6) séparées par une double éminence, et sur lesquelles glissent les condyles du fémur ; les facettes portent le nom de *condyles*, l'éminence, celui d'*épine* du tibia (*e*, pl. IX, fig. 6). Deux *tubérosités* supportent les facettes articulaires, la *tubérosité externe* (*g*, fig. 5, *id.*) moins volumineuse, s'articule en arrière avec

____

(1) Il est à remarquer que de tous les os des membres ceux de la jambe ont les arêtes les plus saillantes.

le péroné (en *g*, *id.*, fig. 6), l'*interne* (*f*, fig. 5, *id.*) moins volumineuse, ne présente rien de remarquable ; elles sont séparées en arrière par une échancrure peu profonde et viennent aboutir en avant, à un espace triangulaire dont l'angle inférieur assez saillant, est formé par la *tubérosité antérieure* du tibia (*h*, pl. IX, fig. 5).

L'extrémité supérieure ou tête du péroné, est terminée par une petite éminence ou *apophyse styloïde;* en avant, elle présente la *facette* (*i*, fig. 5, *id.*) qui sert à son articulation avec le tibia.

A la partie inférieure, les deux os de la jambe s'articulent ensemble par leurs faces internes, et constituent une espèce de mortaise dans laquelle vient se loger l'*astragale* (*C*, pl. IX, fig. 7). Le fond de cette mortaise appartient entièrement au tibia qui se prolonge en dedans et en bas pour former la *malléole interne* (*a*, *id.*, fig. 7). La *malléole externe* (*a*, *id.*) est plus volumineuse et descend plus bas que l'interne; elle est formée par l'extrémité inférieure du péroné. Ainsi donc, le péroné et le tibia sont réunis par leurs extrémités, de telle manière que le second de ces os dépasse le premier par son extrémité supérieure, tandis que l'inverse a lieu à la partie inférieure. Il faut encore remarquer que le diamètre transversal de la mortaise formée inférieurement par les deux os, est à peu près égal à celui de l'extrémité supérieure du tibia.

La *rotule* (*D*, pl. IX, fig. 5) située à la partie antérieure du genou, au devant des condyles du fémur et de l'articulation, est un os à peu près triangulaire, qui par sa base donne attache aux muscles extenseurs de la jambe

sur la cuisse, et dont le sommet reçoit le ligament rotulien. La face antérieure de l'os est convexe ; sa face
postérieure est modelée de manière à se loger dans la
cavité formée par la partie antérieure des condyles et
l'échancrure du fémur.

Le *pied* forme un angle droit avec la jambe, il est composé du tarse, du métatarse et des orteils qui correspondent au carpe, au métacarpe et aux doigts.

Les vingt-six os qui entrent dans la composition du
pied, diffèrent notablement de volume ; sous ce point de
vue, le calcanéum occupe le premier rang.

La moitié postérieure du pied est constituée par le *tarse*
(29, pl. III, fig. 1), qui peut être circonscrit par un
triangle scalène dont le sommet serait en arrière
et la base en avant (1). Mais les sept os du tarse ne
reposent pas sur le même plan, il n'en est que deux, le
calcanéum (D, pl. IX, fig. 7), et le *cuboïde* (F, *id.*), qui
soient placés à peu près sur la même ligne ; les autres
s'éloignent d'autant plus du sol, qu'ils se rapprochent davantage de la partie interne du pied. Si l'on examine le
tarse de profil, il paraît former une pyramide au sommet
de laquelle est placé l'*astragale* dont la face supérieure
est convexe d'avant en arrière, tandis que ses faces latérales se moulent en quelque sorte sur les parties internes
des malléoles ; emboîté dans la mortaise que forment les
extrémités inférieures du tibia et du péroné, c'est le seul

______

(1) Considérés de dedans en dehors, les os du tarse sont : l'*astragale*
(C, pl. IX, fig. 7), le *calcanéum* (D, *id.*), le *scaphoïde* (E, *id.*), le premier
cunéiforme (I, *id.*), le deuxième *cunéiforme* (H, *id.*), le troisième *cunéiforme* (G, *id.*), et le *cuboïde* (F, *id.*).

os du pied qui fasse partie de l'articulation *tibio-tar-sienne*.

Au-dessous et en arrière de l'astragale, se trouve placé le *calcanéum* (D, pl. IX, fig. 7), cube irrégulier, aplati de dehors en dedans et allongé d'avant en arrière. La moitié postérieure de cet os est saillante en arrière et constitue le talon ; les os de la jambe et l'astragale portent sur sa moitié antérieure. Cet os est dirigé obliquement de haut en bas et de dedans en dehors, et s'articule, ainsi que l'astragale, avec les os antérieurs du tarse. Ces derniers os, au nombre de cinq (E, F, G, H, I, *id.*, fig. 7), forment une espèce de coin dont le sommet est tourné en bas et en dehors, et la base, en haut et en dedans. La face supérieure de ce coin est convexe transversalement, l'inférieure est concave dans le même sens ; son bord antérieur est dirigé d'avant en arrière et de dedans en dehors.

Cinq os longs et prismatiques (J, *id.*, fig. 7) composent le *métatarse* ; réunis entre eux par leurs bases qui s'articulent avec les os du tarse, les métatarsiens se séparent aussitôt et laissent entre eux des espaces triangulaires ; leurs extrémités antérieures ou sommets sont formées par des condyles destinés à s'articuler avec les phalanges.

Le plus volumineux et le plus court des métatarsiens est le premier, en comptant de dedans en dehors ; le second est le plus long. Le cinquième os du métatarse est remarquable par le volume de son extrémité postérieure qui se prolonge en dehors et en arrière, en formant une apophyse qui déborde le tarse. L'ensemble des cinq os du métatarse représente à peu près un quadrilatère dont le bord postérieur suit la direction du bord antérieur du tarse, tandis que son bord antérieur décrit une courbe à convexité antérieure, dont le point le plus élevé correspond au deuxième os, et le point le plus déclive, au cinquième, disposition qui contribue en partie à déterminer la longueur respective des orteils. Le métatarse, incliné de haut en bas et de dedans en dehors, est concave inférieurement, tant d'arrière en avant que de dedans en dehors; sa face supérieure est convexe dans ce dernier sens.

Les *phalanges* (31, pl. III, fig. 1), au nombre de trois pour chaque orteil, excepté pour le premier qui n'en a que deux, sont disposées comme à la main; néanmoins on remarquera la brièveté des deux dernières phalanges de chaque orteil, et le volume considérable de la phalange unguéale du gros orteil, renflée à sa base ou plutôt étalée en forme d'éventail. Les phalanges diminuent de longueur, depuis le premier orteil jusqu'au cinquième dont l'extrémité correspond à peu près à l'articulation des deux phalanges du gros orteil.

Le membre inférieur représente une colonne osseuse dont la partie supérieure est dirigée obliquement de haut en bas, et de dehors en dedans; sa partie inférieure est verticale et vient porter sur le quart postérieur d'une base allongée d'arrière en avant, dont la disposition générale est celle d'une voûte à courbures antéro-postérieure et latérale; rétrécie à son extrémité postérieure, cette base s'élargit progressivement jusqu'à l'extrémité des orteils.

En examinant attentivement le squélette, on ne tardera

pas à reconnaître qu'il existe une grande analogie entre plusieurs des parties qui le composent, et surtout entre les extrémités supérieures et inférieures ; les artistes qui voudraient étudier cette question intéressante, pourront consulter la dissertation de Falguerolles (1), le *Traité d'anatomie* de M. Cruveilhier (2) et le Mémoire de Vicq d'Azyr (3) qui, le premier, appela l'attention des savants sur cette nouvelle anatomie comparée.

Il est important de bien étudier la direction relative des os, car elle détermine celle des membres ; lorsque la charpente n'est pas bien comprise, il est impossible de lui faire exécuter des mouvements vrais, naturels, et d'asseoir solidement l'édifice humain. L'artiste devra donc étudier le squelette avec soin, non pas seulement dans ses détails principaux, mais surtout dans son ensemble.

Pour déterminer la direction des différentes parties qui composent le squelette, et surtout celle des membres, on abaissera, du vertex au sommet du crâne, une perpendiculaire qui, passant par la partie antérieure du trou occipital, viendra tomber sur le sol entre les deux pieds (**, pl. I et II).

Le squelette de l'enfant diffère du squelette adulte sous plusieurs rapports ; il doit en résulter nécessairement des différences dans les formes extérieures.

Les os que nous voyons doués d'une si grande consis-tance chez l'adulte, ont pourtant commencé par être

(1) *Dissertatio de extrem. analog.*, 1785.
(2) Tome I.
(3) *Œuvres* de Vicq d'Azyr, t. IV.

presque entièrement confondus avec les autres parties. De cet état muqueux ou celluleux, ils passent à l'état cartilagineux, puis enfin ils *s'ossifient*, c'est-à-dire ils prennent la consistance osseuse en certains points seulement, tandis que d'autres restent encore à l'état de cartilages.

Lorsque l'enfant vient au monde, l'ossification a déjà consolidé le corps des os longs et une partie des os larges, mais le phosphate calcaire n'a pas encore pénétré les extrémités osseuses (1); à vingt-cinq ou vingt-six ans, l'ossification est complète, le squelette est parfaitement solide.

Le développement progressif du corps humain ne peut s'effectuer sans que les os prennent un accroissement proportionnel; après la naissance, leurs extrémités sont volumineuses et leur partie moyenne courte et mince; aussi remarque-t-on le volume des articulations chez les jeunes enfants. Peu à peu l'ossification fait des progrès, envahit les extrémités, l'os s'allonge et grossit jusqu'à ce qu'il ait atteint son entier développement. Les proportions relatives de ses différentes parties présentent alors plus d'harmonie, et les modifications qu'il doit subir ultérieurement n'altèrent en aucune manière la longueur des différentes pièces du squelette; en un mot, l'homme ne grandit plus.

En jetant les yeux sur le squelette d'enfant (pl. IV et V, fig. 3), on remarquera la disproportion des extrémités et du corps des os, les formes arrondies, l'absence ou

______

(1) A l'exception de l'extrémité inférieure du fémur.

l'état rudimentaire des crêtes, des tubérosités, des saillies d'insertion, bien que chez notre sujet l'ossification soit déjà assez avancée; joignez à toutes ces causes
l'abondance du tissu cellulaire, et vous comprendrez
sans peine les formes arrondies et potelées des jeunes
enfants.

CHAPITRE IV.

DES ARTICULATIONS PRINCIPALES.

L'arthrologie, ou science des articulations, est de la
plus grande importance pour l'artiste ; mais comment
lui présenter une des parties les moins attrayantes de
l'anatomie ? comment l'engager à étudier ces nombreux
ligaments qui mettent souvent la patience et la mémoire
de l'anatomiste à de si rudes épreuves ? Cependant il
serait impossible de comprendre le mécanisme des mouvements, de déterminer leurs directions et leurs limites,
sans connaître la disposition des liens qui maintiennent les
os en contact, tantôt d'une manière invariable, tantôt en
leur permettant de se mouvoir suivant certaines directions
et dans des limites déterminées. Ne rien dire de l'arthrologie était impossible, il ne l'était pas moins de la donner
complétement ; j'ai donc adopté la marche suivante.

J'ai fait dessiner, pl. VIII et IX, les principales articulations du corps avec tous leurs ligaments dont l'énumération est placée en regard dans le texte explicatif ; ici je
me bornerai à décrire l'ensemble des articulations, en indiquant leur mécanisme et les principaux moyens d'union.

Les os qui composent le squelette sont unis entre eux,
soit par leurs bords, soit par leurs faces, soit par leurs
extrémités, et maintenus en contact par des liens particuliers qui tantôt ne leur permettent aucun mouvement,

tantôt, au contraire, les favorisent et règlent leur jeu. Ainsi, de ce que deux os sont articulés ensemble, il ne s'ensuit pas qu'ils soient mobiles l'un sur l'autre; c'est ce qui a fait distinguer les articulations en mobiles et en immobiles.

Toutes les articulations mobiles ou *diarthrodiales*, sont formées par des surfaces osseuses, revêtues de cartilages et maintenues par des ligaments, tandis que plusieurs articulations *synarthrodiales* ou immobiles ne présentent ni ligaments ni cartilages.

Les renflements qui forment les extrémités de tous les os longs, sont destinés à faciliter les moyens d'union et à augmenter la solidité des jointures; car plus les surfaces articulaires sont larges, moins il doit y avoir de chances de déplacement.

Les surfaces articulaires sont revêtues de cartilages souples, élastiques, solides et parfaitement lisses, tapissés en partie d'une membrane synoviale excessivement mince chargée de sécréter un liquide visqueux, assez analogue à du blanc d'œuf : c'est la synovie.

Les os sont maintenus par des liens, des ligaments blanchâtres, nacrés, inextensibles, mais doués d'une grande flexibilité et tellement solides qu'il faut un violent effort pour en déterminer la rupture. Les articulations sont encore consolidées, le plus souvent, par des tendons, des muscles ou des aponévroses. Les larges surfaces osseuses dont les différentes formes se correspondent et se moulent en quelque sorte les unes sur les autres, les cartilages qui facilitent les glissements et amortissent les chocs, la synovie lubréfiante, les surfaces en contact, les nombreux ligaments semblables à autant de charnières, les tendons et les muscles disposés autour de l'articulation, tout concourt à leur mobilité, à leur solidité.

Plusieurs classifications, basées tantôt sur le genre de mouvement, tantôt sur les moyens d'union et parfois sur la configuration des parties, ont été proposées pour les articulations ; il nous suffit de savoir qu'on les distingue aujourd'hui en *diarthroses*, ou articulations à surfaces contiguës ; en *synarthroses*, à surfaces continues ; en *symphyses*, en partie contiguës et en partie continues (1).

Ces trois grandes classes sont subdivisées en genres, mais nous ne suivrons pas cette classification dans tous ses détails qui nous seraient inutiles. En voyant les formes des surfaces articulaires et la disposition des ligaments, les artistes comprendront mieux l'analogie qui existe entre les articulations et la nature de leurs mouvements, que s'ils se fatiguaient la mémoire à apprendre toutes les classifications proposées jusqu'à ce jour.

Parmi les nombreuses articulations de la tête, il n'en est qu'une dont l'étude soit intéressante pour l'artiste, c'est l'*articulation temporo-maxillaire*, ou de la mâchoire inférieure avec l'os de la tempe.

Les parties osseuses qui composent cette articulation, sont, d'une part, les *condyles* de la mâchoire (*d*, pl. IX, fig. 1) dirigés obliquement de dehors en dedans et d'avant en arrière, situés aux sommets des branches du maxillaire inférieur et revêtus d'un cartilage articulaire ; d'autre part, la *cavité glénoïde* du temporal (*b*, fig. 1) également

____

(1) Cruveilhier, *Anat.*, t. I.

tapissée d'une couche cartilagineuse qui se prolonge jusque sur la racine de l'apophyse zygomatique *a*. Cette racine borne la cavité glénoïde en avant et concourt à former l'articulation. Bien que les surfaces osseuses soient revêtues de cartilages, il existe entre la cavité glénoïde et le condyle maxillaire, un cartillage inter-articulaire destiné à amortir les pressions violentes et répétées auxquelles cette jointure est soumise. Le ligament latéral externe (1, fig. 1 *bis*) unit le col du condyle à la base de l'apophyse zygomatique et s'oppose aux déplacements latéraux du maxillaire. J'ai fait représenter le ligament stylo-maxillaire (2, fig. 1 *bis*), quoiqu'il n'appartienne pas positivement à l'articulation.

La mâchoire inférieure se meut en différents sens ; elle s'abaisse et ce mouvement est borné par les ligaments et par les muscles, comme nous le verrons plus tard ; elle s'élève jusqu'à ce que les arcades dentaires se rencontrent ; elle se porte en avant, et alors les condyles glissent d'arrière en avant ; enfin elle jouit d'un mouvement de latéralité pendant lequel l'un des condyles se déplace, et le maxillaire pivote sur le condyle du côté opposé. Les muscles qui s'insèrent sur le maxillaire inférieur et sur l'os temporal, contribuent puissamment à la solidité de cette articulation.

Articulation de la tête avec la première vertèbre.

(Articulation occipito-atloïdienne.)

La tête s'articule avec l'*atlas*, première vertèbre cervicale. N'ayant pas décrit la base du crâne, je suis obligé de dire un mot des surfaces articulaires de l'occipital qui constitue une grande partie de l'occiput et de la base du crâne.

Le *grand trou occipital*, percé au point de réunion du tiers postérieur et des deux tiers antérieurs de la tête, est borné sur les côtés de son demi-cercle antérieur, par deux *condyles* (*a*, pl. VIII, fig. 1) ovoïdes et convexes, dirigés obliquement d'arrière en avant, de dehors en dedans et de haut en bas, en même temps que leurs surfaces convexes sont tournées en dehors. L'atlas, première vertèbre cervicale, porte deux facettes concaves (*b*, fig. 1) disposées de manière à s'adapter exactement aux condyles de l'occipital. Des ligaments courts et forts, représentés fig. 1 *bis*, unissent solidement la vertèbre à la base du crâne, de manière que tous les mouvements imprimés à ce dernier os sont transmis à l'atlas, qui sert à faciliter l'articulation de la tête avec la seconde vertèbre.

Articulation des deux premières vertèbres entre elles.

(Articulation atloïdo-axoïdienne.)

L'*atlas* présente à sa partie inférieure deux facettes articulaires (*c*, fig. 1) légèrement concaves, situées au-dessous des facettes articulaires supérieures et dirigées à peu près dans le même sens. L'arc antérieur de la vertèbre, échancré en arrière, est creusé à sa partie moyenne en facette ovale et concave à laquelle correspond une facette convexe taillée sur la partie antérieure de l'*apophyse odontoïde* (*e*) de la seconde vertèbre qui est surmontée de deux surfaces (*f*) articulées avec les facettes (*c*) de l'atlas. Un ligament transverse convertit l'échancrure précédente en un anneau dans lequel est reçue l'apophyse odontoïde qui ne peut s'en échapper, parce qu'elle est renflée à son sommet et que le ligament l'étrangle en quelque sorte par la base. Il résulte de cette disposition, que l'atlas pivote sur l'apophyse odontoïde comme sur un axe; c'est ce qui a fait donner le nom d'*axis* à la seconde vertèbre. Il est évident que la tête étant solidement liée à l'atlas, tous les mouvements qu'elle exécute sont transmis à cette vertèbre qui joue un rôle intermédiaire entre l'axis et la tête. Des ligaments solides attachés à l'occipital d'une part et de l'autre à l'axis, viennent consolider cette articulation complexe où se passent tous les principaux mouvements de la tête sur la colonne vertébrale. Des capsules fibreuses (3, fig. 1 *bis*) renferment les surfaces articulaires correspondantes de l'atlas et de l'axis, et tout en facilitant les mouvements de rotation de ces vertèbres, s'opposent à ce qu'ils dépassent certaines limites.

On conçoit que les mouvements de la tête sur l'atlas doivent être très-bornés, aussi pouvons-nous supposer que ces deux parties sont soudées ensemble. L'articulation atloïdo-axoïdienne est au contraire très-mobile, mais seulement sur l'axe de l'apophyse odontoïde, c'est-à-dire que le mouvement de rotation seul lui est permis, parce que l'apophyse odontoïde est solidement maintenue dans la position verticale par le ligament transverse et par l'arc antérieur de la première vertèbre. Bien que la tête puisse tourner sur les épaules dans l'étendue d'un quart de cercle à droite ou à gauche, ce mouvement ne se passe pas tout entier dans l'articulation précédente, car les apophyses articulaires de la première vertèbre glissant sur celles de la seconde, si le mouvement de rotation embrassait un quart de cercle, ces apophyses ne se trouveraient plus en contact, et l'articulation serait luxée.

Au reste, nous verrons plus loin que les mouvements de rotation qui semblent se passer dans le cou seulement, sont répartis sur toute la colonne vertébrale et sur les articulations des cuisses avec le bassin.

Toutes les autres articulations de la colonne vertébrale ne présentent pas des différences assez notables pour qu'il soit nécessaire de les décrire séparément ; je parlerai donc d'une manière générale de leurs moyens d'union, dont les détails sont dessinés (pl. VIII, fig. 1, 1 *bis*, 2, 2 *bis*, et pl. IX, fig. 2, 2 *bis*); mais d'abord rappelons-nous les parties qui composent une vertèbre : 1° (pl. VIII, fig. 2) le corps *a* et ses demi-facettes *b* pour l'articulation des côtes ; 2° les apophyses articulaires supérieures et inférieures *c c* ; 3° l'apophyse épineuse *d* réunie au corps par les lames vertébrales *d' d'* (fig. 2 *ter*); 4° les apophyses transverses *e*, enfin les trous et échancrures résultant de la réunion des pièces que je viens d'énumérer.

Les vertèbres s'articulent entre elles et avec les côtes ; le sommet et la base de la colonne sont articulés avec la tête et avec le bassin. Les corps des vertèbres, unis entre eux par les disques ou fibro-cartilages intervertébraux (2, 2, 2, pl. VIII fig. 2 *bis*) (*ligaments interosseux*), coussins élastiques auxquels la colonne vertébrale doit sa flexibilité, sont renfermés dans une espèce d'étui ligamenteux formé par le *ligament vertébral commun antérieur* (pl. VIII, 1, 1, fig. 2 *bis*) et par le *ligament commun postérieur* qu'on n'a pu représenter. Les apophyses articulaires sont maintenues en contact par des ligaments qui recouvrent presque toute l'articulation,

Les moyens d'union des apophyses épineuses sont : les *ligaments interépineux* (5, pl. VIII, fig. 2 *bis*, et 7, pl. IX, fig. 2 *bis*) fixés aux bords inférieurs et supérieurs des apophyses, et le ligament *sur-épineux* (6, pl. VIII, fig. 2 *bis*, et 8, 8, pl. IX, fig. 2 *bis*) qui s'attache aux sommets des mêmes apophyses, et s'étend sans interruption depuis la septième vertèbre du cou jusqu'au sacrum.

Les vertèbres sont encore réunies par leurs lames au moyen des *ligaments jaunes*.

A l'exception d'un ligament, la colonne vertébrale est articulée avec le sacrum de la même manière que les vertèbres entre elles.

Outre les mouvements de flexion, d'extension et latéraux, la colonne vertébrale peut encore s'infléchir dans toutes les directions intermédiaires, se tordre autour de son axe et décrire sur le sacrum un cône à sommet inférieur, lorsque toutes les pièces qui la composent se meuvent simultanément. Quoique les mouvements de chaque vertèbre soient peu considérables, ils produisent en se combinant la grande mobilité dont la colonne vertébrale est douée, et qui permet au tronc de se porter et de se fléchir dans toutes les directions. Cependant cette mobilité serait souvent insuffisante si elle n'était augmentée par celle du bassin sur les fémurs.

Quels sont les moyens que la nature a employés pour limiter les mouvements du rachis? Ils sont nombreux et admirablement répartis.

Lorsque le tronc est dans la position verticale et qu'on porte en arrière la tête et les épaules, tous les ligaments postérieurs sont relâchés, mais le ligament vertébral commun antérieur (2, 2, pl. IX, fig. 2 *bis*, et 1, 1, pl. VIII, fig. 2 *bis*) se tend, ainsi que la partie antérieure du disque intervertébral (2, 2, 2, pl. VIII, fig. 5 *bis*) fixé au corps des vertèbres contiguës; bientôt aussi les apophyses épineuses se rencontrent, se touchent, et l'extension ne peut être portée plus loin. En examinant la colonne vertébrale d'un cadavre, on reconnaîtra que ce mouvement ne peut être bien étendu et qu'il se passe principalement dans les régions cervicale et lombaire, tandis qu'à la région dorsale, non-seulement les apophyses épineuses se rencontrent presque aussitôt, mais encore la colonne est maintenue presque immobile par son articulation avec les côtes qui viennent rejoindre le sternum pour former la cage thoracique.

Quand la colonne vertébrale se fléchit en avant, la partie postérieure des corps des vertèbres, les lames et les apophyses épineuses s'écartent, et conséquemment la partie postérieure des disques intervertébraux, les ligaments jaunes, interépineux, sur-épineux et vertébral commun postérieur, se tendent et empêchent une trop forte incurvation de la colonne; le ligament vertébral commun antérieur est dans le relâchement et la partie antérieure du disque s'affaisse.

Très-libre à la région cervicale, puisque la tête peut se fléchir à angle droit sur le sternum, la flexion est presque nulle à la région dorsale; elle s'effectue encore assez facilement aux lombes.

Les apophyses transverses et le ligament commun antérieur s'opposent à l'incurvation trop grande de la colonne, dans le sens latéral. Il faut encore tenir compte de la résistance produite par le disque intervertébral, distendu du côté opposé à la flexion. Ici, comme toujours, la plus grande partie du mouvement se passe dans le cou.

Le cône que la colonne vertébrale décrit autour de sa base, étant le résultat de la combinaison des divers mouvements précités, on comprend qu'il doit avoir les mêmes limites ; quant à la torsion du rachis sur son axe, elle est très-bornée par tous les ligaments, et surtout par la résistance qu'opposent les disques intervertébraux ; lorsqu'on veut tourner la partie antérieure du corps sur le côté, la rotation s'effectue principalement sur les articulations coxo-fémorales.

J'aurai indiqué tout ce que le mécanisme articulaire du tronc présente d'intéressant pour l'artiste, si j'ajoute que les têtes des côtes sont maintenues en contact avec les facettes articulaires (*b, b, b*, pl. VIII, fig, 2) creusées à cet effet sur les corps des vertèbres, par des ligaments solides (3, 4, pl. VIII, fig. 2 *bis*), et qu'en outre, les tubérosités costales (*f, f, f*, fig. 2) s'articulent avec les apophyses transverses des vertèbres. Il résulte de cette disposition que les côtes réunies au sternum peuvent exécuter, au moyen de leurs articulations vertébrales, les mouvements nécessaires à la dilatation et au resserrement alternatifs de la poitrine pendant l'inspiration et l'expiration.

Je passerai sous silence les articulations du bassin qui n'ont aucun intérêt pour nous.

Articulation de l'épaule ou scapulo-humérale.

Cette dénomination semblerait indiquer que l'humérus et l'omoplate sont les seuls os qui composent l'articulation de l'épaule; cependant la clavicule en fait partie, et il est nécessaire d'indiquer d'abord la manière dont l'extrémité externe de cet os s'articule avec l'omoplate. Une facette articulaire (*d*, pl. VIII, fig. 3), taillée sur le bord de l'apophyse acromion, correspond à une facette semblable *b* de l'extrémité externe de la clavicule; elles sont maintenues en contact par une capsule assez résistante (4, fig. 3 *bis*) qui s'étend d'un os à l'autre. Il existe, en outre, deux surfaces articulaires, l'une sur la clavicule, l'autre sur l'apophyse coracoïde, maintenues en contact par les ligaments coraco-claviculaires, dont l'antérieur est représenté en 2 (fig. 3 *bis*) [1].

On reconnaîtra, par l'inspection de la planche VII, figure 3 *bis*, que la clavicule et les apophyses acromion et coracoïde forment une voûte, complétée par le ligament *acromio-coracoïdien* (3, fig. 3 *bis*), et que dans cette voûte vient se loger la tête de l'humérus *g*, qui glisse sur la cavité glénoïde (*f*, fig. 3). Cette cavité a son grand diamètre dirigé verticalement, pour que la tête de l'humérus puisse glisser dans ce sens pendant les mouvements d'élévation et d'abaissement que le bras exécute lorsqu'il est éloigné du corps. La tête de l'humérus est à peu près

___

(1) On sait que l'extrémité interne de la clavicule s'articule avec la partie supérieure du sternum; cette articulation est maintenue par une capsule fibreuse et par un ligament *interclaviculaire* qui unit entre elles les deux clavicules.

hémisphérique, et forme, avec le corps de l'os, un angle peu prononcé; elle est dirigée en dedans et lorsque le bras est pendant, le bord inférieur du cartilage articulaire répond au bord inférieur de celui qui revêt la cavité glénoïde. La coulisse bicipitale *h*, convertie en canal par du tissu fibreux, donne passage au tendon de la longue portion du biceps (9, fig. 3 *bis*), qui semble se bifurquer pour suivre les bords de la cavité glénoïde et en augmenter la profondeur.

L'humérus et l'omoplate sont maintenus en rapport par une capsule fibreuse (7, fig. 3 *bis*) qui s'étend du pourtour de la cavité glénoïde jusqu'au col de l'humérus, en enveloppant les surfaces articulaires. Cette capsule, très-lâche et d'inégale épaisseur, ne suffirait pas à maintenir l'articulation si elle n'était environnée de tous côtés par des muscles puissants et fortifiée par leurs tendons et par un faisceau *coraco-huméral*, 6.

De toutes les articulations du corps, celle de l'épaule est la plus mobile. L'humérus se porte en avant, en arrière, en dehors, en dedans, peut exécuter tous les mouvements intermédiaires et tourner sur sa tête comme une fronde, ou pivoter sur son axe.

Le mouvement en dehors ou abduction, s'étend jusqu'à la rencontre du bras avec la tête; quand ensuite on laisse retomber le membre, il est arrêté par le tronc et ne peut se porter plus en dedans, à moins de faire un mouvement en avant; mais alors même il ne tarde pas à être arrêté de nouveau par la tension de la capsule et des muscles sur-articulaires.

Le mouvement en avant permet de faire parcourir au

bras un demi-cercle, de manière à le placer dans une position verticale ; mais la tension de la capsule, des muscles, et la présence des apophyses scapulaires, s'opposent à ce qu'il se porte plus en arrière.

Le mouvement en arrière est le plus restreint ; le bras ne peut s'étendre beaucoup en ce sens, parce que la tête de l'humérus ne tarde pas à rencontrer l'apophyse coracoïde qui l'empêche d'aller plus avant et s'oppose à ce que la partie inférieure du membre se porte en arrière.

Le mouvement de fronde résulte de la succession des précédents et reconnaît les mêmes limites. La rotation de l'os sur son axe ne comprend guère qu'un quart de cercle, comme il est facile de s'en assurer en faisant pivoter l'humérus pendant que l'avant-bras est fléchi sur le bras.

Il ne faut pas oublier que l'omoplate et la clavicule participent à presque tous les mouvements de l'articulation *scapulo-humérale*. La mobilité de la clavicule sur le sternum quoique limitée, est cependant de la plus grande importance, car si cette articulation était soudée, il en résulterait une gêne considérable dans les mouvements du bras.

Articulation du coude.

(Articulation huméro-cubitale.)

L'extrémité inférieure de l'humérus s'élargit transversalement en forme d'éventail, pour se mettre en contact avec les deux os de l'avant-bras ; la trochlée (*d*, pl. IX, fig. 5), le condyle *e*, la cavité sigmoïde et la cavité olécrânienne (*a*, fig. 6), répondent constamment, ou plutôt

dans certaines positions du membre, à la cavité articulaire *g*, à la fossette de la tête du radius *m*, à l'apophyse
sigmoïde *h*, et à l'apophyse olécrâne *f* du cubitus. Les
fig. 5 *bis* et 6 *bis* nous montrent les quatre ligaments qui
maintiennent l'articulation. (1, fig. 5 *bis*) ligament antérieur; (2, *id.*) ligament latéral interne; (3, *id.*) ligament
latéral externe; (1, fig. 6 *bis*) ligament postérieur. Tous
ces ligaments s'insèrent, d'une part sur l'humérus, de
l'autre sur le radius et le cubitus, et leur ensemble constitue une espèce de capsule qui entoure l'articulation de
tous côtés. L'avant-bras ne peut exécuter sur le bras que
deux mouvements : l'un en avant, l'autre en arrière.
Lorsqu'on fléchit naturellement l'avant-bras, il ne se
porte pas parallèlement à l'avant-bras, parce que la trochlée est dirigée obliquement de dehors en dedans et
d'arrière en avant, et que l'échancrure articulaire du
cubitus doit nécessairement suivre la gorge de cette
poulie, et diriger l'avant-bras dans le même sens,
c'est-à-dire au devant du tronc. Pour que l'avant-bras
vienne rencontrer le bras, il faut que l'humérus exécute
un mouvement de rotation suffisant pour porter le radius
et le cubitus en dehors. La flexion de l'avant-bras peut s'é-
tendre jusqu'au point de rencontre de l'apophyse coronoïde
avec la cavité sigmoïde, et quoiqu'on ait dit que l'on
pouvait fléchir l'avant-bras jusqu'à lui faire rencontrer
le bras, cela n'est vrai que pour la partie la plus rappro-
chée de l'articulation, car il est impossible de mettre en
contact l'épaule et l'extrémité inférieure de l'avant-bras.

L'extension est limitée par l'olécrâne dont le sommet
rencontre le fond de la cavité olécrânienne; alors les os

du bras et de l'avant-bras sont situés à peu près dans le même plan. Je ne parle pas de la tension des ligaments pendant la flexion et l'extension, elle résulte naturellement de la disposition des parties ; et d'ailleurs, comme puissance limitante, elle joue un bien faible rôle comparativement aux saillies sigmoïde et olécrâne.

Articulations du radius avec le cubitus.

(Articulations radio-cubitales.)

Une cavité (*i*, pl. VIII, fig. 5) creusée sur la partie interne de la grande échancrure articulaire du cubitus, reçoit le rebord *m* de la tête du radius, tandis qu'à la partie inférieure, c'est le radius qui porte une facette en *o* et le rebord de la tête du cubitus qui vient s'y loger ; nous verrons plus loin que cette disposition particulière facilite les mouvements de rotation de l'avant-bras.

L'articulation supérieure des os de l'avant-bras est maintenue par le *ligament annulaire* (4 fig. 6 *bis*), petite bandelette qui s'attache, par ses deux extrémités, à celles de l'échancrure cubitale, en embrassant l'extrémité supérieure du radius.

Inférieurement, les os de l'avant-bras présentent une disposition à peu près analogue, mais ce n'est plus ici une petite ceinture qui, fixée au radius, irait embrasser le cubitus ; ce sont deux ligaments attachés par leurs extrémités au radius et au cubitus ; donc, les mouvements de cette articulation sont moins libres que ceux de l'extrémité supérieure. Il existe bien encore une espèce de ligament que l'on nomme interosseux (5, fig. 5 *bis*), mais il est sans intérêt pour nous.

Les os de l'avant-bras se meuvent l'un sur l'autre, soit en avant, soit en arrière ; le premier mouvement est la *pronation*, le second, la *supination*.

Pour que le mouvement de pronation s'effectue, il faut que la tête du radius tourne d'avant en arrière, *dans* l'anneau formé par le ligament annulaire et par la cavité du cubitus, tandis que l'extrémité inférieure du radius tourne *autour* de la tête du cubitus. Le contraire a lieu dans les deux extrémités, pendant le mouvement de supination.

Nous trouvons un premier obstacle aux mouvements exagérés de pronation et de supination, dans les ligaments antérieurs et postérieurs de l'extrémité carpienne des os de l'avant-bras ; mais si l'on a bien compris le mécanisme des mouvements exécutés par le radius sur le cubitus, on verra que le premier os vient pendant la pronation croiser le cubitus, de manière à former avec lui deux angles aigus, opposés par leurs sommets, et que dès lors le cubitus et les parties molles situées entre les deux os, empêchent le radius de dépasser la puissante barrière qu'ils lui opposent. (Voyez pl. XVI et XVII, fig. 3.)

Le cubitus est donc un point fixe, autour duquel s'exécutent les mouvements de rotation de l'avant-bras ; ces mouvements prennent une grande extension lorsque l'humérus vient y joindre les siens ; il entraîne alors le cubitus, et la main peut exécuter un mouvement assez étendu pour que le pouce décrive à peu près les trois quarts d'un cercle sur l'axe de l'avant-bras.

Articulation du poignet.

(Articulation radio-carpienne.)

Les extrémités inférieures des deux os de l'avant-bras forment, par leur réunion, une concavité articulaire dont le grand diamètre est transversal et qui appartient en grande partie au radius. Les apophyses styloïdes du radius et du cubitus (p, l, pl. VIII, fig. 5) augmentent l'étendue des surfaces articulaires. Trois os du carpe, le scaphoïde q, le semi-lunaire r et le pyramidal s (fig. 5) s'articulent avec les os de l'avant-bras ; les deux premiers avec le radius, le dernier avec le cubitus. Des ligaments placés en avant, en arrière et sur les côtés de l'articulation, la maintiennent dans ces différents sens et lui permettent d'exécuter des mouvements de flexion, d'extension, de latéralité et de circumduction, bornés toutefois par la tension de ces mêmes ligaments et par la présence des apophyses styloïdes.

Le carpe joue un rôle important dans les mouvements du poignet ; tous ces petits os, articulés entre eux et jouissant d'une certaine mobililité, constituent un moyen de transition entre le bras et la main ; ils augmentent l'étendue de la flexion et de l'extension, et donnent, si j'ose m'exprimer ainsi, du moelleux à l'articulation du poignet, tout en augmentant sa solidité.

Articulations de la main.

(Articulations carpo-métacarpienne, métacarpiennes, métacarpo-phalangiennes et phalangiennes.)

Rien ne serait plus fastidieux que la description de toutes les articulations de la main, je renverrai donc le lecteur aux détails que j'ai donnés sur l'ostéologie de l'extrémité du membre supérieur, et à l'examen des planches où les articulations sont dessinées avec le plus grand soin, et je me bornerai à dire quelques mots du mécanisme articulaire de la main.

Le premier métacarpien *z* (pl VIII, fig. 5) s'articule avec le trapèze *u*, auquel il est lié par une capsule orbiculaire (11, fig. 5 *bis*). Il se meut dans tous les sens et détermine le mouvement d'opposition du pouce. Tous les autres mouvements sont bornés par la tension de la capsule, excepté l'adduction que limite la rencontre des métacarpiens. Les quatre autres os du métacarpe sont articulés ensemble et maintenus par des ligaments dans une immobilité presque complète. Quant aux phalanges, portant une cavité articulaire à l'une de leurs extrémités et renflées en forme de tête à l'extrémité opposée, à l'exception des dernières ou phalangettes, elles s'articulent avec les os du métacarpe et entre elles, et sont maintenues par des ligaments qui leur laissent toute la mobilité nécessaire aux importantes fonctions qu'elles ont à remplir. Les premières phalanges exécutent sur les métacarpiens, des mouvements dans tous les sens, tandis que les autres ne peuvent que se fléchir ou s'étendre. La flexion ne dépasse pas le point où les bords des surfaces articulaires rencontrent les corps des os; elle se trouve d'ailleurs limitée par la tension des ligaments qui bornent également l'extension.

Les doigts forment un angle droit avec le métacarpe, lorsqu'ils sont complétement fléchis, et un angle plus ou moins obtus, lorsqu'ils s'étendent. Les phalanges qui peuvent se fléchir les unes sur les autres jusqu'à ce que les parties molles se rencontrent, se placent toutes sur la même ligne dans l'extension.

Nous n'avons pas à nous occuper ici des articulations propres du bassin, ni de celles de la tête, passons donc aux membres inférieurs.

Articulation du fémur avec le bassin.

(Articulation coxo-fémorale.)

La tête du fémur *h* (pl. IX, fig. 3) est reçue dans la cavité cotyloïde *g* de l'os iliaque; une espèce de ligament ou plutôt un *bourrelet cotyloïdien*, attaché au bord de cette cavité, en augmente la profondeur et maintient la tête du fémur, parce que l'orifice est plus étroit que le fond de la cavité.

Du sommet de la tête du fémur part un cordon fibreux qui se divise bientôt et va se fixer dans la cavité cotyloïde et sur les bords de son échancrure; c'est le *ligament rond i* (fig. 3).

Toute l'articulation est enveloppée et maintenue par une *capsule fibreuse* (8, fig. 3 *bis*) attachée d'une part, au pourtour de la cavité cotyloïde, de l'autre, au col du fémur. Cette capsule présente une grande laxité à sa partie interne, mais elle est tendue en dehors où elle est plus épaisse, ainsi qu'en haut et en avant. Dans ce dernier sens, la solidité de la capsule est augmentée par un faisceau fibreux représenté fig. 3 *bis*, qui s'étend depuis l'épine iliaque antérieure et inférieure, jusqu'à la partie interne de la base du col fémoral. Tels sont les moyens de contention de l'articulation coxo-fémorale; il est évident qu'ils ne suffiraient pas pour maintenir les os en place pendant les mouvements variés de la cuisse sur le bassin et du bassin sur la cuisse ; aussi voyons-nous, comme à l'épaule, l'articulation entourée et fortifiée par des muscles puissants.

Le fémur exécute des mouvements en avant, ou de flexion, en arrière, ou d'extension, en dehors, ou d'abduction, et en dedans, ou d'adduction ; il jouit encore des mouvements de rotation et de circumduction.

La flexion et l'extension ont lieu sur l'axe du col de l'os ; la tête du fémur ne se déplace donc pas, elle exécute simplement dans la cavité un mouvement de rotation en avant ou en arrière.

La flexion peut être portée assez loin pour que la cuisse vienne toucher la partie inférieure du tronc ; l'extension est limitée par là partie antérieure de la capsule fortement tendue pendant l'extension forcée ; d'ailleurs le col du fémur rencontre le rebord de la cavité cotyloïde qui contribue à borner son mouvement. Quand la cuisse s'éloigne de celle du côté opposé, la tête de l'os glisse de haut en bas dans la cavité ; la capsule très-lâche en dedans, se tend ; le bord supérieur du col rencontre le rebord supérieur de la cavité cotyloïde, et l'os se trouve arrêté.

L'adduction s'effectue par un mécanisme inverse ; la partie supérieure de la capsule se tend et la cuisse est arrêtée par celle du côté opposé ; mais si en même temps on porte le membre en dedans et en avant, on peut croiser les deux cuisses ; alors c'est la capsule et, en partie, le ligament rond, **qui limitent le mouvement.**

Le mécanisme de la circumduction s'explique maintenant de lui-même; il ne me resté plus qu'à parler de la rotation.

Pour que ce mouvement ait lieu, il faut que la tête de l'os glisse d'arrière en avant ou d'avant en arrière, dans la cavité cotyloïde; mais comme on l'a fort bien remarqué, le col du fémur fait à peu près un angle droit avec le corps de l'os, et lorsque la tête glisse dans la cavité, elle fait basculer le col qui entraîne le fémur en avant ou en arrière ; donc l'os ne tourne pas sur son axe, mais parcourt une portion de cercle qui aurait le col et la tête pour rayon. Il résulte de la direction oblique du fémur, de haut en bas et de dehors en dedans, que la partie inférieure de l'os vient se placer à peu près sur le prolongement d'une verticale abaissée de la tête, et que cette partie tourne à peu de chose près sur son axe; le fémur décrit donc pendant la rotation, une portion de cône dont le sommet serait à l'extrémité inférieure de l'os, et la base à la partie supérieure du corps, au point d'intersection de son axe et de celui du col.

Articulation du fémur avec le tibia et la rotule.

(Articulation fémoro-tibiale.)

Une large échancrure (*c*, pl. IX, fig. 5) sépare les condyles du fémur (*c*, *d*, fig. 6); en avant, elle se termine par une dépression articulaire dans laquelle vient se loger la partie postérieure de la rotule dont les deux facettes et la saillie médiane sont revêtues d'un cartilage articulaire. Deux cavités glénoïdes (*e*, *e*, fig. 5) sont creusées sur l'extrémité renflée du tibia et reçoivent les condyles;

entre ces deux cavités s'élève l'épine *d*. On a représenté
(fig. 6 *ter*) les cartilages *semi-lunaires* ou *interarticu-
laires* destinés à augmenter la profondeur des cavités du
tibia et à amortir les chocs si fréquents dans cette articulation, pendant la marche, la course, etc. On distingue
parfaitement dans la figure les cartilages semi-lunaires 1,
1, qui laissent apercevoir dans le fond de leur concavité
la surface articulaire du tibia 2, 2. Ces cartilages sont
maintenus par des ligaments fixés au tibia et suivent tous
les mouvements exécutés par cet os.

Deux ligaments latéraux, un ligament antérieur, un
postérieur et deux ligaments croisés : tels sont les liens
qui maintiennent l'articulation fémoro-tibiale. Les ligaments latéraux (5, 6, fig. 5 *bis* et 2, 3, fig. 6 *bis*) s'insèrent d'une part aux tubérosités du fémur (*a*, *b*, fig. 5)
et de l'autre, au tibia et au péroné. La rotule fait partie
ou plutôt est comprise dans le ligament antérieur qui
naît de la tubérosité du tibia (*h*, fig. 5) et se porte au
sommet et sur la face antérieure de la rotule. C'est cette
portion que l'on nomme le *ligament rotulien*. Le tendon
du triceps (1, fig. 5 *bis*) complète le ligament antérieur,
l'un des plus puissants du corps humain. La rotule est
encore maintenue par deux *ligaments propres* (3, 4,
fig. 5 *bis*) qui vont s'attacher en arrière des tubérosités
du tibia.

Le ligament postérieur forme deux capsules fibreuses
qui enveloppent la partie postérieure des condyles, et un
faisceau médian (1, fig. 6 *bis*).

Les *ligaments croisés* sont au nombre de deux : l'*antérieur* (fig. 6 *ter*) s'attache au devant de l'épine du tibia,

et se porte en dehors pour aller se fixer dans une fossette creusée sur la face interne du condyle externe ; le *postérieur* (4, *id.*), fixé à la partie postérieure de l'épine tibiale, va s'insérer dans une dépression de la face externe du condyle interne, en croisant la direction du ligament antérieur.

Je signalerai aux artistes la grande quantité de tissu adipeux aggloméré derrière le tendon rotulien et celui du triceps ; cette graisse se déplace pendant les mouvements du genou et en modifie les formes, ainsi que nous le verrons dans la seconde partie de cet ouvrage.

Quoique l'articulation du genou soit maintenue par des liens puissants, les tendons et les aponévroses qui l'environnent augmentent encore sa solidité.

Outre les mouvements de flexion et d'extension, la jointure du genou jouit encore d'un faible mouvement de rotation.

La flexion de la jambe sur la cuisse est limitée par la rencontre des deux parties du membre inférieur ; il est facile, en forçant un peu la flexion, de porter le talon contre la fesse du même côté. Dans ce cas les condyles du fémur glissent d'arrière en avant sur les cavités du tibia, ou, pour parler plus correctement, ce sont les cavités qui exécutent le mouvement. Les ligaments latéraux, placés au niveau des tubérosités, et conséquemment en arrière du centre articulaire, se relâchent ainsi que les ligaments postérieurs et croisés ; le ligament rotulien et le tendon du triceps sont fortement tendus, la rotule s'enfonce entre le fémur et le tibia, et vient se loger au devant de l'échancrure condylienne, en repoussant à droite et à gauche le tissu adipeux sous-jacent.

Le glissement en sens inverse des cavités du tibia sur les condyles du fémur entraîne la jambe dans l'extension et détermine le relâchement des ligaments rotuliens; mais tous les autres ligaments sont tendus; aussi le mouvement se trouve-t-il limité aussitôt que la jambe s'est placée sur la même ligne que la cuisse. La rotule est libre alors, on peut la mouvoir dans tous les sens ; mais comme elle est maintenue par un puissant ligament, les mouvements de l'articulation ne peuvent lui faire éprouver aucun déplacement réel relativement au tibia. Je m'explique plus clairement.

Supposons que la jambe soit maintenue dans une position invariable et que le fémur se fléchisse sur le tibia, ainsi qu'il arrive lorsqu'on s'assied ; la rotule ne s'élèvera qu'autant qu'il sera nécessaire pour que son ligament soit tendu, et les condyles du fémur glisseront de bas en haut sur les facettes articulaires de la rotule. Entraînée par le tendon du triceps, cette dernière exécutera un léger mouvement de bascule d'avant en arrière et de haut en bas, et fera saillie au devant de l'articulation qu'elle protége. Quand, au contraire, la jambe se fléchit sur la cuisse, la rotule est entraînée par le tibia, en bas et au devant de l'échancrure condylienne ; elle exécute le même mouvement de bascule que dans le cas précédent, mais elle conserve toujours à peu près la même position par rapport au tibia.

Le mouvement de rotation, plus libre de dedans en dehors que dans le sens opposé, est très-peu sensible ; il est surtout limité par les ligaments croisés.

Articulations du péroné avec le tibia.

(Articulations péronéo-tibiales.)

Nous savons qu'il existe à la partie postérieure de la tubérosité externe du tibia une facette articulaire (*g*, pl. IX, fig. 6) dirigée en dehors et en bas et correspondant à une facette analogue du péroné, dirigée en sens opposé (*i*, fig. 5), Nous avons également vu que le péroné portait à la partie interne de son extrémité inférieure une autre facette convexe (*b*, fig. 7), qui s'articule avec une concavité creusée sur la face externe de l'extrémité inférieure du tibia ; quatre ligaments, dont deux antérieurs et deux postérieurs, maintiennent ces os en contact par leurs extrémités, tandis qu'un ligament interosseux les réunit dans presque toute leur longueur.

Articulation des os de la jambe avec ceux du tarse.

(Articulation tibio-tarsienne.)

En se réunissant par leurs extrémités inférieures, les deux os de la jambe forment une espèce de mortaise creusée presque entièrement sur le tibia, plus étendue transversalement que d'avant en arrière et complétée de chaque côté par les deux malléoles (*a*, *a'*, fig. 7).

C'est dans cette mortaise que vient se loger l'astragale (C, fig. 7).

Trois ligaments latéraux externes partant de la malléole péronéale, et un ligament latéral interne prenant insertion sur la malléole tibiale, forment l'appareil ligamenteux de cette articulation.

Les trois ligaments externes semblent être des divisions d’un même faisceau fibreux fixé à la malléole et se partageant en trois bandelettes qui vont s’attacher, l’une (*ligament externe*, 5, fig. 7 *bis*, *et* 4, fig. 9) au calcanéum, l’autre (*lig. postérieur*, 3, fig. 9) à l’astragale, et la troisième (*lig. antérieur*, 6, fig. 7 *bis*) également à l’astragale.

Le ligament latéral interne (4, fig. 7 *bis*) s’étend de la malléole interne à l’astragale et au calcanéum. Des gaînes fibreuses et plusieurs tendons fortifient encore cette articulation importante. Elle exécute des mouvements de flexion et d’extension; de flexion, lorsque l’astragale glisse d’avant en arrière dans la mortaise péronéotibiale ; d’extension, lorsqu’elle suit la direction opposée. Dans les deux cas, c’est la rencontre des parties antérieure et postérieure de l’astragale avec les bords de la mortaise, ainsi que la tension des cordes ligamenteuses, qui limitent les mouvements.

Le peu de mobilité dont jouit l’articulation inférieure du tibia et du péroné suffit cependant pour que l’astragale exécute dans sa mortaise de légers mouvements de latéralité, en agissant sur la malléole externe ; mais ces mouvements sont si faibles, que nous ne devons pas en tenir compte.

Articulations du tarse.

En décrivant le squelette, j’ai dit que le tarse était composé de deux rangées d’os ; que la première rangée comprenait l’astragale et le calcanéum, et la seconde le sca-

phoïde, le cuboïde, le grand, le moyen et le petit cunéiforme.

Les mouvements du pied ont surtout lieu dans l'articulation de l'astragale avec le calcanéum, et dans celles
des os de la première rangée avec ceux de la seconde.
Ces derniers sont peu mobiles les uns sur les autres, ils
sont maintenus par de nombreux ligaments (7, fig. 7 *bis*),
que l'on nomme les ligaments dorsaux du tarse, et par
des ligaments interosseux.

Deux facettes (*d, d*, fig. 7), taillées sur la partie antérieure et supérieure du calcanéum, s'articulent avec deux
facettes analogues de la face inférieure de l'astragale ; un
ligament interosseux maintient ces surfaces en contact.
Il existe une petite facette sur le bord de l'échancrure antérieure du calcanéum; elle s'articule avec une portion de
la tête de l'astragale.

L'astragale et le calcanéum s'articulent avec les os de
la seconde rangée du tarse au moyen du scaphoïde et du
cuboïde ; plusieurs ligaments s'étendent de la première
rangée à la seconde, mais je n'en signalerai qu'un seul :
c'est le ligament calcanéo-cuboïdien inférieur (1, fig. 8),
large faisceau fixé aux trois quarts antérieurs de là face
inférieure du calcanéum et à la partie postérieure du cuboïde.

L'astragale exécute sur le calcanéum de légers mouvements de glissement en avant, en arrière et dans le
sens transversal. Quant aux mouvements d'adduction et
d'abduction du pied, ils ont lieu dans l'articulation de la
première rangée du tarse avec la seconde ; néanmoins, il
faut tenir compte de la mobilité des autres parties, car,

bien qu'excessivement limités, tous ces petits mouvements réunis ne laissent pas que d'augmenter la mobilité du pied.

L'analogie qui existe entre la main et le pied; me dispense d'entrer dans de longs détails sur cette dernière extrémité ; je ferai seulement remarquer que la mobilité du métatarse sur le tarse est presque nulle et que le premier métatarsien n'est pas plus mobile que les autres, tandis que le contraire a lieu pour la carpe.

Les phalanges exécutent sur le métatarse des mouvements d'extension, de flexion, d'abduction et d'adduction, mais ils sont bien moins libres que ceux de la main ; les deux derniers, surtout, ont très-peu d'étendue ; l'extension l'emporte sur tous les autres mouvements.

Les phalanges du pied se meuvent de la même manière que celles de la main ; l'extension et la flexion sont néanmoins renfermées dans des limites beaucoup plus étroites.

Telles sont les principales articulations du corps ; bien que je ne les aie pas décrites minutieusement dans tous leurs détails, ce que j'en ai dit me paraît suffisant pour que l'on comprenne leur mécanisme et que l'on sache distinguer les mouvements possibles d'avec les mouvements impossibles.

Dans tout ce chapitre, j'ai montré les articulations indépendamment de tout ce qui les environne, à l'exception des ligaments ; mais on conçoit que les aponévroses, les tendons et les muscles doivent jouer un rôle important, soit pour les protéger, soit pour les consolider, soit enfin pour borner leurs mouvements.

CHAPITRE V.

On entend par *station* l'attitude verticale de l'homme sur une surface solide.

Elle n'est parfaite qu'autant qu'une ligne passant par le *centre de gravité* tombe perpendiculairement sur l'espace recouvert par les pieds, espace que l'on désigne sous le nom de *base de sustentation*.

Le *centre de gravité* est un certain point d'un corps situé de telle manière qu'il doit être soutenu, et que toutes les parties doivent se faire équilibre autour de lui pour qu'il puisse demeurer en repos. En d'autres termes, on peut dire que le centre de gravité se trouve sur la *résultante* des efforts partiels que la pesanteur exerce sur divers points d'un même corps.

Pour expliquer ce principe, que l'on se figure un corps suspendu librement dans l'atmosphère et entraîné vers la terre par un certain nombre de forces égales agissant perpendiculairement au sol. Le corps descendra en suivant une ligne droite verticale; mais qu'à ces forces multiples on en substitue une seule aussi puissante que toutes les autres réunies, et dont l'action s'exercera dans le sens de la verticale, il est clair qu'on obtiendra le même effet. C'est à cette verticale unique qu'on a donné le nom de *résultante*.

On comprend que la position du centre de gravité est subordonnée à la forme des corps et à la disposition de la matière pesant e.

Chez l'homme, ce centre est situé entre le pubis et le sacrum; il faut donc, pour que la station soit possible, qu'une ligne perpendiculaire au sol passe par ce point et vienne tomber entre les deux pieds.

Le centre de gravité peut être supporté ou suspendu; la station ordinaire fournit un exemple du premier mode, le second se rencontre dans la suspension par les mains.

Supposons maintenant que l'homme cherche à se maintenir immobile dans une position quelconque; il faudra toujours que la verticale menée par le centre de gravité, vienne aboutir sur l'espace couvert par les pieds, pour que toutes les parties du corps se contre-balancent mutuellement.

Quand la ligne de gravité se porte accidentellement en dehors de la base de sustentation, le corps s'incline et tomberait nécessairement, si les efforts musculaires ne rétablissaient aussitôt l'équilibre.

En écartant les pieds latéralement, on élargit la base de sustentation, mais une faible impulsion suffit alors pour renverser le corps en avant ou en arrière; le contraire arrive lorsqu'on place les pieds l'un devant l'autre.

Étudions maintenant la *station assise* et la *station agenouillée*. La première a lieu sur une large base, d'ailleurs, le corps est ordinairement soutenu par des appuis postérieurs ou latéraux qui permettent à une grande partie du système musculaire de rester dans un relâchement absolu; aussi est-ce une des positions que l'on choisit le plus souvent pour se reposer. A genoux, la base de sustentation formée par les jambes appliquées sur le sol paraît beaucoup plus large que dans la station verticale, mais la ligne de gravité tombe sur l'espace étroit recouvert par les genoux, et cette attitude devient très-fatigante; c'est afin d'éviter ce qu'elle a de pénible que l'on porte le corps en arrière, pour que la ligne de gravité vienne aboutir sur le milieu de l'espace occupé par les jambes; alors on emploie toute la base et l'on peut appuyer les fesses sur les talons et diminuer ainsi l'action musculaire.

Quelques exemples feront mieux comprendre ces principes.

Quand l'homme est parfaitement droit, les deux pieds rapprochés et les membres supérieurs appliqués contre le tronc, la ligne de gravité représente l'axe du corps. Si l'on vérifie sa direction au moyen d'un fil à plomb placé devant les yeux, il devra partager la face en deux parties égales, passer sur la fossette sus-sternale et aboutir entre les deux pieds. Mais, le plus souvent, on se porte tantôt sur un membre, tantôt sur l'autre; les femmes surtout *se hanchent* fréquemment et cette attitude leur donne une grâce et un charme particuliers. Alors le membre qui supporte le poids du corps vient se placer sur le prolongement de la ligne de gravité, tandis que l'autre se fléchit et s'étend en avant pour consolider l'édifice; car, bien que la station soit possible sur un pied, elle exige des efforts musculaires puissants qui déterminent de nombreuses oscillations, auxquelles succède bientôt une grande fatigue. Les danseurs qui pirouettent sur la pointe du pied ou qui se tiennent longtemps d'aplomb sur une seule jambe, les saltimbanques marchant sur les mains, acquièrent, par un long exercice, la faculté de mettre rapidement les diverses parties de leur corps en équilibre autour de la ligne de gravité.

On a souvent vu des enfants marcher sur une poutre étroite, agitant leurs bras à droite et à gauche pour rétablir l'équilibre, suivant que la chute est imminente d'un côté ou de l'autre ; jamais ils ne les portent en avant ou en arrière, parce que la base de sustentation est assez large dans ces deux sens. Les lutteurs placent une de leurs jambes en avant et en dehors, et se forment ainsi une base plus large dans tous les sens ; ils y trouvent encore l'avantage immense de pouvoir balancer le centre de gravité en le portant alternativement sur chaque membre, sans être obligés d'avoir recours à des déplacements très-dangereux, parce qu'il y aurait alors un moment pendant lequel le centre de gravité ne serait plus soutenu et dont l'adversaire ne manquerait pas de profiter pour remporter la victoire.

Cette position oblique des membres inférieurs se retrouve toutes les fois qu'on désire une grande stabilité ; le chasseur qui ajuste le gibier, le colporteur que l'on charge, le soldat croisant la baïonnette, etc., se placent toujours à peu près de la même manière.

Qui de nous n'a remarqué le charretier occupé à charger sa voiture ? Il s'applique à répartir le poids également en avant, en arrière et sur les côtés ; il cherche, bien innocemment sans doute, à faire tomber la ligne de gravité entre les deux roues, dans le plan de l'essieu. Mais s'il arrive qu'une des roues passe sur un monticule et soit soulevée suffisamment pour que la ligne verticale tombe en dehors de l'autre roue, l'équilibre sera détruit et la voiture versera. Il n'en est pas de même quand les supports sont mobiles en tous sens, comme chez l'homme; en effet, si on le pousse avec force sur le côté, il porte rapidement en dehors le pied du côté opposé au choc et la chute n'a pas lieu; mais dans le cas d'une impulsion trop rapide pour que les muscles aient le temps d'entraîner le membre dans l'abduction, la chute est inévitable.

Tout le monde a observé que les hydropiques, les femmes grosses, les hommes riches en abdomen, les marchandes portant un éventaire, jettent le corps en arrière, tandis que les hommes de haute stature, les colporteurs chargés, les charbonniers, etc., se penchent en avant. D'autres fois, la charge est supportée par l'une ou l'autre épaule et le corps s'infléchit du côté opposé. Tous ces individus font de la statique, absolument comme M. Jourdain faisait de la prose.

Jusqu'ici j'ai supposé que le corps était maintenu dans la position verticale, je lui ai même fait exécuter plusieurs mouvements; il est temps que je m'occupe des moyens que la nature emploie pour produire ces phénomènes, et d'abord je dirai quelques mots des os, des ligaments et des muscles.

Les organes de la locomotion sont actifs ou passifs ; la première catégorie comprend les muscles; à la seconde appartiennent les os et les ligaments.

Les muscles sont composés de faisceaux charnus formés eux-mêmes par la réunion de fibres nombreuses que l'on peut encore diviser en fibrilles plus déliées.

Des gaînes cellulaires enveloppent les muscles et leurs faisceaux, et les maintiennent en position, quels que soient les mouvements qu'ils exécutent. Les fibres musculaires sont douées de la propriété de se contracter sous l'influence de la volonté ou de l'excitation produite par les agents extérieurs. En outre, les muscles sont tendus par une contraction permanente propre aux tissus vivants.

Ordinairement les extrémités des fibres musculaires sont unies à des tendons qui pénètrent dans leur épaisseur, s'épanouissent à leur surface ou leur donnent insertion sur toute leur longueur. C'est au moyen de ces tendons que les muscles s'attachent aux os, lorsque les fibres charnues ne s'y insèrent pas immédiatement.

Dans toute contraction les muscles se raccourcissent, se gonflent et deviennent plus durs. On peut vérifier facilement ce fait en contractant le biceps brachial.

Le raccourcissement se passe dans les fibres; elles se plissent en travers et entraînent les tendons qui, à leur tour, cherchent à déplacer les os sur lesquels ils s'attachent. Il faut donc considérer les muscles dans l'état de repos et pendant les mouvements qu'ils impriment aux différentes parties du corps; c'est ce que je ferai en décrivant les formes.

Tous les muscles ont des antagonistes, c'est-à-dire, que d'autres muscles contre-balancent l'action des premiers, s'y opposent, rétablissent les mobiles dans leur situation primitive ou les portent dans une direction opposée. Quand un muscle agit avec son antagoniste, ils maintiennent tous deux la partie dans l'immobilité, ou lui impriment une direction moyenne entre celles de leurs puissances.

Les fléchisseurs sont les antagonistes des extenseurs, mais ces deux ordres de muscles peuvent agir simultanément et déterminer ainsi la solidité, l'immobilité des parties auxquelles ils s'attachent. Pour que les mouvements s'effectuent, il faut qu'une des extrémités soit attachée à un point fixe, tandis que l'autre agit sur la partie mobile ; cependant l'action a quelquefois lieu dans les deux extrémités et les mobiles sont entraînés l'un vers l'autre. Ainsi, par exemple, au moment où un muscle inséré sur deux os articulés par leurs extrémités entre en action, il rapproche les surfaces articulaires et les maintient en contact.

Il est important de se rappeler que tel os servant de point fixe dans telle ou telle position deviendra mobile dans d'autres circonstances, et *vice versâ*. Ainsi, lorsqu'on est agenouillé sur un banc, la jambe sert de point fixe aux muscles qui meuvent le pied, tandis que le point fixe est transporté dans ce dernier quand il porte sur le sol et que la jambe se meut en avant ou en arrière.

Les muscles des membres sont généralement presque parallèles aux os qu'ils doivent mouvoir ; cette disposition, destinée à donner aux membres le moins de volume possible, atténue en partie la puissance musculaire ; mais la nature a employé certains artifices pour obvier à cet inconvénient.

Avant d'aller plus loin, disons quelques mots des leviers.

Un levier est une verge inflexible et de longueur indéterminée, dont un des points est fixe et sert en quelque sorte de pivot autour duquel se meut le reste de la verge ; ce point fixe est le *point d'appui*. Le levier ne peut être mis en mouvement que par une force quelconque appliquée en un certain point de sa longueur : c'est la *puissance*. Enfin, si l'on veut déplacer un corps à l'aide du levier, on rencontrera une *résistance* plus ou moins grande.

Ainsi, trois choses sont à considérer dans un levier : le *point d'appui*, la *puissance* et la *résistance*.

On distingue trois genres de levier. Dans celui du *premier genre*, le point d'appui est placé entre la puissance et la résistance. Dans le *second genre*, la résistance est intermédiaire aux deux autres termes ; la puissance vient à son tour se placer entre le point d'appui et la résistance dans le levier du *troisième genre*. On nomme *bras* du levier les parties de la verge limitées par les trois termes dont il vient d'être question.

La balance fournit un exemple du premier levier. L'objet dont on veut déterminer le poids représente la résistance, les poids métalliques agissent comme puissance, le point d'appui se trouve au centre du fléau dans le point de suspension. Une poulie, la roue d'une voiture, sont encore des leviers du premier genre.

La rame que le batelier met en jeu pour imprimer le mouvement à son bateau est un levier du *second genre*. La puissance est représentée par la main du rameur, le point d'appui se trouve dans l'eau, la résistance est fournie par le bord du bateau.

Prenons pour exemple du troisième genre un grand arbre couché à terre et que l'on veut soulever pour le planter. Ici, le point d'appui est à la racine, la tête de l'arbre forme la résistance par son poids, et les efforts appliqués sur la partie moyenne du tronc représentent la puissance.

La force de la puissance et de la résistance est toujours en raison directe de la longueur de leurs bras de levier ; ainsi, lorsque des poids égaux sont placés dans les bassins d'une balance, l'équilibre est parfait, parce que la puissance et la résistance sont également éloignées du point d'appui ; mais si l'on raccourcit un des bras du fléau, le plateau du côté opposé s'abaisera, bien que les poids soient toujours les mêmes. La romaine nous offre un exemple frappant de ce phénomène. Si l'anneau qui fixe la rame à la cheville du bateau est très-rapproché de la main du rameur, il devra faire des efforts puissants pour mettre l'aviron en mouvement ; cherchez à placer l'arbre debout en le saisissant près de la racine, et vous serez obligé d'avoir recours à l'assistance de plusieurs personnes ou de puissantes machines ; mais rapprochez l'anneau de la palette de l'aviron, saisissez l'arbre près de ses branches, et seul vous pourrez faire ce qui nécessitait d'abord des efforts considérables ou le concours de plusieurs individus.

On conçoit que le choix du levier doit être subordonné à l'effet que l'on veut produire.

La force appartient au deuxième genre, le troisième est caractérisé par la rapidité, le premier possède alternativement l'une ou l'autre de ces propriétés. Je vais expliquer ces propositions.

Quand le bras de la puissance est très-long, l'énergie d'un levier du premier genre est prodigieuse ; aussi voit-on souvent un ouvrier soulever seul d'énormes blocs de pierre ; si, au contraire, le point d'appui est très-rapproché de la puissance, les plus grands efforts seront quelquefois insuffisants pour mouvoir une masse d'un petit volume ; mais, dès qu'on parvient à la déplacer, un petit mouvement du bras de la puissance en fera faire un grand au bras de la résistance, et comme ce petit mouvement peut être exécuté en un temps fort court, cette rapidité se transmettra à l'extrémité opposée dn levier, et, par suite, au mobile. Il me semble trop facile d'appliquer ces notions aux deux autres genres, pour qu'il soit nécessaire d'entrer dans plus de détails à cet égard.

Le levier du troisième genre est le plus généralement employé dans la machine animale. Nous verrons bientôt que le même membre peut se transformer alternativement en leviers (1) de différents genres. Revenons à l'action musculaire.

Nous avons vu que les muscles sont généralement presque parallèles aux os. Cette disposition n'est pas la plus favorable à l'action musculaire ; mais tantôt les organes principaux des mouvements sont contournés autour des os, tantôt ils passent sur des éminences osseuses et jouent le même rôle que la corde d'une poulie ; d'ailleurs, le volume des membres n'aurait pas permis que les insertions se fissent d'une autre manière.

Parmi les muscles, il en est qui sont destinés à fléchir les diverses parties du corps, d'autres ont pour fonction de les étendre. Ces derniers sont en général moins puis-

(1) Les os sont les leviers du corps.

sants que leurs antagonistes, et cette différence tient surtout à la manière dont ils exercent leur action. En effet, ordinairement les fléchisseurs se fixent aux os en un point plus éloigné des articulations que ne le font les extenseurs ; d'abord, presque parallèles aux os, ils tendent à leur devenir perpendiculaires à mesure qu'ils agissent, et acquièrent ainsi une force croissante, au lieu que les extenseurs agissent presque toujours comme la corde d'une poulie, puisqu'ils passent sur les articulations fléchies et tendent, par leur action, à devenir de plus en plus parallèles aux os. Au reste, les muscles s'attachent, en général, près des articulations, et comme le levier du troisième genre est le plus répandu dans le corps humain, on voit de suite que la nature a disposé toutes les parties de manière à donner surtout de la rapidité à nos mouvements, souvent même au détriment de la force. Cette rapidité varie chez les individus et peut être développée par l'exercice, mais elle est toujours moindre aux membres inférieurs remarquables surtout par leur force.

Pour n'avoir plus à revenir sur le levier dans ce chapitre, je vais donner quelques exemples des trois genres, pris dans le corps humain.

Le pied détaché du sol et étendu sur la jambe est un levier du premier genre. Effectivement, le point d'appui se trouve dans l'articulation tibio-tarsienne ; les jumeaux et le soléaire, agissant ensemble sur le calcanéum par le tendon d'Achille, constituent la puissance ; la résistance est produite par les extenseurs (1). La tête inclinée en

______

(1) Dans tous les exemples que je donne au lecteur, je simplifie le mécanisme autant qu'il est possible ; toutes les actions concomitantes sont négligées à dessein.

avant, en arrière, ou latéralement l'avant-bras, porté dans l'extension, etc., sont encore des leviers du premier genre.

Le pied est-il appuyé sur sa pointe et le talon élevé au-dessus du sol, on aura un levier du deuxième genre, car la puissance s'appliquant toujours au calcanéum, le point d'appui se trouve reporté à la pointe du pied, et la résistance, sur l'articulation qui reçoit tout le poids du corps soulevé dans ce mouvement. Voici un exemple de ce que j'ai dit plus haut, à propos des changements de genre qui se manifestent dans une même partie ; le pied que nous avons d'abord cité comme appartenant au premier genre se prête également à la démonstration du second.

Supposons la mâchoire inférieure abaissée ; pour se rapprocher de la supérieure, elle est mue suivant le troisième genre, puisqu'elle prend son point d'appui dans l'articulation, tandis que la puisssance du masséter tend à surmonter la résistance des abaisseurs fixés au menton ou dans son voisinage. Mais la mâchoire appartient au deuxième genre lorsqu'elle s'abaisse, parce qu'alors la puissance est transportée au menton, et la résistance à l'insertion du masséter, tandis que le point d'appui ne subit aucun déplacement.

L'artiste doit s'exercer à déterminer les leviers mis en jeu dans toutes les positions qu'il impose à son modèle. J'ai dû fournir quelques exemples, mais il serait nuisible de donner plus d'étendue à ce travail, car le lecteur ne chercherait pas à faire ce qu'il serait sûr de trouver tout fait ; il ne se rendrait pas aussi bien compte des modifications accidentelles de la forme et des limites que les mouvements ne doivent pas dépasser, sous peine d'être forcés ou ridicules.

Rien ne s'oppose maintenant à ce que j'expose le mécanisme de la station; je vais donc reprendre ce sujet important au point où je l'ai laissé pour expliquer la théorie du levier.

Nous savons que pendant l'attitude verticale du corps, la ligne qui passe par le centre de gravité doit tomber sur la base de sustentation, dans l'intervalle qu'occupent les deux pieds sur le sol. Il faut encore que les diverses parties du corps soient maintenues en équilibre; si on l'abandonnait à lui-même, il s'affaisserait et tomberait aussitôt sur le sol, ainsi qu'il est facile de le vérifier avec un cadavre.

Les jambes se fléchissent en avant sur les pieds; les cuisses, en arrière sur les jambes; le tronc se porte en avant ainsi que la tête, et le cadavre entier tombe ordinairement sur sa face antérieure. Ainsi, bien que l'on ait placé le sujet d'après toutes les règles de l'équilibre, il tombe et tombera toujours. Que faut-il donc pour qu'il reste debout? Il faut que les diverses pièces du squelette puissent conserver la position dans laquelle on les place il faut que l'*action musculaire* les maintienne et empêche les articulations de fléchir. Il est donc évident que même dans l'immobilité la plus complète, la machine humaine n'est pas au repos; cette immobilité exige de si puissants efforts, que l'homme se fatigue beaucoup moins en marchant pendant une heure qu'en restant debout dans la même position durant un espace de temps bien moins considérable. Immobile, toutes ses puissances musculaires sont en jeu ; s'il lui est permis de faire quelques mouvements, on le voit se pencher tantôt d'un côté, tantôt de l'autre, porter le pied en avant, le ramener en arrière, etc. En mouvement, il exerce alternativement tous ses muscles ; tandis que les uns agissent, les autres se reposent, la contraction n'est pas permanente et le moindre relâchement des puissances suffit pour qu'elles reprenent une nouvelle énergie.

Voyons maintenant de quelle manière agissent les muscles pour maintenir le corps dans la position verticale, et d'abord, examinons la base.

Des ligaments nombreux et puissants maintiennent les différentes pièces qui composent la voûte du pied et l'empêchent de s'affaisser sous le poids du corps entier. En raison de la multiplicité des pièces osseuses, le tarse jouit d'une grande élasticité ; par cela même, il résiste aux chocs qu'il éprouve pendant la marche, la course ou le saut, puisque seul il supporte tout le poids du corps. Plusieurs muscles, les uns fixés au pied par leurs deux extrémités, les autres attachés aux os de la jambe et dont les tendons se rendent à l'extrémité inférieure, impriment au pied et aux orteils les mouvements qu'ils doivent exécuter pour rétablir l'équilibre. Comme le tibia tombe presque perpendiculairement sur l'astragale, le pied tend à se renverser en dedans. La jambe se fléchirait en avant ou en arrière, sur le pied, si les muscles antérieurs ou postérieurs ne la maintenaient dans la position verticale.

Les muscles de la jambe et de la cuisse empêchent le

fémur de se renverser en arrière. Le bassin, intimement lié à la colonne vertébrale par l'intermédiaire du sacrum, repose sur les fémurs ; la dernière vertèbre des lombes se trouve à peu près dans le même plan vertical que la tête du fémur, ou plutôt que la moitié postérieure de cette tête ; il est donc évident que les viscères thoraciques et abdominaux devront, par leur poids, entraîner le bassin en avant ; aussi voyons-nous les muscles cruraux et ceux de la fesse combiner leurs efforts pour empêcher la flexion du bassin sur la cuisse.

La colonne vertébrale s'infléchirait aussi en avant, entraînée par le poids des vicères, si les muscles postérieurs du tronc et du cou, nombreux et puissants, ne la maintenaient dans la position verticale. La tête qui tend à tomber en avant, en raison de l'inclinaison du cou dans ce sens, en est empêchée par les muscles antérieurs, postérieurs et latéraux auxquels elle donne insertion, et dont les actions combinées la maintiennent en équilibre. Ainsi, c'est le pied qui supporte tout le poids du corps, transmis au tarse par le tibia ; les membres et le tronc sont maintenus les uns sur les autres par l'action combinée des muscles ; enfin, pour que la station soit possible, il faut que presque toutes les puissances motrices du corps entrent en action.

Quand on exécute un mouvement, ce ne sont pas seulement les muscles de la partie mobile qui agissent, il faut que le point fixe, celui sur lequel s'exécute le mouvement, soit maintenu dans une position invariable ; les muscles environnants se contractent et prennent appui sur un autre point, qui a également besoin d'être maintenu. Il résulte de cette solidarité que l'on ne saurait exécuter un mouvement quelque peu énergique, opposer de la résistance, soulever un fardeau, sans que tout le système musculaire soit mis en jeu, depuis la tête jusqu'aux pieds, qui sont la base des points d'appui (1).

Il me reste à donner une idée du mécanisme au moyen duquel l'homme se déplace, se transporte d'un endroit à un autre, en un mot, de la marche qui nous offrira de nombreuses applications des connaissances que nous avons acquises précédemment.

La marche comprend non-seulement les mouvements des membres inférieurs, mais encore ceux du tronc et des membres supérieurs.

Au moment où l'homme veut se porter en avant, il étend le pied sur la jambe; le sol résiste à la pression exercée par la pointe du pied fixe, et le corps soulevé est repoussé sur le membre du côté opposé; aussitôt le pied de ce côté se porte en avant; alors le bassin s'abaisse du côté du membre en action et exécute en même temps un mouvement de rotation en avant sur le fémur immobile. Les épaules et la partie supérieure du tronc se meuvent en sens opposé, c'est-à-dire, se portent à droite lorsque le bassin s'abaisse à gauche et pivotent sur la colonne vertébrale, d'arrière en avant et de droite à gauche, quand le bassin se porte d'avant en arrière et de gauche à droite. La colonne vertébrale subit donc sur son axe, une torsion d'autant plus prononcée que le pas est plus allongé. Ces oscillations occasionnent les mouve-

---

(1) Pour plus de détails, voyez les traités de physiologie.

ments des bras, opposés à ceux des membres inférieurs.

Nous avons laissé la jambe étendue en avant; tout le poids du corps repose alors sur le pied resté en arrière; ce pied s'étend bientôt, repousse le sol qui résiste; l'impulsion est transmise au corps qui s'élève, se penche en avant et du côté opposé; la ligne de gravité commence à se porter en avant et la chute serait imminente si le premier pied ne s'appliquait au sol à l'instant même où l'autre membre se fléchit pour l'abandonner. La ligne de gravité s'avance toujours à mesure que le membre resté en arrière se rapproche de l'antérieur; mais comme il ne s'arrête pas au même niveau et qu'il continue à s'étendre jusqu'à ce que l'autre membre exécute le même mouvement, la ligne de gravité ne fait que passer et se trouve ainsi transportée alternativement d'un membre à l'autre; aussi, se présente-t-il un obstacle, le pied qui s'avance vient-il à rencontrer tout à coup un corps saillant à la surface du sol, surtout au moment où l'autre pied s'étend, il en résulte une impulsion qui, ajoutée à celle imprimée au corps par le membre inférieur, entraîne la ligne de gravité en avant du pied heurté; le corps se jette vivement en arrière pour rétablir l'équilibre; le membre resté en arrière cherche aussitôt à se porter en avant du centre de gravité, et si ces mouvements ne sont pas assez prompts ou si l'impulsion est trop violente, une chute en avant est inévitable.

Pendant la marche, on remarque le gonflement des muscles de la gouttière vertébrale correspondante au pied qui abandonne le sol, tandis que du côté opposé le gonflement est beaucoup moins sensible. Ainsi les masses musculaires de chaque gouttière s'abaissent et s'élèvent alternativement pendant la progression.

Les mouvements continuels des membres inférieurs, du tronc et desm embres supérieurs, réclament le concours de presque tous les muscles du corps; les uns sont tendus, les autres contractés; il doit s'ensuivre des changements plus ou moins notables dans les formes qui se montrent pendant la station, ainsi que nous le verrons dans la seconde partie de cet ouvrage.

Je n'analyserai pas les modifications de la marche qui constituent la course, le saut, etc.; je ne m'arrêterai pas à expliquer pourquoi l'on porte le corps en avant ou en arrière, lorsqu'on monte ou que l'on descend; ce sont des applications de tout ce qui précède, chacun pourra les faire sans difficulté; bien d'autres détails seraient nécessaires si je voulais compléter ce chapitre, que l'on trouve peut-être déjà trop étendu.

CHAPITRE VI.

Les formes particulières que la nature a modelées sur toute la surface du corps humain ne présenteraient aux artistes qu'une étude aride, fastidieuse et sans résultat bien important, s'ils considéraient toujours ces formes isolément; peut-être même serait-il à craindre que cette manière de voir n'entachât leur dessin de dureté, de sécheresse et d'exagération anatomique, excès tout aussi redoutables que la négligence du modelé ou l'abus des formes de convention. Il faut réunir toutes ces dépressions, toutes ces saillies, les grouper pour produire de grandes masses, ou plutôt étudier d'abord ces masses et les analyser en dernier lieu.

Plus d'une fois et depuis longtemps, on a cherché à inscrire le corps et les diverses parties qui le composent dans des figures géométriques; c'est, à mon avis, un mauvais système. Les figures adoptées ne sont jamais parfaites et ne serviraient, le plus souvent qu'à induire les élèves en erreur, qu'à leur donner des habitudes routinières, parce qu'ils croiraient pouvoir, en quelque sorte, remplacer l'étude de la nature par l'usage de la règle et du compas.

Il me semble préférable de décrire simplement les formes

des grandes masses du corps, ainsi que leurs contours.

Vu de face, le corps humain est circonscrit par de belles et flexueuses lignes d'une simplicité remarquable. D'abord, l'ovoïde de la tête, dont la grosse extrémité est supérieure; puis les deux lignes du col, produites par la saillie des muscles sterno-mastoïdiens et dirigées comme ces muscles, de haut en bas, d'arrière en avant et de dehors en dedans. Viennent ensuite les bords supérieurs des trapèzes, qui se portent en bas et en dehors, en s'arrondissant au niveau des épaules pour dessiner les contours des deltoïdes, et en formant une courbe qui s'arrête à peu près à la partie moyenne du bras. Le membre supérieur est limité des deux côtés par deux grandes lignes légèrement sinueuses et presque parallèles dans leurs parties supérieures, s'écartant au-dessous du coude pour suivre le renflement de l'avant-bras et se rapprochant ensuite jusqu'au poignet, où elles s'éloignent brusquement l'une de l'autre et dessinent les appendices de la main. Si nous suivons les contours du torse, nous le verrons profilé par deux lignes partant des aisselles et dirigées obliquement de haut en bas et de dehors en dedans, jusqu'au niveau des dernières côtes; là, elles commencent à diverger et se prolongent ainsi jusqu'aux crêtes iliaques.

La forme générale de la cuisse est celle d'un cône renversé; mais des deux lignes qui profilent ce cône, l'une part de la crête iliaque, se porte en dehors et ne commence à se diriger en dedans qu'à la hauteur du pubis, où l'autre ligne prend naissance. Celle-ci se dirige également en dedans et forme, au niveau du genou, un léger renflement qui dessine les extrémités articulaires des os. La ligne interne, d'abord convexe et inclinée de dedans en dehors, se déprime légèrement avant d'accuser la présence sous-cutanée des condyles. Alors les deux lignes s'écartent pour circonscrire le mollet et se rapprocher enfin, jusqu'à ce que, parvenues à quelque distance des malléoles, elles s'écartent encore, s'arrondissent sur les deux chevilles et disparaissent derrière le pied, dont la partie antérieure les masque entièrement.

La silhouette du corps humain est tout aussi simple lorsqu'on l'examine de profil. D'abord l'ovoïde céphalique allongé d'arrière en avant, renflé et arrondi en haut et en arrière, saillant en bas et en avant où il forme le menton; puis le col dont le larynx soulève la ligne antérieure, tandis que l'extrémité inférieure des cordes sterno-mastoïdiennes qui se portent en avant la continuent jusqu'à la partie antérieure de la poitrine. La ligne postérieure, plus longue de moitié, prend naissance à l'occiput, au niveau de l'apophyse mastoïde, se contourne en arrière et se prolonge jusqu'à l'épine de l'omoplate.

Une grande courbe à convexité antérieure, s'étendant depuis l'extrémité inférieure des sterno-mastoïdiens jusqu'au pubis, limite le tronc en avant. En arrière, nous voyons également une ligne courbe naître de l'épine scapulaire et venir se terminer au-dessous de l'angle inférieur de l'omoplate, puis se replier en avant pour se porter ensuite en bas et encore en avant, jusqu'au niveau de l'ombilic; elle se courbe alors assez brusquement en arrière et dessine la saillie prononcée des fesses. De profil comme de face, la cuisse est conique; sa limite postérieure est tracée depuis la fesse jusqu'au-dessus du genou. Antérieurement, la ligne crurale convexe en avant commence à l'épine iliaque supérieure et se termine au-dessus du genou, un peu plus haut que la ligne postérieure. Le profil du genou est dessiné par une ligne brisée oblique de haut en bas et d'arrière en avant, puis verticale et enfin oblique de haut en bas et d'avant en arrière. A la saillie rotulienne succède la courbe tibiale, convexe en avant et continuée en bas par le cou-de-pied ; cette ligne sinueuse devient d'abord oblique de haut en bas et d'arrière en avant, presque horizontale sur les orteils.

En arrière, une autre ligne à convexité prononcée et faisant suite au creux du jarret décrit le renflement du mollet, le méplat et la saillie du tendon d'Achille, vient contourner le calcanéum au talon et se continue presque horizontalement jusqu'à l'extrémité des orteils. Si l'on examine la partie interne du pied, le profil dessine une courbe en forme d'S, terminée en avant et à partir de la base du premier orteil par une ligne horizontale.

La silhouette du corps vu de dos est à peu près semblable à celle que nous avons décrite pour la face antérieure, à l'exception du renflement produit par l'extrémité inférieure du tendon d'Achille et par le calcanéum.

Peut-être pensera-t-on qu'il n'était pas nécessaire de s'arrêter à la description précédente ; pourquoi tracer une silhouette que les élèves dessineront sans peine d'après le modèle ? D'ailleurs cette description est incomplète, me dira-t-on ; vous dessinez à trop grands traits, vous ne faites qu'une ébauche, tous les détails sont négligés. Je m'attends à tous ces reproches mais je ne les crois pas fondés. En décrivant les contours du modèle, je n'ai eu d'autre but que d'attirer l'attention des élèves sur les éléments de la forme générale ; lorsqu'ils auront appris à tracer une figure à l'aide de quelques grandes et simples lignes, ils pourront donner toute leur attention aux détails. Ne voit-on pas le statuaire dégrossir d'abord le bloc, indiquer les grands contours, modeler les masses principales et terminer enfin par la ciselure de ces formes variées, de ces détails délicats qui amollissent en quelque sorte le marbre et lui donnent l'élasticité, la souplesse de la vie ?

J'ai donc indiqué aux élèves les traits principaux sur lesquels ils devront porter d'abord leur attention, et je l'ai fait de la manière la plus élémentaire, parce que je n'écris pas un traité du dessin, mais des formes, et qu'après les généralités, viendront les détails, lorsque je m'occuperai des formes en particulier.

Quelques remarques sur l'aspect de la peau se placent naturellement après la description des contours. Les saillies, les dépressions, les plis, les sillons répartis sur toute l'envelope dermoïde, jouent un grand rôle dans la production des teintes. La couleur de la peau n'est pas uniforme, elle varie dans les différentes régions, et souvent le changement de coloration n'est dû qu'à un état accidentel du tissu cutané. Fine et veloutée, blanche et rose, la peau des enfants ne présente guère d'autres plis que ceux des articulations, d'autant plus prononcés que la graisse est plus abondante. Chez la femme elle conserve presque la même délicatesse, mais les plis s'harmonisent, ils ne sont plus bordés par des espèces de bourrelets ; les poils viennent ombrager certaines parties, les rides ou plis papillaires et ceux produits par les mouvements se prononcent davantage ; ces accidents détruisent l'uniformité des surfaces et déterminent des jeux de lumière et de coloration parfois d'une grande richesse. Mais c'est chez l'adulte surtout qu'il faut étudier l'enveloppe extérieure. Le développement du système pileux est remarquable chez certains sujets, principalement chez les bruns. La barbe imprime à la face un caractère de force, d'énergie et de puissance, qui dénote la supériorité de l'homme sur tous les êtres animés. Plusieurs régions du corps se couvrent également de poils; la poitrine, le ventre, le pubis, la partie externe des membres supérieurs, les cuisses et les jambes; parfois même la nature bizarre se plaît à revêtir l'homme d'une véritable toison, comme pour rabattre son orgueil et lui rappeler qu'il ne doit sa royauté qu'à son intelligence.

Des plis de différents genres sillonnent la peau de l'adulte. Lorsqu'ils proviennent des contractions musculaires, ils sont perpendiculaires aux muscles et croisent leur direction ; les rides passagères du front, de l'angle externe des paupières, des joues, de la bouche, appartiennent à cette première catégorie ; daus la deuxième, se rangent les plis que l'on remarque au niveau de toutes les articulations et là où les mouvements s'exécutent toujours dans le même sens, ainsi qu'on le voit dans la paume de la main et à l'angle externe de l'œil chez les individus qui rient souvent et contractent la peau de cette région. Ces plis s'effacent en partie pendant l'extension ou la flexion, lorsque les jointures forment des angles sail-

-lants, comme au coude, au genou, aux phalanges, etc.
La peau se tend au niveau des articulations ; comprimés
par les extrémités articulaires, les vaisseaux capillaires
se vident et le tégument blanchit pour reprendre sa coloration première et ses nombreuses rides, lorsque le membre est abandonné à lui-même.

Nous placerons en dernier lieu les rides papillaires
très-apparentes à la plante du pied, dans la paume de la
main et sur les doigts.

A la vigueur, à l'énergie de l'âge adulte, à cette vita-
lité puissante, succèdent bientôt la faiblesse, l'inertie,
l'anéantissement de la vieillesse ; alors l'homme se voit
dépouiller peu à peu de tous ces dons qui le rendaient
si fier. Sa chevelure devient chaque jour plus rare ; si
parfois il la conserve, c'est pour la voir blanchir et l'aver-
tir que sa fin approche ; les rides passagères se gravent
d'une manière indélébile ; la graisse sous-cutanée disparaît en partie ; la peau, privée de sa contractilité, ne peut
revenir sur elle-même et reste pendante ou plissée, en
même temps qu'elle se couvre d'une teinte blafarde et
terreuse, comme pour s'harmoniser d'avance avec sa de-
meure dernière.

Sans aucun doute, l'artiste ne reproduira pas toutes
les rides et tous les plis de la peau, mais il cherchera à
rendre l'effet de coloration qu'ils produisent ; il devra
donc les étudier en même temps que les formes.

La peau présente encore des variations de teinte
dues à d'autres causes. Elle est blanche et unie au
front, au nez, au menton, au cou, etc.; colorée aux joues,
aux lèvres, dans la paume des mains ; généralement plus

brune au bas-ventre et à la partie supérieure et postérieure des cuisses, ainsi qu'au col, lorsqu'il est exposé
aux influences atmosphériques; plus brune encore à la
partie externe qu'à la partie interne des membres, et surtout sur le dos des mains; lisse en certains points, au col,
à la poitrine, sur le dos, au ventre, sur la surface antérieure des bras et interne des membres inférieurs ; rugueuse et hérissée de saillies papillaires et épidermiques
à la partie postérieure des bras, externe des cuisses et
sur les fesses. Il va sans dire que les régions rugueuses
réfléchissant à peine la lumière, ont un ton mat et plus
solide que les parties lisses auxquelles la réflexion lumi-
neuse donne un brillant et une espèce de transparence,
remarquable surtout chez les femmes.

L'influence des professions et de la position sociale des
individus se manifeste d'une manière bien tranchée à
la surface du tégument.

Les gens riches, élevés dans l'indolence, tous ceux qui
estiment l'enveloppe matérielle bien plus qu'ils ne culti-
vent leurs facultés intellectuelles, ont généralement la
peau d'une blancheur éblouissante, ou bien, si la nature
l'a douée de la brune et voluptueuse teinte des carnations
méridionales, elle est lisse, polie, et la violence des passions ou la débauche ont seules le pouvoir d'y creuser
quelques rides.

Les hommes qui s'occupent de travaux intellectuels se
distinguent généralement des oisifs par les rides préma-
turées qui sillonnent leur front et s'étendent bientôt sur
d'autres parties de la face; le coloris des joues ne tarde
pas à s'effacer; souvent encore, à peine ont-ils parcouru

le tiers de leur existence, que leurs cheveux tombent ou blanchissent rapidement. Les passions vives, les violents chagrins, les remords impitoyables, toutes les souffrances physiques ou morales, se traduisent par les mêmes symptômes.

Séquestré dans une prison obscure, le prisonnier s'étiole, sa peau revêt une teinte blafarde. Condamné aux rudes travaux des champs, le laboureur est bronzé par le soleil, non-seulement à la face, mais encore sur toutes les parties du corps exposées aux rayons solaires lorsqu'il se dépouille d'une partie de ses vêtements pour accomplir sa tâche quotidienne. Si des rides profondes sillonnent son front, elles proviennent des contractions fréquentes pendant le travail, ainsi que du rictus astucieux habituel au paysan. Ses mains se plissent et se gercent au contact journalier de la terre, leur paume acquiert la dureté de la corne par le rude maniement des instruments aratoires. Les malheureux qui passent une partie de leur existence dans des caves, desséchés, pour ainsi dire, par un ardent foyer, forcés de geindre et de faire des efforts continuels en préparant la plus essentielle des substances alimentaires : voyez-les, quand à leur pénible labeur succèdent quelques instants de repos; sont-ce des hommes ou des ombres? Cette peau crispée et sans couleur, ces cheveux grisonnants, cette maigreur morbide, ils les doivent à leur triste profession, trop souvent aidée par l'abus des boissons alcooliques.

Ces exemples me semblent suffisants pour démontrer l'influence des agents extérieurs et de l'état social sur le tégument; je n'ai rien dit des influences climatériques;

j'ai omis à dessein de toucher à la question importante de la coloration de la peau et des cheveux des différents peuples, parce que j'aurais été entraîné trop loin, bien au delà du but que je me suis proposé.

Après avoir étudié l'enveloppe extérieure de l'homme, cherchons à nous rendre compte de l'origine, de la cause des formes.

Les différentes parties dures ou molles que recouvre la peau, n'étant pas toutes situées sur le même plan et ne formant pas une surface unie et partout continue, doivent nécessairement se traduire à la surface du corps par des éminences, des dépressions, des méplats plus ou moins prononcés; c'est en effet ce qui a lieu; mais ces différentes parties ne sont pas toujours immédiatement sous-jacentes à la peau; du tissu cellulaire, des aponévroses les en séparent habituellement; leurs formes doivent donc être modifiées, amoindries par ces couches intermédiaires, et d'ailleurs, la peau serait-elle simplement tendue sur les muscles et sur les os, que cela suffirait pour altérer les formes, parce que le tégument ne s'enfonçant pas dans toutes les dépressions souvent profondes, son épaisseur seule effacerait certains détails et en amplifierait d'autres. Aussi quelle différence entre le cadavre écorché et le cadavre encore intact! Ce qui a conduit parfois les artistes à l'exagération de la forme, c'est l'étude isolée du muscle, abstraction faite du tissu cellulaire et de la peau. Les peintres italiens qui succédèrent à Michel-Ange et voulurent imiter la manière du maître tombèrent presque tous dans cette exagération funeste. La connaissance parfaite de l'écorché ne suffit pas ; seule, elle induirait en erreur ; il faut étudier tous les éléments des formes ; aussi avons-nous toujours représenté à côté des os et des muscles le membre, la région recouverts de leur peau.

Les dépressions que l'on remarque à la surface du corps correspondent généralement à des os ou bien à des parties ligamenteuses ; presque toutes les saillies sont produites par des muscles. Il est facile de vérifier l'exactitude de cette proposition formulée pour la première fois, si je ne me trompe, par Gerdy. La cause en est bien simple : les muscles viennent s'attacher aux os, soit pour les mettre en mouvement, soit pour y prendre des points d'appui ; le même os donne insertion à plusieurs muscles, et ces masses charnues forment nécessairement des reliefs autour des parties osseuses. Il en est de même des parties ligamenteuses ou aponévrotiques sur lesquelles les muscles prennent insertion. Pendant la contraction musculaire, les dépressions se creusent d'autant plus que les muscles sont plus puissants ; mais quand les muscles se terminent par des tendons grêles et allongés, les os peuvent produire des saillies, et parfois on observe la forme osseuse à côté de la corde tendineuse. Quelques exemples sont nécessaires pour faire comprendre ce qui précède.

Le sillon creusé sur toute la longueur du sternum résulte des saillies que forment des deux côtés de la ligne médiane les muscles insérés sur cet os ; ce sillon se prolonge sur le ventre et indique les limites des muscles abdominaux qui viennent s'attacher à l'aponévrose commune. La profonde gouttière dorsale, le méplat de la partie inférieure et postérieure du bras, la

dépression de la crête iliaque, le méplat qui surmonte le genou, ceux des mollets, etc., etc., sont autant
d'exemples de cette disposition. Les saillies articulaires
des doigts, celles du poignet, de la rotule, des malléoles, etc., ne sont pas effacées ou converties en dépressions, parce qu'elles sont placées dans le voisinage de
tendons plats ou allongés.

Certaines formes subissent à peine quelques légères
modifications pendant les mouvements du corps; d'autres,
au contraire, prennent un nouvel aspect; j'appellerai les
premières : — formes constantes, les autres : — formes variables. Ainsi les protubérances crânienne, frontale, le sillon médian de la poitrine, les saillies claviculaires, le sillon
dorsal, ceux des crêtes iliaques, la crête tibiale, les éminences malléolaires et celle du talon, etc., etc., sont des
formes constantes, tandis que les saillies musculaires subissent toutes des modifications très-sensibles pendant la
contraction. Il est donc important d'acquérir une connaissance parfaite des formes constantes, parce qu'elles ser-
viront, en quelque manière, de guide pour la reproduction de celles qui les avoisinent, mais dont l'aspect varie
constamment.

Quelques formes musculaires sont encore modifiées par
les saillies des muscles profonds qui soulèvent en certains
points les muscles superficiels.

Je terminerai ce chapitre par l'exposition des divers
systèmes que l'on a proposés pour mesurer le corps de
l'homme et établir les rapports qui existent entre les
dimensions des parties dont il est composé. Toutefois,
avant d'aller plus loin, je déclare que de toutes ces mé-

thodes, celle de Jean Cousin, malgré ses défauts, me paraît encore la meilleure. J'ai longtemps caressé l'idée d'un système proportionnel plus exact, mais j'avouerai humblement qu'il m'a fallu renoncer à cette illusion.

Suivant Diodore de Sicile, les Égyptiens divisaient toute l'étendue du corps de l'homme en 21 parties 1/4 (1), mais je n'ai pu vérifier si cette division s'appliquait à l'anatomie ou à la statuaire. Polyclète cherchant à ramener les proportions variables à un type commun, exécuta une statue représentant un homme debout, portant une lance, et connue sous le nom de *canon de Polyclète*. De tout temps on a cherché à déterminer le plus exactement possible, les proportions du corps et je pourrais citer plus de trente auteurs qui ont écrit sur ce sujet à différentes époques; mais à quoi bon faire preuve d'une érudition sans utilité pour mes lecteurs; je me contenterai de leur faire connaître les systèmes les plus usités et dont ils pourront tirer le meilleur parti.

J'avouerai d'abord, qu'avec toute la bonne volonté du monde, je n'ai pu parvenir à déchiffrer l'obscur grimoire d'Albert Durer (2); c'est un livre curieux, plus intéressant pour les bibliomanes qu'utile aux artistes. Cependant je crois devoir signaler à l'attention de mes lecteurs une des dernières planches de cet ouvrage.

Albert Durer, après s'être ingénié à emprisonner le

(1) V. Fr. Junius, liv. III, ch. II, § 11, et ci-après l'analyse du travail de M. Ch. Blanc.

(2) Les quatre livres d'Albert Durer, peinctre et géométrien très-excellent, de la proportion des parties et pourtraicts des corps humains.

Traduicts par Loys Meigret, Lionnois, de langue latine en françoise. Arnhem, 1613.

corps humain dans une foule de figures géométriques, a imaginé de pratiquer sur l'homme plusieurs coupes horizontales en commençant par la tête, mais comme le dessin n'existe pas dans la planche, il m'est impossible d'indiquer le lieu de la section. La seconde coupe est pratiquée au niveau du menton ; la troisième, près des épaules ; la quatrième passe par les clavicules ou *os traversiers* ; la cinquième, par les mamelles ; la sixième, par la ceinture ; les septième, huitième, neuvième, dixième et onzième par la hanche, les fesses, les genoux, les chevilles et la plante du pied. Les silhouettes de ces coupes, superposées dans leur ordre naturel, donnent l'aspect assez singulier d'un corps vu par la plante des pieds. Bien qu'au premier abord cette opération ressemble tout simplement à une petite récréation optique, je pense que les élèves pourront en retirer quelque fruit ; aussi n'ai-je pas voulu faire reproduire la planche d'Albert Durer, afin que chaque artiste s'exerce lui-même à dessiner ces coupes qui lui donneront des indications utiles sur les diamètres antéro-postérieurs, transversaux et obliques des différentes régions et sur les rapports proportionnels qui existent entre toutes les parties saillantes ou déprimées du corps humain.

L'ouvrage de Gérard Audran (1) est beaucoup plus clair que le précédent ; ce graveur s'est occupé des proportions de quelques statues antiques, mais son travail manque de méthode, et d'ailleurs, on n'y trouve pas de

---

(1) *Proportions du corps humain mesurées sur les plus belles figures de l'antiquité*, 1683, in-folio.

règles positives, il se contente de mesurer des statues, sans tirer aucune conclusion de ses recherches. Lorsqu'il vous a dit que la tête se divise en 4 parties, les parties en 12 minutes, les minutes en 1/2, 1/3 et 1/4 de minute ; quand il a dessiné quelques beaux types et qu'il les a mesurés du sommet de la tête à la plante des pieds, il n'a plus rien à vous apprendre et vous laisse tout à faire. Y a-t-il en vérité un grand mérite à nous révéler que Laocoon a 7 têtes 2 parties 3 minutes de hauteur ; l'hercule Farnèse, 7 têtes 3 parties 7 minutes ; l'Antinoüs, 7 têtes 2 parties, etc., etc. Gérard Audran n'a donc fait que mesurer des types remarquables, mais il n'a pas établi un véritable système de proportions.

Le livre de Jean Cousin (1) est conçu dans un tout autre esprit. S'il a donné, à la fin de l'ouvrage, les proportions de quelques figures antiques, c'est après avoir enseigné les règles générales de ces proportions ; c'est après avoir trouvé des mesures applicables à toute l'espèce, qu'il en fait des applications particulières ; aussi ce système a-t-il prévalu. Les principes de Jean Cousin sont généralement suivis dans nos écoles ; je n'ai pas cru devoir m'en écarter en écrivant un ouvrage destiné aux élèves.

Je vais donc transcrire exactement le système de Jean Cousin, en observant toutefois un autre ordre. L'auteur commence par les proportions des diverses parties de la face, je donnerai d'abord les proportions générales du corps.

La hauteur du corps, depuis le sommet de la tête

(1) *L'art de desseigner*, de maistre Jean Cousin ; Paris, achevé d'imprimer le 25 avril 1685, petit in-4° oblong.

jusqu'à la plante des pieds, est de 8 têtes (1), cette division se fait de la manière suivante :

Du sommet de la tête, à la partie inférieure du menton.... 1 tête.
De la partie inférieure du menton, aux mamelons .... 1 —
Des mamelons, au nombril........................... 1 tête.
Du nombril, aux parties génitales .... 1 —
Des parties génitales, à la partie moyenne de la cuisse.... 1 —
Du milieu de la cuisse, au genou..................... 1 —
Du genou, au-dessous du mollet .... 1 —
De dessous le mollet au talon (2).. .... 1 —

La tête se divise en quatre parties égales :

Du sommet de la tête, à la naissance des cheveux........ 1 partie.
De la naissance des cheveux, à la racine du nez.......... 1 —
De la racine du nez, à la partie inférieure de cet organe... 1 —
De la partie inférieure du nez, à la partie inférieure du menton................................... 1 —
Une cinquième partie comprend la longueur du col jusqu'à la fossette sus-sternale.
En mesurant le membre supérieur depuis l'articulation de l'épaule jusqu'à celle du poignet, on trouve.......... 2 têtes.
Du poignet, à l'extrémité du médius................... 1 tête.
Le membre inférieur, mesuré depuis les parties génitales jusqu'à la plante du pied, égale................... 4 têtes.

Les mains ont la même longueur que la face et se divi-

(1) On compte également 8 têtes, de l'extrémité du doigt médius d'une main, à la même extrémité de la main opposée, lorsque les bras sont étendus. Les variations de hauteur du corps humain, tiennent principalement à la différence de longueur des membres abdominaux.

(2) J. Cousin donne la longueur du tronc à part. — En avant, le tronc a 3 têtes depuis les épaules jusqu'aux parties génitales ; des épaules au mamelon, 1 tête ; du mamelon au nombril, 1 tête ; du nombril aux parties génitales, 1 tête. — En arrière, des épaules à l'angle inférieur de l'omoplate, 1 tête ; de cet angle aux hanches, 1 tête ; des hanches aux fesses, 1 tête.

sent en trois longueurs de nez, plus une longueur pour
le poignet. Le premier doigt se termine au niveau de la
partie moyenne de la dernière phalange du médius ; le
troisième doigt, au tiers supérieur de cette même phalange ; l'auriculaire s'étend jusqu'à la dernière articulation de l'annulaire, et le pouce, jusqu'à la première articulation de l'index.

La longueur du pied, vu de profil, est de 4 nez ou
1 tête. On le divise en trois parties égales au diamètre
du bas de la jambe. Du cou-de-pied à l'articulation méta-
carpo-phalangienne du gros orteil, on compte une partie
2/3. Le pied étant égal à 4 parties, le petit orteil prend
naissance au dernier tiers de la troisième partie et ne
dépasse pas la moitié de la phalange du gros orteil. Les
orteils suivants augmentent progressivement de la longueur de l'ongle.

Telles sont les proportions de longueur indiquées par
Jean Cousin ; voyons maintenant comment il mesure le
corps suivant sa largeur et son épaisseur.

Il divise la ligne qui passe devant les yeux, en 5 parties
égales ; les yeux occupent la 2e et la 4e, le nez la 3e.

L'œil est lui-même divisé en 3 parties dont la moyenne
comprend la cornée transparente ; l'ouverture des paupières est égale à une de ces parties.

Sur le milieu de la troisième ligne qui partage la hauteur de la face, le nez occupe un espace égal à la largeur
de l'œil ; de profil il est plus étroit d'un quart ; les
narines égalent en longueur la moitié de la largeur
du nez. La bouche a un œil et demi de largeur ; la
hauteur de la lèvre supérieure est égale au huitième

de sa longueur; celle de l'inférieure, au cinquième (1).

L'oreille s'étend de la ligne des yeux jusqu'à celle du nez, elle est moins large de moitié.

De face, le cou, pris à la hauteur de la ligne du nez, a une demi-tête de largeur, il est deux fois aussi large au niveau de la fossette sus-sternale ; à la naissance des épaules, sa largeur est de la moitié des cinq parties qui servent à diviser la longueur de la tête et du col.

On compte deux têtes d'une épaule à l'autre ; le diamètre des hanches vis-à-vis du nombril, ainsi que l'écartement des trochanters, est de 6 parties.

De profil, on trouve 5 parties de l'épaule au mamelon, au niveau du nombril, une tête, au-dessous de la fesse, 4 parties et demie.

En avant et au coude, le bras a un tiers de tête de largeur, une partie au poignet et trois quarts de partie à l'articulation. En dedans et en dehors, l'épaisseur du bras est de 2 parties vers l'épaule, de une partie et deux tiers au coude, de un tiers de tête au-dessous du coude (2) et d'une partie au poignet (3).

A la hauteur des parties génitales, le diamètre transversal de la cuisse est de trois parties ; le milieu du membre a deux parties deux tiers de large, le genou, une partie et trois quarts ; la jambe, à la

---

(1) On retrouve ici quelques mesures de hauteur ou de longueur que je n'ai pu séparer des mesures de largeur.

(2) Jean Cousin commet sans doute une erreur en disant qu'en ce point le bras a trois parties de tête ; peut-être n'est-ce qu'une faute d'impression.

(3) L'auteur divise transversalement le poignet en quatre parties égales, et n'en donne que trois à la même région vue de profil.

hauteur du mollet, a deux parties un quart; sous le mollet, une partie trois quarts; au-dessous de la cheville, une partie.

En dedans comme en dehors, le haut de la cuisse a trois parties et un quart; le milieu du membre, trois parties; le genou, le mollet et le dessous du mollet ont les mêmes dimensions qu'en avant, et la région située au-dessus de la cheville a un tiers de tête de largeur.

Le diamètre de l'avant-pied est de une partie deux tiers; on divise ce diamètre en trois parties égales : la première comprend le gros orteil; la seconde, les deux suivants, et la troisième, les deux derniers.

Par derrière, le bas de la jambe, au-dessus de la cheville, et la région postérieure du pied ont tous deux une partie de largeur.

De profil, on trouve une partie et demie, de la plante du pied au cou-de-pied, vers la jonction du pied avec la jambe.

Les grandes divisions sont les mêmes pour la femme que pour l'homme, mais on ne compte chez la femme que six parties d'une épaule à l'autre, et cinq parties à la ceinture, tandis que le diamètre des hanches est de deux têtes.

De profil, le diamètre antéro-postérieur du tronc, au niveau des mamelles et des hanches, est de cinq parties; ceux de la ceinture et de la cuisse au-dessous de la fesse, d'une tête. Le genou a le même diamètre que le cou, c'est-à-dire une partie cinq sixièmes. Le poignet et la jambe, au-dessus de la cheville, ont la largeur de la moitié du col.

Jean Cousin recommande de donner à la taille de la femme une partie de longueur de moins qu'à celle de l'homme.

L'enfant a cinq parties de la femme ou cinq têtes de hauteur ; trois du sommet du crâne aux parties génitales, deux pour les membres inférieurs. Le nombril est placé trois parties et demie de tête au-dessous du mamelon, et le pli inférieur du ventre, une demi-tête au-dessous du nombril. Le pied mesure la distance qui sépare la naissance des cheveux, de la bouche, ou deux parties un tiers de la tête. La main a deux parties et demie de tête en longueur. Le diamètre des épaules est d'une tête ainsi que celui de la ceinture. De profil, on compte quatre parties et demie de tête à la ceinture, une tête aux hanches, trois parties de tête aux aisselles. Le haut de la cuisse vue de face a un diamètre d'*un tiers de deux têtes* (1), et de trois parties et demie de tête, vue de profil. Le genou a deux cinquièmes de tête, la jambe, au-dessus de la cheville, égale en largeur la moitié du cou ; l'avant-pied est large comme le genou. Le poignet a la largeur de la cinquième partie d'une tête (2).

Gerdy a fait subir quelques modifications à ce système de proportions, ou plutôt il l'a complété. Regrettant de ne pouvoir transcrire tout le chapitre où le savant professeur a consigné les résultats de ses recher-

(1) Je copie Jean Cousin.

(2) Ces proportions indiquées par J. Cousin, sont celles d'un enfant d'environ trois ans. De 3 à 4 ans, la hauteur totale est de 5 têtes 1/2, de 8 à 9, 6 têtes ; de 12 à 15, 6 têtes 1/2 ; de 15 à 17, 7 têtes.

ches, je ne puis cependant me dispenser d'en donner le résumé (1).

« La hauteur du corps étant divisée en huit parties égales, la première comprend la tête, la seconde se prolonge jusqu'au mamelon, la troisième finit au nombril, la quatrième aux organes génitaux, la cinquième au milieu de la cuisse, la sixième sous le genou, la septième au milieu de la jambe, et la huitième s'étend jusqu'à la plante du pied. »

« La tête se subdivise en quatre parties égales dans sa hauteur ; savoir : son sommet couvert de cheveux, le front, le nez, et enfin, la région qui vient au-dessous et comprend la bouche et le menton. Ces parties servent de mesures comparatives pour les autres fractions du corps, et on les désigne sous le nom de *parties*. »

« La tête a trois parties de largeur, quatre d'épaisseur. Le milieu de la ligne d'épaisseur, pour la tête, répond immédiatement au devant de l'oreille. »

« La face a trois parties de hauteur, deux et demie de largeur. »

« Le cou est d'une partie, c'est-à-dire d'un tiers moins large que la tête, et de deux parties moins épais. »

« La poitrine a cinq parties de largeur sous les mamelles, six au-dessous de l'aisselle, et, par conséquent, dans son point le plus large, trois de plus que la tête. Elle a cinq parties d'épaisseur au niveau de l'épaule, quatre et demie au-dessous, par conséquent, une de plus que la tête. »

(1) *Anatomie des formes extérieures du corps humain, etc.*, par P. N. Gerdy, p. 318.

« Le ventre a cinq parties de largeur au niveau du pli du flanc, et environ quatre d'épaisseur vis-à-vis le nombril. »

« Le bassin a quatre à cinq parties de hauteur, de la hanche au pli de la fesse, il en a six de largeur aux hanches, et par conséquent, autant que la poitrine sous les aisselles ; il en a de quatre à cinq d'épaisseur au niveau du pubis, par conséquent encore, autant que la poitrine. »

« Le membre supérieur a cinq parties de longueur jusqu'au coude, quatre jusqu'au-dessus du poignet, et quatre jusqu'au bout des doigts. »

« Il y a une partie et demie de largeur, et deux d'épaisseur au bras ; une et demie d'épaisseur, et deux de largeur à l'avant-bras ; enfin, deux parties de largeur à la main. »

« Le membre inférieur en a trois d'épaisseur et de largeur à la cuisse, une et demie au-dessous du genou, deux au moins au mollet, et quatre de longueur au pied. »

Dans son grand traité de la peinture, M. de Montabert a cherché à simplifier les procédés métriques employés jusqu'à ce jour (1). L'espace me manque pour donner complétement ce nouveau système ; je me bornerai à transcrire la division de la hauteur du corps.

De même que ses devanciers, M. de Montabert partage la tête en quatre parties ; il divise ensuite la hauteur totale de l'homme en 100 parties égales ; le pubis corres-

____

(1) *Traité de la peinture*, t. V.

pond à la cinquantième division. Les différentes régions du corps se mesurent ainsi qu'il suit, en procédant de bas en haut.

	centièmes
Du sol au centre de la malléole interne.............	5 centièmes.
— au bas de gémeaux.........	15 —
— au milieu de la rotule....................	28 —
— au plus haut de la crête du bassin	56 —
— au nombril.....................	58 3/4 —
— au haut de l'arcade des côtes, sous le cartilage xiphoïde	69 —
— aux bouts des seins.....................	72 —
— au pli de l'aisselle	75 —
— à la fossette du cou.....................	81 1/2 —
— au haut des épaules, au niveau de l'acromion...	81 1/2 —
— au milieu de la bosse du cou, vers la section des épaules sur le cou....................	84 —
Longueur du cou :....................	5 —
Du sol au bout du nez....................	90 —
— au sommet de la tête....................	100 —
Hauteur du pied, à la partie voûtée du tarse.........	3 1/2 —
Longueur du bras, de l'acromion à la saignée........	19 —
Longueur du bras de l'acromion aux extrémités des doigts	43 —
Longueur de la main, une face ou................	10 —
Longueur du médius	4 1/2 —
Longueur de la tête...................	13 1/4 —

La table précédente suffit pour faire comprendre le système de M. de Montabert. Sa division en centièmes me semble avoir tous les défauts que l'on reproche aux autres, et de plus, elle a l'inconvénient d'obliger l'artiste à faire une nouvelle division pour chaque sujet, tandis que par l'ancien procédé, chaque modèle porte avec lui son échelle de proportion ou les termes de comparaison.

En résumé, le système métrique imaginé par Jean

Cousin est le plus simple, le plus commode et le plus naturel ; s'il n'est pas toujours d'une exactitude irréprochable, il faut s'en prendre aux variations que présentent les individus, il faut en accuser la nature qui ne soumettra jamais ses caprices à la volonté de l'homme.

La division de la hauteur du corps en huit têtes, par exemple, ne supporte presque jamais l'épreuve de la vérification sur le sujet vivant. La proportion que j'ai rencontrée le plus communément, est de 7 têtes, 7 têtes 1/4, et beaucoup plus rarement, 7 têtes 1/2. Il est vrai que J. Cousin a pu se laisser influencer par l'étude des statues grecques dont la tête est toujours petite, soit parce que cette conformation se rencontrait fréquemment chez les modèles, soit parce qu'elle offrait aux artistes un moyen de donner à leurs statues plus de grâce et d'élégance.

M. Ch. Blanc publia, en 1860, dans la *Gazette des beaux-arts* (1), un article du plus haut intérêt, sur le *canon des Égyptiens*. Nous croyons rendre un véritable service aux artistes en leur donnant un aperçu de ce remarquable travail.

Suivant Diodore de Sicile, les Égyptiens réclamaient comme leurs disciples les plus anciens sculpteurs grecs, surtout Téléclès et Théodore, les fils de Rhaecus, qui exécutèrent pour les habitants de Samos la statue de l'Apollon Pythien.

Le même auteur prétendait que les Égyptiens divi-

---

(1) 15 août 1860. *Grammaire historique des arts du dessin. — Des proportions du corps humain.*

saient le corps humain en *vingt et une parties et un quart*. La fraction rend cette division inapplicable dans la pratique et fait pressentir une erreur.

Vitruve, contemporain de Diodore, imagina le système de proportions auquel se sont rattachés, depuis, presque tous les auteurs qui ont traité cette question (1).

Selon Chrysostôme Martinez, anatomiste du XVIIIᵉ siècle, les os de la main sont les seuls qui croissent toujours dans la même proportion, par conséquent, la main garde toujours le même rapport de longueur avec l'ensemble du corps. « Cette observation, dit M. Ch. Blanc, a été pour nous un trait de lumière : si les os de la main conservaient avec le corps une relation invariable, il était à présumer que les prêtres de l'antique Égypte, qui connaissaient si profondément les lois de la nature, avaient choisi leur unité de mesure dans la main. Et cela était d'autant plus vraisemblable que la main, regardée de tout temps comme l'image du caractère moral, comme l'interprète immédiat de l'âme, avait une importance philosophique dans la science mystérieuse d'Hermès. Cependant, la main étant trop grande pour servir de diviseur à tous les membres, on pouvait croire que l'un des cinq doigts était l'unité de mesure, et, dans ce cas, c'était le

(1) Vitruve, prenant pour centre le nombril de l'homme couché, les pieds et les mains étendus, décrit un cercle dont la circonférence « touchera l'extrémité des doigts des mains et des pieds. Et comme le corps ainsi étendu a rapport avec un cercle, on trouvera qu'il a de même rapport avec un quarré ; car si l'on prend la distance qu'il y a de l'extrémité des pieds à celle de la tête et qu'on la rapporte à celle des mains étendues, on trouvera que la largeur et la longueur sont pareilles, comme elles sont en un quarré fait à l'équerre. »

médius qui avait dû être choisi, parce que le médius était, pour les initiés au symbolisme antique, le doigt de la destinée, comme il est pour les chiromanciens originaires de l'Égypte, le doigt de Saturne.

» Ce pressentiment nous guidait lorsqu'on nous a montré, sur notre demande, dans les vitraux du musée égyptien, au Louvre, des bustes de rois et de reines, sur lesquels sont tracés, en hauteur et en largeur, des divisions qui se coupent à angles droits et forment des carrés. Ces lignes, jusqu'à présent inexpliquées, étaient considérées par les uns comme représentant le *canon* égyptien, c'est-à-dire la règle même des proportions ; par les autres, tout simplement comme une *mise au carreau* (1). »

Sur l'indication des conservateurs du musée égyptien, M. Ch. Blanc consulta un ouvrage publié en 1852 à Leipzig, par M. Lepsius, intitulé *Choix de monuments funéraires*, et découvrit parmi les figures gravées — l'expression figurative du canon égyptien. — « Le personnage dont le corps est ainsi divisé en dix-neuf parties, tient une clef de la main droite, et il laisse tomber le long de sa cuisse sa main gauche étendue. Mais tandis que la huitième division, à partir du sol, est justement à la hauteur de la main droite fermée, la septième touche précisément l'extrémité de la main gauche ouverte, c'est à dire le bout du médius (2). »

Cette figure fournissait donc à la fois et l'unité de mesure du corps humain, représentée par la longueur du médius, prise depuis son articulation métacarpienne

(1) *Grammaire histor. des arts du dessin.*
(2) *Loc. cit.*

21 . . . .

20 . . . .

19. Le sommet du crâne . . . .

18. Les frontaux . . . .

17. La base du nez . . . .

16. La pomme d'Adam, l'os hyoïde. . . . .

15 . . . .

14. Les pectoraux . . . .

13 . . . .

12. Les saignées, les hanches. . . . . . .

11. Le nombril. . . . .

10. Le bas du ventre . . . .
                Milieu de la figure.
 9. L'attache du poignet. . . . .

 8. L'articulation du médius . . . .

 7. L'extrémité du médius. . . . .

 6. Le haut de la rotule . . . .

 5. Le bas de la rotule . . . .

 4 . . . .

 3. Le rentrant du mollet . . . .

 2 . . . .

 1. L'attache du pied. . . . .

 0 . . . .

LE CANON ÉGYPTIEN DES PROPORTIONS DE L'HOMME.

jusqu'à son extrémité ; et l'explication de l'erreur commise par Diodore, lorsqu'il divisait le corps humain en vingt et une parties et un quart. On voit, en effet, que la coiffure dépasse d'un quart la vingt et unième division, tandis que le sommet du crâne touche la dix-neuvième (1).

Voici donc retrouvé le fameux *Canon* cité traditionnellement par tous les auteurs. Les fils de Rhaecus, Téléclès et Théodore, l'avaient rapporté d'Égypte en Grèce, et trois cents ans plus tard, au cinquième siècle avant notre ère, Polyclète, contemporain de Phidias, exécuta, d'après l'étalon des Égyptiens, une statue de marbre représentant un *doryphore* ou garde du roi de Perse, armé d'une lance. Cette statue était la mise en pratique de son traité sur les proportions ; aussi lui donna-t-il le même nom qu'au traité : — le *Canon* — ou la règle absolue.

M. Ch. Blanc ne s'arrête pas en si beau chemin ; il veut trouver la loi des proportions du type de Polyclète, et admirablement servi par son érudition, il découvre un passage de Galien, ou plutôt il en donne une version plus exacte, de laquelle résulte la preuve que le *doigt* était le point de départ de toutes les mesures de Polyclète.

Voici, d'après M. Ch. Blanc, la traduction du ce curieux passage.

« Il pense, dit Galien (en parlant de Chrysippe), que la

______

(1) Dans la figure, le crâne est représenté par une ligne ponctuée ; existe-t-elle ainsi dans l'ouvrage de M. Lepsius, que je n'ai pu consulter ; ou bien, est-ce une indication ajoutée par M. Ch. Blanc ? Je ferai la même question au sujet de la légende placée en regard de la figure.

beauté consiste non dans la convenance des éléments, mais dans l'harmonie des membres, savoir, dans le rapport du *doigt* avec le *doigt*, des doigts avec le métacarpe et le carpe, de ces parties avec le cubitus, du cubitus avec le bras, et de tous ces membres avec l'ensemble du corps, *ainsi qu'il est écrit dans le canon de Polyclète* (1). »

Vraiment, c'est jouer de bonheur ! Rencontrer à la fois le *canon* et un certificat aussi respectable ! Certes, lorsque M. Blanc, à propos de sa découverte, nous dit avec autant d'esprit que de justesse : — « Une vérité appartient à celui qui la prouve, au moins autant qu'à celui qui la trouve ; » — il peut être sûr de ne pas rencontrer de contradicteurs.

En mesurant, au Louvre, la statue d'Achille, M. Blanc a reconnu l'exactitude du *canon*. « L'*Achille* considéré par Visconti comme un ouvrage d'Alcamène, élève de Phidias, ou du moins comme une imitation antique de l'*Achille* en bronze d'Alcamène, est une statue dont l'original est tout à fait contemporain de Polyclète, puisque ce maître, plus jeune que Phidias, devait avoir le même âge, à peu près, que les élèves de son rival. » La hauteur totale de cette statue est de 2 mètres 35 millimètres. En retranchant l'épaisseur et les reliefs du cas-

---

(1) Voici la traduction latine du texte grec : — Pulchritudinem vero non in elementorum sed in membrorum congruentiâ, *digiti* videlicet ad *digitum*, digitorumque omnium ad palmam et ad manus articulum, et horum ad cubitum, cubiti ad brachium, omnium denique ad omnia positam esse censet; perinde atque in Polycleti normâ litteris mandatum conspicitur. (Galien, *De Hippocratis et Platonis decretis*, liv. V, p. 255, édit. in-fol. Venise, 1565.)

que, il ne reste plus que 2 mètres, et pour regagner les 35 millimètres, il faudra supposer la tête relevée et la figure droite. Le médius a 107 millimètres de long, qui multipliés par 19, donnent $2^m,033$; l'erreur n'est donc que de 2 millimètres et l'on peut la négliger sans scrupule.

Mais cette exactitude, si remarquable lorsqu'il s'agit de longueurs déterminées par des os, est en défaut quand on mesure la distance qui sépare le nombril des pectoraux. L'auteur de la *Grammaire* s'exprime ainsi à cet égard :

« Si elle (cette distance) est moindre dans les marbres athéniens que dans la sculpture égyptienne, c'est que les Grecs, habiles à perfectionner les inventions du dehors, et modifiant avec un goût exquis la rigidité du *canon* qui leur venait d'une race svelte et mince, ont voulu agrandir la poitrine aux dépens des viscères de l'abdomen, et ménager ainsi sur les parties nobles un plus large plan de lumière. »

Lorsque M. Blanc cherche les *petites mesures* dans les phalanges de l'index, et qu'il indique celles de la face d'après le Vénitien Paolo Pino (1), je n'éprouve pas la même conviction. Les doigts égyptiens de pierre de touche sur lesquels sont tracées des divisions inégales, ne prouvent rien en faveur de ce système, car ces divi-

____

(1) Suivant Pino, du bout de l'index à la phalange moyenne, il y a la même distance que du menton à l'ouverture des lèvres, et cette longueur mesure également la bouche et les oreilles. La phalange unguéale de l'index détermine la longueur des yeux et, par conséquent, la distance qui les sépare, puisque cette distance doit être égale à un œil. Mais c'est le médius et non plus l'index, qui précise l'intervalle entre le nez et l'oreille.

sions n'ont évidemment d'autre but que d'indiquer les articulations.

Pour confirmer l'authenticité du *canon*, M. Ch. Blanc invoque l'autorité du conservateur du musée égyptien. M. de Rougé nous apprend « que dans l'écriture hiéro-glyphique, un doigt est toujours pris, soit comme le signe numéral, soit comme le symbole de l'unité. Deux doigts joints et non fléchis, le médius et l'index, signifient jus-tice, droit, règle et, par analogie, mesure, puisque la mesure est une règle matérielle, comme le droit est une règle morale (1). »

J'ajouterai que le plus grand nombre des statues égyp-tiennes ou des figures gravées sur les monuments, ont presque toujours au moins une de leurs mains étendue. Était-ce pour indiquer le pouvoir dont étaient investis les personnages représentés, pouvoir qui doit être insé-parable de la justice ? ou bien l'artiste voulait-il prouver l'exactitude et la perfection de son œuvre en mettant en évidence l'unité de proportion ?

Nous resterons encore incrédule en présence du lion dessiné sur un réticule et copié dans le même ouvrage de Lepsius. M. Blanc nous paraît s'être laissé entraîner par la séduction de l'analogie, et l'on est presque tenté d'en faire autant en lisant les lignes suivantes : « Divisé en 19 parties, comme le modèle humain, ce lion a également pour unité de mesure son ongle le plus long, celui qui ré-pond exactement au médius de l'homme. Ainsi s'explique ce que l'on raconte de Phidias, qui, d'après l'ongle d'un

(1) *Gramm. hist.*

lion, détermina la taille et les proportions de l'animal. De là sans doute est venu le proverbe latin : *ab ungue leonem* (à l'ongle on connaît le lion). »

Il serait vraiment difficile de présenter une hypothèse d'une façon plus séduisante, mais pourquoi donc la longueur du lion ne répond-elle pas exactement aux lignes extrêmes du réticule? et comment préciser la position exacte que devra prendre l'animal en se couchant, afin que son corps n'excède pas la mesure qu'on voudrait lui imposer? Enfin, ce réticule ne m'inspire pas la même confiance que les divisions horizontales du *canon* et en quelques lignes j'en dirai la raison.

En cherchant à la bibliothèque l'ouvrage de Lepsius qui ne s'y trouve pas, j'en rencontrai un autre du même auteur (1), véritable monument iconographique, toujours sans texte, formant douze gigantesques volumes. J'ai parcouru avec la plus grande attention *toutes* les planches de cet immense ouvrage et je n'y ai pas vu une seule figure de face, mais j'y ai trouvé plusieurs planches dont les figures de profil portaient un réticule semblable à celui du lion de M. Blanc. Ici nous avons très-probablement affaire à une simple mise au carreau ; en effet, l'une de ces figures représentant Aménophis III dessiné dans de grandes proportions, porte quatre lignes horizontales dont la première est menée au niveau des épaules ; la deuxième à peu près par la base du nez ; la troisième au-dessous du sourcil, et la quatrième un peu au-dessous du sommet du crâne. Deux lignes perpendiculaires aux précédentes et

(1) *Denkmäler aus Aegyplen und Aethiopien nach den Zeichnungen.* Berlin, 12 vol., grand in-fol.

formant avec elles des quadrilatères équilatéraux, passent :
la première, par le quart antérieur environ de l'œil et par
la commissure des lèvres, et la deuxième, à une assez
grande distance du profil. Dans une autre planche, on
trouve deux figures toujours de profil. L'une d'elles représente encore Aménophis III, et les carreaux semblent,
autant que j'ai pu en juger sans compas, correspondre à
ceux de la grande figure précédente. J'ajouterai que les
lignes horizontales, au nombre de dix-neuf, sont à peu près
semblables à celles du *canon* ; cependant il est à remarquer que ces lignes ne passent pas sur les mêmes parties
des deux personnages. Reste à savoir si ces divisions
existaient sur les originaux ou si elles ont été tracées par
l'auteur allemand. Quelquefois les carreaux sont numé-
rotés, et je citerai comme exemple une figure de profil
dont le réticule est composé de vingt-trois carreaux.
Le sommet du crâne se trouve à peu près entre la vingt-
deuxième et la vingt-troisième division.

Les carreaux tracés sur le lion de M. Ch. Blanc, ne
me paraissent pas plus représenter le *canon* de ce roi des
animaux, que les divisions variables dont je viens de
donner quelques exemples, ne pourraient fournir une
mesure typique du corps humain.

Nous avons, comme bien on le pense, soumis à l'expé-
rimentation le système métrique découvert par le directeur de la *Gazette des beaux-arts*, et nous avouerons
franchement que les résultats n'ont pas toujours répondu
à nos espérances et surtout à notre désir. Il est vrai
qu'en général, les proportions du *canon* s'appliquent
mieux aux hommes grands qu'aux individus de moyenne

taille et ces derniers forment, chez nous, la majorité de la population ; mais l'artiste qui habituellement choisit ses modèles parmi les plus beaux types de l'espèce, ne jouit-il pas du privilége de pouvoir embellir les moins parfaits en les douant de formes pures et des proportions les plus harmonieuses ?

L'élégante figure dont nous enrichissons notre ouvrage, est une réduction exacte de celle que le directeur de la *Gazette des beaux-arts* a copiée dans le livre introuvable de Lepsius.

Adressons ici nos remercîments sincères à M. Ch. Blanc, qui a bien voulu nous donner lui-même toutes les explications que nous avons pu lui demander sur son intéressante découverte.

DEUXIÈME PARTIE

CHAPITRE PREMIER.

REMARQUES PRÉLIMINAIRES.

Pourquoi éprouve-t-on quelquefois une sensation pénible à l'aspect de certains tableaux exécutés avec la plus scrupuleuse exactitude ? Tout a été copié d'après nature, l'œil le plus pénétrant ne saurait découvrir la moindre omission, la moindre erreur de forme ; cependant on reste froid devant ces œuvres ; à les voir, on ressent un malaise inexplicable. — C'est que l'artiste, tout entier à l'exécution matérielle, a oublié l'ingénieuse fiction des anciens : cette Galathée de marbre qui s'anime et frémit sous les amoureuses caresses, dans les étreintes passionnées du sculpteur Pygmalion. En vain l'élève aspire à se placer au rang des maîtres, s'il n'a fait une profonde étude de l'expression et de la forme animée. Sans cesse il étendra des couleurs sur la toile, il taillera le marbre sans cesse, toujours le résultat sera le même : la nature inanimée, l'être sans la vie.

A l'inspiration, les grands maîtres ont souvent dû leurs chefs-d'œuvre ; mais qu'auraient-ils fait si l'étude philosophique de l'homme ne leur avait dévoilé les mystères de son organisation et les sensations nombreuses qui l'agitent ? Dominés par leur pensée mais impuissants à la traduire, fatigués de leurs vaines tentatives, ils auraient abandonné l'œuvre ébauchée, renonçant à produire plutôt que de donner le jour à de pâles et froides imitations de la nature. Combien de jeunes gens avides de renommée, se hâtent de livrer leurs premiers essais au jugement du public, avant d'avoir acquis les moindres notions d'anatomie et de physiologie.

—Étudier d'abord les formes, puis les mouvements et l'expression : — telle est la marche qu'il faut suivre lorsqu'on veut analyser l'homme et le recomposer ensuite au moyen des procédés de l'art.

Les formes extérieures du corps humain sont produites par les saillies et les dépressions des parties sous-cutanées prises séparément ou considérées dans leur ensemble. Ces formes, assez prononcées chez certains sujets, sont à peine visibles chez d'autres, mais, en général, elles sont bien moins accentuées qu'on ne pourrait le croire, lors même que le système musculaire est puissamment développé ; pour qu'elles se modèlent nettement, il faut que le corps entre en action, que les diverses parties dont il est composé se meuvent les unes sur les autres. Les mouvements ordinaires modifient à peine l'apparence extérieure ; les changements appréciables, les reliefs prononcés, les dépressions profondes, ne se montrent que pendant les efforts énergiques. Bien que toutes les puissances locomotrices concourent à la station et que chaque mouvement exige l'action combinée d'un grand nombre de muscles, la disposition des puissances et des leviers

est tellement parfaite, les résistances se prêtent si ponc-
tuellement aux moindres contractions de ces puissances,
que les déplacements s'effectuent sans exiger de grands
efforts musculaires ; aussi voit-on les muscles se contracter, se raccourcir, se gonfler à peine quand on remue
la cuisse ou le bras, le pied ou la main, pour accomplir
les actes habituels de la vie. Est-on obligé de combattre,
de détruire une résistance, les contractions deviennent
plus énergiques, les faisceaux musculaires se ramassent
sur eux-mêmes, et leur puissante action se traduit à travers la peau, par des reliefs que limitent ordinairement
des sillons plus ou moins prononcés.

On exagère presque toujours les formes superficielles
du corps ; c'est une tendance contre laquelle se tiendront
en garde les artistes consciencieux, d'autant plus qu'elle
est trop souvent l'indice du *savoir-faire* plutôt que du
savoir. Rien n'est plus simple, plus calme, plus large de
dessin que le corps de l'homme ; les muscles concourent
par leur réunion à produire les formes générales, les
formes spéciales sont à peine visibles. On méconnaîtrait
complétement le but de l'anatomie artistique, si l'on mo-
delait toujours l'homme vivant d'après le cadavre écorché ;
le tissu cellulaire et la peau jouent un rôle trop important
pour être négligés par les artistes.

En décrivant les formes et les causes qui leur donnent
naissance, j'ai évité, autant que possible, de mentionner
les muscles profonds, et je ne pense pas qu'on me fasse
un crime de cette manière de procéder. Les planches de
cet ouvrage ne représentent que la couche musculaire
superficielle, parce qu'elle suffit pour expliquer presque

toutes les formes. Quant aux mouvements, on m'objectera sans doute qu'ils sont déterminés par tous les muscles du corps et qu'il est impossible d'en donner une théorie satisfaisante, si l'on n'a décrit chacun de ces muscles en particulier. Un traité d'anatomie des formes n'est pas un traité d'anatomie descriptive ou de physiologie ; pourvu qu'on fasse comprendre clairement aux artistes les principaux effets des actions musculaires, on aura, je crois, rempli les conditions d'un pareil ouvrage bien mieux que si l'on avait décrit minutieusement les 500 et quelques muscles et leur jeu si varié. N'est-il pas vrai, d'ailleurs, que les muscles superficiels sont presque toujours les plus puissants et jouent le principal rôle ? Ne produisent-ils pas les changements de forme les plus remarquables ? Si je me suis écarté une ou deux fois de l'ordre général suivi dans tout l'ouvrage, c'est parce que l'action de certains muscles était trop évidente et qu'il n'était pas possible de la passer sous silence. Ainsi, pour n'en citer qu'un exemple : pendant l'élévation du bras en dehors, le sus-épineux complétement caché par le trapèze, se contracte fortement et produit un relief très-prononcé au-dessus de l'épine scapulaire : voilà une action et une forme qu'il fallait nécessairement décrire.

On me reprochera peut-être encore de n'avoir pas traité spécialement des aponévroses et des gaînes musculaires, surtout parce que le professeur Gerdy a consacré de longs développements à cette question. Je ne me serais pas dispensé, sans motifs, de suivre l'exemple du maître.

La description des aponévroses, de leurs dédoublements, de leurs insertions, est longue et fastidieuse ; on ne peut se pénétrer de ces nombreux détails, sans se livrer à des dissections assidues, et le principal but de cet ouvrage est d'éviter aux artistes les travaux rebutants de l'amphithéâtre. A ceux que la noble ambition du savoir entraînera vers des études anatomiques et physiologiques approfondies, je dirai franchement : — Laissez là ce modeste traité des formes, vous qui lisez dans le livre de la nature ! — Mais il est bien petit le nombre de ceux qu'anime un zèle si louable ; les élèves ne se plaindront jamais de ce qu'on leur aplanit les difficultés des études artistiques.

Cependant il me restait toujours quelques doutes relativement à l'utilité d'une description des aponévroses et des gaînes musculaires ; pour mettre ma conscience en repos, j'ai cru devoir recourir aux renseignements que pouvaient me fournir les principaux intéressés dans la question. Les peintres, les sculpteurs, consultés à cet égard, ceux du moins qui ont bien voulu m'aider de leurs lumières, tout en reconnaissant l'importance des aponévroses considérées comme moyens contentifs, n'avaient pas poussé leurs études plus loin ; il leur suffisait de savoir que les muscles étaient maintenus dans leurs positions respectives par des gaînes solides, que le corps entier était lui-même renfermé dans une enveloppe semblable envoyant de toutes parts des cloisons intermusculaires qui constituaient les gaînes spéciales ; nul d'entre eux ne s'inquiétait de connaître la disposition particulière ou la direction des fourreaux aponévrotiques, assez bien indiquée d'ailleurs par les muscles eux-mêmes sur lesquels ils s'appliquent exactement. J'ai donc renoncé à décrire ces gaînes dont on trouvera l'exposition détaillée dans le traité du professeur Gerdy.

L'attitude du modèle que j'ai fait représenter dans les planches de cet ouvrage, m'a semblé la plus convenable pour mettre en évidence toutes les parties du corps. On remarquera que le membre supérieur n'est pas abandonné à lui-même, car, dans ce cas, la face dorsale de la main et de l'avant-bras se porterait en avant et la face palmaire en arrière. Bien que naturelle, cette position n'est pas celle qu'ont adoptée les anatomistes ; pour eux, la face dorsale de la main et de l'avant-bras est la face postérieure, la face palmaire est la face antérieure.

Si l'on modifiait cette orientation généralement admise, il faudrait, en même temps, changer les descriptions de toutes les parties qui entrent dans la structure du membre, car tout ce qui était postérieur deviendrait antérieur ou externe ; les régions situées en avant seraient transportées en dedans ou en arrière. Dans les figures d'ensemble et dans les planches de détails, les membres supérieurs sont placés en supination, la paume de la main tournée directement en avant, tandis que le bras exécute un mouvement de rotation en dehors. Cette position a l'avantage d'être conforme aux descriptions anatomiques et nous permet de représenter deux mouvements du membre sans multiplier les planches.

Il n'était pas possible de décrire dans ce traité les formes produites par les mouvements ; un pareil travail exigerait des développements considérables, tant est grande la variété des attitudes que peuvent prendre

les diverses parties du corps. Leur reproduction iconographique serait une œuvre immense et inutile, puisque
nous devons toujours consulter le modèle lorsqu'il s'agit
de poser des personnages et de représenter l'action corporelle ; il fallait donc se borner à indiquer les principales puissances motrices et les modifications de forme
qui résultent de leur action, sans prétendre les décrire
rigoureusement. Lorsqu'on connaîtra les muscles qui se
modèlent à la surface du corps, leurs attaches, leurs
directions, les leviers qu'ils sont chargés de mettre en
jeu et les dispositions articulaires, on les distinguera
toujours sans peine, bien qu'ils changent d'aspect, si l'on
analyse sur le modèle leurs actions diverses. Les attaches musculaires sont indiquées par le texte explicatif
des planches ; j'aurais pu les donner dans les corps de
l'ouvrage, mais il m'a paru préférable de mettre en même
temps sous les yeux de l'élève, la représentation des
formes, des parties qui leur donnent naissance, de quelques mouvements particuliers, et l'indication des points
d'attache. On saisira mieux ainsi les relations qui existent
entre la forme et le muscle à l'état de repos ou en pleine
activité.

Je ne saurais trop recommander aux artistes de relire
attentivement le chapitre IV de la première partie, avant
d'étudier les modifications produites par les mouvements ;
il est essentiel qu'ils se pénètrent bien du mécanisme articulaire, s'ils veulent comprendre le jeu des leviers et se
rendre compte des moyens que la nature a mis en usage
pour les mouvoir. Ils n'oublieront pas surtout qu'un
muscle ne peut déplacer une partie quelconque sur la-

quelle s'insère une de ses extrémités, sans que le point qui donne attache à son autre extrémité soit fixé solidement. Il en résulte qu'un mouvement entraîne immédiatement la contraction, non-seulement des muscles moteurs, mais encore de tous ceux qui doivent maintenir le point fixe. Ce n'est donc pas uniquement sur le membre ou sur la région déplacée qu'il faut étudier les nouvelles formes, mais aussi sur les parties voisines. Les attaches multiples des faisceaux musculaires leur permettent d'agir tantôt par l'une d'elles, tantôt par une autre, suivant la situation du point fixe ; tel muscle fléchisseur d'un membre sur le tronc, pourra également fléchir le tronc sur le membre si ce dernier est immobile et offre une résistance suffisante ; la forme principale sera à peu près la même dans les deux cas, mais il surviendra des changements notables sur les régions environnantes.

On voit combien l'étude des formes exige d'attention, de persévérance et de rectitude dans le jugement ; il ne suffit pas de connaître le modelé du sujet immobile et les causes qui le produisent, il faut encore et surtout, savoir appliquer cette science à toutes les positions que l'homme peut varier de mille manières, et dont les combinaisons infinies offrent sans cesse un nouveau sujet d'études.

CHAPITRE II.

Les os qui composent le squelette jouent un grand rôle dans la production des formes ; sur presque toutes les régions du corps, on rencontre des dépressions ou des saillies osseuses ; il est indispensable de les connaître avant d'étudier celles que produisent les autres parties, parce que les formes osseuses sont constantes, ou du moins, ne subissent que de légères modifications pendant les mouvements et servent de points de repère.

J'ai dit que ces formes ne subissaient que de légères variations ; en effet, la configuration des os ne peut être altérée comme celle des parties molles modifiées par une multitude de causes telles que : la contraction, la distension, les changements de direction, etc. Les mouvements imprimés aux pièces osseuses ne changent nullement leurs formes propres, et lorsque nous voyons une saillie osseuse se convertir en dépression et réciproquement, nous en cherchons la cause non dans l'os même, mais dans les parties environnantes. Remarquons aussi qu'une extrémité osseuse occupera toujours la même situation relativement à l'os dont elle fait partie ; seulement, elle produira, comme je viens de le dire, tantôt une saillie, tantôt une dépression, suivant la position ou le mouvement du membre.

Examinons, par exemple, la forme déterminée par l'apophyse olécrâne du cubitus. Lorsque l'avant-bras est étendu sur les bras, la situation de cette apophyse est indiquée par une dépression ; mais fléchissons le membre, la cavité se transformera en saillie prononcée ; cependant, la saillie et la dépression seront toujours situées à la même distance de l'extrémité inférieure du cubitus.

Cette relation invariable entre les différentes parties des os va nous fournir les moyens de déterminer la longueur des membres supérieurs et inférieurs.

Lorsque le bras est étendu le long du corps, l'extrémité inférieure de l'humérus, ou plutôt la tubérosité interne de cet os, correspond à la partie moyenne de l'espace existant entre les dernières côtes et la crête iliaque. Les apophyses styloïdes du cubitus et du radius se trouvent au niveau de la tubérosité sciatique, un peu au-dessous du grand trochanter fémoral. L'extrémité inférieure du doigt médius atteint la partie moyenne du fémur. La longueur de la cuisse, mesurée depuis la saillie trochantérienne jusqu'à la tubérosité interne du fémur, est à peu près égale à celle du bras et du tiers supérieur de l'avant-bras, en prenant la saillie acromio-claviculaire pour point de départ ; la même longueur environ existe depuis l'angle inférieur de la rotule, jusqu'à l'extrémité de la malléole externe ; on mesure l'espace qui sépare ce point de la partie inférieure du talon, par l'écartement des malléoles.

En prenant toujours des formes osseuses pour points de départ, on trouvera que la longueur de la cuisse, depuis l'épine iliaque antérieure et supérieure, jusqu'au centre de la rotule, est égale à celle du tronc depuis la fossette sus-sternale jusqu'au bas du pubis ; elle est encore égale à celle de la jambe, mesurée du centre de la rotule à la plante du pied.

Il est donc indispensable de se familiariser d'abord avec les formes osseuses ; cette étude sera d'autant plus facile maintenant, que l'on connaît le squelette et les particularités les plus remarquables des différentes pièces qui le composent.

Les os de la tête méritent d'être placés en première ligne sous le rapport des formes. Seuls ils déterminent la configuration du crâne, de son ovoïde supérieur, des bosses frontales, des saillies orbitaires et sourcilières ; la ligne courbe temporale, l'éminence mastoïdienne, les protubérances pariétales et occipitales, appartiennent au squelette. Recouverts par les muscles et le tissu graisseux, les os de la face ont une grande influence sur la coupe plus ou moins gracieuse du visage ; la direction du nez dépend surtout de celle des os propres et des apophyses montantes des maxillaires supérieurs. L'arcade inférieure de l'orbite, les saillies malaires, zygomatiques et angulaires de la mâchoire inférieure, celle du menton, sont presque exclusivement formées par la charpente osseuse. Les maxillaires, armés de leur double rangée de dents, soutiennent les lèvres et les repoussent en avant, jusqu'à ce que les alvéoles dégarnies leur permettent de se retirer vers l'intérieur de la bouche. En un mot, c'est au squelette qu'appartiennent les belles proportions de la tête et toutes les variétés de forme qui caractérisent les différentes races.

Au cou, les formes osseuses disparaissent complète-
ment ; ici tout concourt à favoriser les mouvements ; des
os volumineux eussent mis obstacle à la mobilité de la
colonne cervicale ; les muscles nombreux et les organes
importants qui environnent les vertèbres, dissimulent des
formes grêles dont l'âpreté n'aurait pu que nuire à l'harmonie de cette belle colonne flexible. Mais poursuivons
notre examen et nous verrons les os reprendre toute
leur importance.

Creusé sur la ligne médiane de la poitrine et terminé
par la fossette sus-sternale, le sillon du sternum aboutit
en bas au creux xyphoïdien ; latéralement et en haut, les
calvicules produisent deux saillies *sigmoïdes* au-dessous
desquelles on peut suivre, chez les sujets maigres ou
avancés en âge, les deux saillies obliques de haut en bas
et de dedans en dehors, formées par les articulations
sterno-costales. En avant et en bas, la poitrine a pour
limites les cartilages des fausses côtes qui se traduisent
à l'extérieur par une longue saillie convexe dirigée en
bas et en dehors, à partir du creux xiphoïdien.

La face postérieure du torse est creusée d'un large
sillon vertical au fond duquel viennent parfois proéminer
les apophyses épineuses des vertèbres, surtout à la région
cervicale et chez les gens maigres. Les saillies formées
par le bord interne, l'angle inférieur, l'épine de l'omoplate, et par la continuation des arcs costaux que l'on
retrouve encore sur les parois latérales, complètent l'ensemble des formes osseuses de la poitrine.

Si nous examinons la partie inférieure du tronc, nous

trouverons : en avant, la saillie pubienne ; plus en dehors, l'épine iliaque antérieure et supérieure. Sur les parties latérales et en arrière, la crête iliaque se traduit ordinairement par un sillon qui prend naissance à l'épine de l'ilium et s'efface graduellement après avoir décrit une courbe à convexité supérieure.

L'ostéographie des membres est, sans contredit, la plus importante pour l'artiste ; de la forme et surtout de la direction des os, dépendent celles des membres supérieurs et inférieurs ; on parviendrait difficilement à les attacher au tronc avec exactitude, sans les précieuses indications que nous fournit l'étude attentive des dispositions articulaires. Lorsqu'on examine l'épaule, on remarque d'abord la saillie acromio-claviculaire, puis l'éminence arrondie située à la partie externe et supérieure du bras, produite par la tête de l'humérus soulevant le deltoïde. L'articulation du bras avec l'avant-bras ne présente, en avant, aucune forme osseuse, mais en arrière, on trouve la saillie olécranienne, la fossette cubitale et la dépression radio-humérale. Sur le bord radial de la jointure, on distingue la tubérosité externe de l'humérus, et sur son bord cubital, une saillie très-prononcée produite par la tubérosité interne du même os.

A la partie supérieure, postérieure et vers le bord interne de l'avant-bras, existe un sillon faisant suite à l'apophyse olécrâne ; il correspond au bord postérieur du cubitus.

Sur le côté externe du poignet, s'élèvent deux petites éminences, formées : l'une, par le métacarpien du pouce, l'autre par l'extrémité inférieure du radius et son apophyse styloïde ; l'apophyse du cubitus proémine sur le côté interne. On remarque encore, en arrière, les saillies cubitale et radiale et en avant, celles du pisiforme et du scaphoïde.

Les cinq métacarpiens ne sont guère apparents sur le dos de la main que chez les personnes très-maigres, et encore, distingue-t-on plutôt les cordes tendineuses des extenseurs. Je signalerai enfin les articulations phalangiennes et métacarpo-phalangiennes indiquées par des fossettes sur une main potelée.

Au membre inférieur, nous reconnaîtrons les saillies de la hanche et du genou formées par le grand trochanter et par la rotule ; plus bas, nous distinguerons parfois l'épine du tibia, puis, en dehors, la tête du péroné, et en dedans, les condyles internes du fémur et du tibia.

Les formes osseuses de la jambe sont produites en dedans, par la face antérieure et interne du tibia, en dehors et en bas, par le péroné. Les malléoles péronière et tibiale limitent en dehors et en dedans l'articulation tibio-tarsienne.

Les os du pied qui se traduisent à l'extérieur par des saillies sont : à la face inférieure, le calcanéum et les têtes des métatarsiens ; sur le bord interne, le scaphoïde et l'articulation du gros orteil ; sur le bord externe, l'extrémité postérieure du cinquième métatarsien ; en arrière, le calcanéum, et en avant, les articulations des orteils.

Toutes ces formes osseuses étant décrites en détail

dans les chapitres suivants, je me suis borné à indiquer
ici le lieu qu'elles occupent et les os qui les produisent;
quand on sera parvenu à reconnaître facilement leur situation, on étudiera leurs détails pour passer ensuite à
l'étude des autres formes qui les environnent.

CHAPITRE III.

FORMES EXTÉRIEURES DU CORPS.

Formes extérieures de la tête.

§ I.

On a divisé la tête en deux parties, le crâne et la face, mais cette division, convenable dans un traité d'anatomie descriptive, compliquerait inutilement l'étude des formes. Comment séparer le front de la face dont il est un des plus beaux ornements? Comment indiquer nettement les limites des deux parties, sans entrer dans des détails anatomiques dont la connaissance n'est pas indispensable aux artistes? Il faut bien se garder de mutiler en quelque sorte le modèle, par des divisions arbitraires dont le moindre défaut est d'augmenter l'aridité des descriptions.

La tête a une forme sphéroïdale que l'on retrouve toujours quelle que soit la région par laquelle on l'examine; en haut, en avant, sur les parties latérales et à la base, le sphéroïde est plus ou moins aplati. Le volume de la tête varie aux différentes époques de la vie et chez les individus d'une même race ; il est donc impossible d'établir rigoureusement ses proportions générales.

L'étude de la face antérieure de la tête est, sans contredit, la plus intéressante pour l'artiste. Le front, limité par la ligne d'implantation des cheveux, varie considérablement en hauteur et en largeur. Tantôt il est saillant ou bombé, tantôt il forme une surface plane et large terminée abruptement au niveau de la racine du nez ; d'autres fois, on y remarque des impressions digitales et des éminences variables, ou bien encore, sa partie supérieure est déprimée et fuit en arrière. Quelques individus ont le front bas et étroit, tandis que chez d'autres, il a de larges proportions.

Quelquefois, à la partie moyenne et supérieure du front, on trouve une seule bosse qui surmonte une dépression ou gouttière médiane, mais le plus souvent, il existe deux bosses frontales plus ou moins prononcées et situées au-dessus des orbites et des arcades sourcilières dont les extrémités internes, plus saillantes et plus larges, correspondent aux sinus frontaux. Les arcades orbitaires s'étendent plus loin en dehors que les précédentes et se prononcent de plus en plus, jusqu'à ce qu'elles se confondent avec les apophyses orbitaires. Une dépression oblique de bas en haut et de dedans en dehors, sépare ces deux arcades, mais les tissus qui les tapissent dissimulent fréquemment cette forme ; alors, les deux saillies courbes semblent se confondre pour n'en former qu'une seule encore augmentée par la portion supérieure du muscle orbiculaire des paupières (3, fig. 5, pl. X). La tête ou grosse extrémité du sourcil est presque toujours placée au-dessous de la partie interne de l'arcade sourcilière et non sur cette arcade, comme on l'indique ordinairement. La dépression frontale triangulaire et parfois ovale qui sépare les éminences sourcilières, est plus ou moins apparente, suivant que ces dernières produisent

des saillies plus ou moins prononcées. La partie latérale
du front se dirige en arrière et forme le méplat temporal
sur lequel se dessine une ligne courbe assez saillante
chez les hommes maigres, creusée en gouttière lorsque le système musculaire prédomine. Dans le premier
cas, elle est due à la ligne courbe de l'os temporal,
très-prononcée près de l'orbite et qui va toujours en
s'effaçant, à mesure qu'elle s'avance vers la partie postérieure du crâne ; quand le muscle temporal est volumineux (2, pl. X, fig. 5), il proémine sur son insertion ;
la ligne courbe se traduit alors sous la forme d'un sillon.
Chez quelques sujets, la veine préparate se montre à la
partie antérieure du front et l'on retrouve toujours sur
les tempes les ramifications plus ou moins apparentes de
l'artère temporale.

Placé entre les yeux et sous le front, le nez a généralement la forme d'une pyramide dont deux côtés seulement
sont libres, le troisième est uni à la face. La base de
l'organe est tournée vers la bouche, son sommet va se
perdre au-dessous de la dépression frontale. Il existe
fréquemment en ce point deux rides qui embrassent le
sommet du nez et sont quelquefois très-marquées chez
les hommes livrés aux travaux intellectuels. Les faces
latérales du nez sont triangulaires ; elles se confondent
avec les joues en formant deux plans dont l'inclinaison
varie ; vers leur partie inférieure, elles se renflent, prennent le nom d'ailes du nez et présentent deux sillons
semi-lunaires, convexes en arrière, produits par les replis
du cartilage nasal ; leurs extrémités inférieures aboutissent aux ouvertures des narines.

Au-dessus de ces sillons courbes, on remarque les saillies des muscles élévateurs de l'aile du nez et de la lèvre supérieure, que nous retrouverons en décrivant la joue (5, pl. X, fig. 5). Le dos du nez, dont l'épaisseur et la direction sont très-variables, est formé par la réunion des faces latérales de l'organe; il s'étend depuis la dépression frontale, jusqu'à l'extrémité antérieure ou lobe. Tantôt pointu, tantôt arrondi ou tronqué, le lobe est quelquefois divisé en deux lobules peu apparents qui correspondent aux deux cartilages. Les deux ouvertures percées dans la base triangulaire du nez sont plus ou moins larges et dirigées d'arrière en avant et de dehors en dedans; elles ne s'ouvrent pas toutes deux sur le même plan, parce que la cloison nasale descend plus bas que les ailes et qu'en conséquence, les ouvertures limitées par ces diverses parties doivent regarder plus ou moins en dehors suivant que la cloison descend plus ou moins bas. Le bord libre de cette dernière n'a pas toujours la même forme et la même direction : tantôt il est horizontal, tantôt dirigé en haut ou en bas et en arrière, ou bien il est convexe; parfois encore il forme une courbe à concavité inférieure.

Immédiatement sous le nez, se dessine la bouche dont l'ouverture est circonscrite par les lèvres. A sa partie moyenne, la lèvre supérieure est creusée d'une gouttière à bords saillants, qui vient aboutir en haut, à la cloison nasale, inférieurement, au lobule de la lèvre supérieure. Le bord de cette lèvre dont l'épaisseur varie considérablement, est tapissé d'une membrane plus ou moins rouge

limitée, en haut, par une ligne saillante en forme d'arc,
et en bas, par l'ouverture de la bouche qui suit les mêmes
contours. La lèvre inférieure vient s'adapter exactement
à la supérieure. Son bord libre, également coloré, produit inférieurement une saillie à concavité supérieure
et se creuse en gouttière à sa partie moyenne. Latéralement, les deux lèvres se réunissent en formant deux
angles très-aigus ou commissures. Les bords rosés des
lèvres s'amincissent graduellement depuis le centre jusqu'aux commissures ; là, elles disparaissent dans deux dépressions qui, d'abord assez prononcées, vont se perdre
bientôt sur les côtés du menton, en suivant une direction
oblique de haut en bas et de dedans en dehors. Ces dépressions traduisent à l'extérieur la réunion de l'orbiculaire des lèvres (8, pl. X, fig. 5) et du triangulaire du
menton (9, id.). Lorsqu'elles sont en contact, les lèvres
produisent un sillon angulaire profond, à direction horizontale, dont les extrémités se relèvent ou s'abaissent chez
quelques sujets. L'écartement des lèvres laisse entrevoir la
partie antérieure des arcades dentaires ; la supérieure dépasse le plus souvent l'inférieure et la recouvre en avant.

L'extrémité inférieure de la face est formée par le
menton. Sa configuration est très-variable, néanmoins il
est toujours à peu près arrondi et reproduit à l'extérieur
les formes osseuses légèrement modifiées par un tissu
cellulaire assez dense et par des muscles peu prononcés.
Chez les personnes grasses, l'extrémité du menton est
souvent surmontée d'une petite fossette et embrassée inférieurement par un pli que produit le froncement de la
peau et du tissu cellulaire. Un sillon à convexité supé-

rieure, dont la profondeur est subordonnée au plus ou moins de saillie du menton, le sépare de la lèvre inférieure.

Sur les parties latérales supérieures de la face, les yeux sont enchâssés dans les orbites et voilés par les paupières qui les protègent.

L'orbite est à peu près quadrilatéral lorsqu'on l'examine sur le squelette, mais chez le sujet vivant, il affecte plutôt la forme d'un ovoïde. Le bord ou arc supérieur de l'orbite est beaucoup plus saillant que l'inférieur. Il prend naissance à la racine du nez, suit la direction du sourcil et s'en écarte en dehors pour venir rejoindre l'apophyse orbitaire. L'arc inférieur, toujours moins prononcé, se réunit au supérieur par son extrémité externe, et vient se confondre en dedans avec la face latérale du nez ; enfin, ces deux arcs sont intimement unis aux paupières et forment deux plans inclinés d'ayant en arrière, dont le supérieur est très-fortement accusé, surtout à la partie interne.

A ces deux plans succèdent immédiatement les paupières. Quand elles sont ouvertes, elles encadrent le globe oculaire dans un ovoïde dont les extrémités effilées produisent deux angles ou commissures. L'angle externe, très-aigu, se continue en un sillon creusé dans le prolongement de la paupière supérieure et va se perdre sur la tempe au milieu de plis dont le nombre et la profondeur augmentent avec l'âge, et que l'on désigne vulgairement sous le nom de patte d'oie. Vers l'angle interne, les bords palpébraux prennent subitement une direction horizontale et se réunissent en formant une anse qui embrasse la caroncule lacrymale.

La paupière supérieure dessine une courbe gracieuse qu'accompagne un pli déterminé par le froncement des tissus, et dont la trace subsiste même lorsque la membrane s'abaisse. Son bord libre est assez épais et taillé en biseau d'avant en arrière et de haut en bas ; les cils allongés implantés sur ce bord s'arrêtent à quelque distance de l'angle ou commissure interne.

Moins longue que la précédente, la paupière inférieure courbée dans le sens opposé, présente deux ou trois plis dirigés de haut en bas et de dedans en dehors, et parfois une gouttière assez prononcée mais qui devient surtout visible à la suite des excès de travail ou de plaisir. Des cils, moins longs que ceux de la paupière supérieure, s'implantent sur son bord libre également taillé en biseau. Lorsque les paupières sont closes, l'inférieure s'allonge fort peu et, en se réunissant, les courbes des deux bords se redressent pour former une ligne transversale légèrement convexe inférieurement.

Le globe de l'œil ne nous arrêtera pas longtemps ; il suffit, en quelque sorte, d'énumérer les parties que nous pouvons distinguer.

La *sclérotique*, membrane blanche, nacrée, occupe la plus grande partie visible de l'ovoïde ; elle est toujours brillante excepté sur le cadavre. Le disque transparent placé au centre de l'œil, ou la *cornée*, recouvre les autres parties et fait sur la sclérotique une saillie qui se dessine même à travers les paupières fermées et indique la direction du regard. L'*iris* est cette zone colorée si diversement, dont la circonférence est tracée par la *sclérotique* ; elle est percée, dans son centre, d'une ouverture arrondie et variable qui paraît toujours noire, excepté dans certains cas dont nous n'avons point à nous occuper ici : c'est la *pupille*. Les petits vaisseaux sanguins de la sclérotique deviennent parfois très-apparents.

La direction des yeux est presque toujours oblique de bas en haut et de dedans en dehors, c'est-à-dire qu'une ligne droite horizontale, menée par la partie moyenne des commissures internes, n'irait pas couper les angles externes, mais passerait un peu plus bas.

Au-dessous de la tempe, on distingue la saillie zygomatique ; elle prend naissance à la pommette, se rétrécit peu à peu et disparaît au niveau du conduit auditif; elle est formée par l'apophyse zygomatique et l'os malaire (C, pl. X, fig. 1) (1).

Les joues servent en quelque sorte de transition aux diverses parties de la face ; elles sont proéminentes et arrondies chez les sujets chargés d'embonpoint, mais n'offrent pas alors les contours gracieux qui embellissent la physionomie. Les joues, saillantes aux pommettes, se creusent légèrement au-dessous de ces éminences; plus bas, elles forment une surface plane au niveau du corps du maxillaire inférieur (E, pl. X, fig. 1). En arrière et devant le pavillon de l'oreille, se dessinent les méplats massétérins (12, pl. X, fig. 5), sous la forme de deux quadrilatères allongés sur lesquels la contraction des mâchoires met en relief les faisceaux musculaires. En

---

(1) Gerdy indique encore la fossette zygomatique et la saillie du condyle de la mâchoire; mais, bien que ces formes existent réellement, elles sont si peu apparentes, que je n'ai pas cru devoir m'arrêter à les décrire.

avant, les joues se réunissent au nez en formant un angle
qui varie avec la configuration de ce dernier organe.
On remarque en ce point, au-dessus du renflement de
l'aile, un sillon peu apparent qui, des parties latérales
du nez, se porte obliquement en bas et en dehors et se
perd sur la joue. Le sillon correspond au bord antérieur
du muscle élévateur commun de l'aile du nez et de la
lèvre supérieure (*h*, pl. X, fig. 2) ; je le nommerai sillon
nasal.

Tout à fait sur la face latérale de la tête, l'oreille attire
d'abord notre attention. Ses contours effilés, élégants,
détruisent la monotonie d'une surface à peu près uniforme
et limitent heureusement les côtés de la face. Quoique les
formes de l'oreille soient très-variables, les différents plis
qui la composent sont presque toujours disposés d'une
manière identique.

Le pavillon de l'oreille présente deux faces : l'une, que
nous nommerons crânienne, regarde l'apophyse mastoïde ;
l'autre, tournée en dehors, est la face externe. Le bord de
l'organe se replie sur la face externe pour former l'hélix *a*
(pl. X, fig. 4), qui se dirige d'abord vers la partie supérieure et redescend ensuite, en décrivant une courbe
gracieuse, presque jusqu'au lobe ou mamelon plus ou
moins prononcé *b*, qui termine l'oreille inférieurement.
En avant et au-dessous de l'origine de l'hélix, on voit un
autre mamelon triangulaire qui porte le nom de tragus *c*.
L'antitragus *d*, situé au niveau et en arrière du précédent, donne naissance à un pli convexe très-prononcé
placé en dedans de l'hélix dont il suit la direction, et qui
se divise en deux branches qui circonscrivent la fos-

sette naviculaire *f*. Ce pli *e* porte le nom d'anthélix. La conque ou orifice infundibuliforme du conduit auditif, est située entre le tragus, l'antitragus et la branche intérieure de l'anthélix. La face crânienne du pavillon de l'oreille forme, vers la partie inférieure, une saillie qui correspond à la cavité de la conque, tandis que l'anthélix se traduit plus haut par une dépression. Une gouttière profonde sépare l'oreille du crâne, aboutit inférieurement à une dépression sous-auriculaire et vient se terminer en haut, à la partie postérieure de la tempe, avec laquelle l'oreille se confond en avant.

L'apophyse mastoïde détermine derrière le pavillon de l'oreille une forte saillie, allongée en forme de mamelon et dirigée obliquement de haut en bas, d'arrière en avant et de dehors en dedans. Son sommet est presque entièrement effacé par le tendon supérieur du sterno-cléïdo-mastoïdien, qui vient s'y attacher. Entre la saillie mastoïdienne et la branche du maxillaire inférieur, on trouve la gouttière sous-auriculaire ; assez prononcée à la partie supérieure, elle se prolonge jusqu'à l'angle de la mâchoire en s'effaçant peu à peu. Elle est limitée, en avant, par la branche de cet os, en arrière, par le muscle sterno-mastoïdien (13, pl. X, fig. 5).

La région de la tête recouverte par les cheveux est la plus étendue. Allongée en arrière, elle est renflée sur les parties latérales (bosses pariétales). Tout à fait en arrière, on sent, à travers les cheveux, la protubérance occipitale. Toutes ces formes deviennent plus apparentes à mesure que le crâne se dégarnit, et lorsque la calvitie survient avant que le sujet soit parvenu à un âge avancé, on distingue sur le cuir chevelu les traces de la suture pariéto-frontale dont le centre correspond au sommet de la tête. La saillie médiane, que l'on trouve au-dessous de la mâchoire inférieure, est produite par les muscles génio-hyoïdiens, et les deux dépressions latérales correspondent au tissu cellulaire qui recouvre les muscles mylo-hyoïdiens (20, pl. X, fig. 5). Ces formes disparaissent complétement chez les individus replets et sont remplacées par une surface arrondie et sillonnée transversalement de plis plus ou moins nombreux. Enfin, tout à fait en dehors, on rencontre le bord du maxillaire inférieur et les angles de cet os. Toutes ces formes se continuent avec celles du cou.

§ II.

Formes particulières aux différents âges et au sexe féminin.

A. *Enfance.* — A l'époque de la naissance, il est difficile de saisir de véritables formes chez l'enfant. Il faut, en quelque sorte, lui donner le temps de s'habituer au nouveau milieu dans lequel il doit se développer désormais. Maintenus dans une flexion forcée pendant tout le cours de la gestation, ses membres et même son corps entier doivent nécessairement porter les traces de l'état de gêne dont ils viennent d'être délivrés. Les parties molles, à peine soutenues par une charpente trop flexible, sont en quelque sorte imprimées les unes dans les autres, affaissées, aplaties ; ici, l'artiste est parfois obligé de s'écarter légèrement de la nature, pour ne pas offrir aux yeux un spectacle qui, bien qu'intéressant pour le médecin, ne saurait en aucune manière charmer les amateurs des beaux-arts. Il faut donc supposer que l'enfant est déjà âgé de quelques jours lorsque l'artiste en fait le sujet de ses études.

De toutes les parties qui composent le corps de l'enfant, la tête est certainement celle dont les contours semblent se prononcer le plus rapidement. Dans les deux ou trois premières années de la vie, l'ovoïde est assez régulier, sa grosse extrémité correspond à la partie supérieure et postérieure du crâne, sa petite extrémité est formée par le menton. Le crâne l'emporte de beaucoup sur la face parce que les organes qui la composent sont encore peu développés. L'occiput a une saillie considérable, surtout pendant les premiers jours qui suivent la naissance. Les cheveux sont rares, mais ils ont quelquefois déjà un pouce de longueur. On remarque le développement du front que l'élévation des bosses frontales fait proéminer d'une manière plus prononcée qu'à aucune autre époque de la vie. Lorsqu'il existe une saillie verticale médiane, elle est due à l'épaisseur des bords des deux os dont la réunion constitue le frontal. Les sinus frontaux n'existent pas encore, aussi point d'arcade orbitaire ; à peine cette saillie est-elle indiquée par un léger duvet qui occupe la place du sourcil. L'orbite est presque entièrement rempli par l'œil, saillant et largement ouvert, mais sans éclat, jusqu'au moment où l'exercice de la faculté visuelle lui donne l'expression d'où naît en grande partie le charme de la physionomie. Les paupières paraissent d'égale longueur, quelquefois leurs bords sont garnis de cils allongés qui contrastent avec le reste du système pileux.

Généralement, le nez est comprimé d'avant en arrière ; sa base est taillée en biseau dans le même sens. L'extrémité de l'organe est légèrement retroussée, la dépression frontale est toujours très-prononcée, tandis que les sillons des ailes et ceux que forment les muscles releveurs de l'aile du nez et de la lèvre supérieure sont à peine sensibles.

Le développement et la saillie du maxillaire supérieur, l'absence des dents, les premières fonctions que la bouche est destinée à accomplir, déterminent sa forme chez l'enfant. La lèvre supérieure est portée en avant par l'os qui la soutient et embrasse le maxillaire inférieur dans sa concavité ; cette saillie résulte aussi du rapprochement des mâchoires, écartées plus tard par les arcades dentaires. La lèvre inférieure, située plus en arrière, est recouverte par le bord de la supérieure, disposition qui favorise admirablement la succion.

L'absence des dents et l'existence d'un peloton de graisse très-volumineux produisent la saillie des joues. On explique le retrait du menton par le peu de développement des parties qui le forment. Jusqu'au moment de la sortie des dents molaires, le bord inférieur de la mâchoire est dirigé très-obliquement de bas en haut et d'avant en arrière, ses angles ne sont pas sensibles.

Sur les régions inférieures et latérales de la tête, il ne faut chercher aucune des formes qui existent chez l'adulte ; le pavillon de l'oreille est arrondi, sans lobule et très-finement modelé.

La peau de la tête, fine et veloutée, est d'abord à peu près uniforme dans toute son étendue ; à peine distingue-t-on quelques modifications dans sa structure ; sa coloration, d'un rose foncé, est presque partout identique, les différentes teintes ne se montrent que plus tard. La blancheur du crâne, du front, des oreilles, tranche sur le rose tendre des joues, du nez et du menton. Les lèvres ont un éclat particulier que l'âge ne peut qu'affaiblir.

Quoique la face soit toujours beaucoup moins volumineuse que le crâne, elle se développe progressivement ; le front conserve ses larges dimensions, le crâne se couvre de cheveux dont la nuance se rapproche peu à peu de la couleur qu'ils prendront plus tard. Les arcades orbitaires commencent à se modeler et les sourcils se dessinent plus nettement ; le nez s'allonge, les yeux, toujours largement ouverts, deviennent vifs et brillants ; la lèvre supérieure moins saillante, forme une courbe gracieuse en se réunissant à l'inférieure ; lorsque la bouche s'entr'ouvre, elle laisse apercevoir des dents aiguës et d'une blancheur nacrée ; la bouffissure des joues s'efface, les oreilles sont moins arrondies et l'on distingue la gouttière sous-auriculaire et la saillie mastoïdienne ; le corps de la mâchoire inférieure s'abaisse, en même temps que ses angles et la saillie du menton se prononcent davantage.

Dès ce moment, toutes ces parties se développent, s'harmonisent, se dessinent avec plus de vigueur, jusqu'à ce qu'elles atteignent la délicate perfection de l'adolescence, et enfin le modelé vigoureux de l'âge adulte.

B. *Vieillesse.* — L'homme a fourni sa carrière, le terme de la vie est proche, la main inexorable du temps à flétri de son contact glacé les dehors brillants de la jeunesse ; le crâne du vieillard se dégarnit de son plus bel ornement ; à peine voit-on encore quelques mèches argentées à la partie postérieure de la tête ; sur le cuir chevelu lisse et brillant, se montrent des éminences et des dépressions ; des rides nombreuses, que les passions ont presque toujours creusées aussi profondément que l'âge, sillonnent transversalement le front et viennent former des ondulations variables vers sa partie moyenne où elles produisent souvent un sillon médian prolongé jusqu'à la racine du nez. Cet organe s'amincit et s'avance parfois au-devant des lèvres. La chute des dents laisse un intervalle entre les maxillaires ; ces os se rapprochent, et les lèvres, trop longues, se portent en arrière, se froncent latéralement ; quelquefois, la supérieure est recouverte par l'inférieure. Entraîné par la mâchoire, le menton se relève et son extrémité se trouve souvent à peu de distance du nez. Les joues amaigries s'affaissent, pendent sur les côtés de la face ; des sillons fortement accentués les séparent du nez et de la bouche. L'œil s'enfonce dans l'orbite dont les bords sont plus saillants que jamais ; son éclat s'éteint, des rides nombreuses, partant des commissures, se dirigent, les unes vers la racine du nez, les autres vers la tempe qu'elles sillonnent en irradiant. Les oreilles s'allongent et des poils nombreux obstruent le conduit auditif. La gouttière sous-auriculaire s'enfonce de plus en plus, la peau de la face prend une teinte terreuse ; elle est couverte d'un réseau de petites rides qui semble servir de fond aux rides principales. Au-dessous du menton, la peau est lâche et pendante ; les deux dépressions latérales se creusent profondément et le corps de la mâchoire, ainsi que ses angles, sont fortement accentués.

C. *Formes de la femme.* — Aux contours vigoureux, aux masses puissamment modelées chez l'homme, opposons les lignes pleines de grâce, les formes voluptueuses de la femme.

Les cheveux longs et soyeux, jetés comme un voile naturel sur la pudeur de la femme, constituent l'un de ses plus beaux ornements. Implantés avec grâce, ils se réunissent en pointe vers la ligne médiane du front ; d'autres fois, une courbe harmonieuse indique leur limite et les accompagne jusqu'aux tempes où ils se confondent avec ceux de l'occiput. Les bosses frontales sont fréquemment remplacées par une belle surface plane, sur laquelle se dessinent les rameaux azurés de la veine préparate. Dans les beaux types, les saillies orbitaires sont à peine prononcées ; les sourcils longs et minces ombragent, sous leurs arcs séduisants, des yeux enchâssés gracieusement dans leurs orbites et presque toujours plus allongés que chez l'homme. Des cils soyeux bordent les paupières ; la saillie et l'échancrure fronto-nasales sont souvent peu sensibles et le nez, droit, effilé, se renfle légèrement vers les ailes. Les lèvres fines et rosées, dont les commissures vont se perdre dans de voluptueuses dépressions, surmontent un menton arrondi et continué dans sa partie inférieure, par une belle surface grassement modelée.

Les joues, qu'embellissent parfois deux charmantes
fossettes, s'arrondissent légèrement, et à peine aperçoit-
on, vers leur réunion avec le nez, la saillie du muscle
releveur et, en arrière, les méplats massétérins. La mâchoire inférieure est moins large que celle de l'homme ;
lesoreilles, rapprochées du crâne, sont petites, diaphanes
et d'un travail très-délicat.

La peau, fine et transparente, laisse apercevoir les
ramifications des vaisseaux ; elle est quelquefois brune
et mate, souvent blanche et rosée, surtout aux joues et
au menton.

Le type que je viens d'esquisser est emprunté aux
statues antiques, aux admirables chefs-d'œuvre des maîtres de la peinture ; je suis bien loin cependant de prétendre qu'il n'existe plus aujourd'hui de beaux modèles
dignes d'inspirer nos artistes modernes.

§ III.

Changements de formes produits par les mouvements de la tête.

Les mouvements de la tête ont lieu, soit entre les
diverses parties qui la composent, soit sur les parties qui
la supportent. Ces derniers appartiennent au cou ; les
mouvements propres se passent tous à la partie antérieure
de la tête, à l'exception de celui que certaines personnes
impriment si fortement au cuir chevelu.

Les rides frontales sont dues à la contraction de la
partie antérieure du muscle occipito-frontal (1, 1', pl. X,
fig. 5), qui élève également le sourcil en tirant son ex-

trémité interne un peu en dehors, et en tendant la peau
de la paupière supérieure. L'orbiculaire des paupières
(2, pl. X, fig. 2) rapproche ces voiles membraneux l'un
de l'autre, et les applique plus fortement contre le globe
de l'œil. La partie supérieure de ce muscle abaisse le
sourcil et le rend plus saillant ; sa partie inférieure élève
légèrement la joue. Quand les muscles orbiculaires rapprochent les sourcils, ils froncent la peau du front verticalement, au-dessus de la racine du nez.

L'occipito-frontal agit ordinairement seul lorsque le
front se ride et que les yeux s'ouvrent largement pour
exprimer la joie, l'admiration, la surprise, la stupéfac-
tion, etc., tandis que ce muscle est secondé par l'orbiculaire quand on est en proie à la terreur, à la souffrance,
à la colère, ou pendant la méditation.

Il est à peine nécessaire de dire que la paupière supérieure est mise en mouvement par un muscle élévateur ;
je ne m'arrêterai pas davantage à décrire le pyramidal
du nez qui joue un bien faible rôle dans l'expression de
la physionomie.

Les auteurs ne sont pas d'accord sur l'action du muscle
triangulaire du nez (3, pl. X, fig. 2) ; d'une part, on le
considère comme dilatateur des ailes du nez, de l'autre,
comme constricteur ; il est probable qu'il agit des deux
manières, mais il dilate certainement les narines avec
plus d'énergie qu'il ne les resserre. Ce muscle entre en
action pendant le rire, l'attention, l'olfaction, la fureur,
la douleur, etc. Il est secondé par l'élévateur commun
de l'aile du nez et de la lèvre supérieure. Ce dernier et
l'élévateur propre de la lèvre (5, pl. X, fig. 2) agissent

dans le même sens. Ainsi que leurs noms l'indiquent, ils élèvent la lèvre et la tirent un peu en dehors, lorsque la physionomie est contractée par le rire, la douleur, la crainte, le mépris.

Le grand et le petit zygomatiques (6, 7, pl. X, fig. 2) impriment le même mouvement à la lèvre, mais en même temps, ils font saillir la joue et creusent le sillon labial. On ne saurait crier, rire, bâiller, exprimer une vive douleur, fermer un œil en tenant l'autre ouvert devant un instrument d'optique, une lunette par exemple, sans mettre en jeu les zygomatiques.

Quand l'ouverture de la bouche se rétrécit en se fronçant, lorsque les lèvres se portent en avant, c'est l'orbiculaire des lèvres (8, pl. X, fig. 2) qui agit, et s'il est aidé par les autres muscles labiaux, il élargit la bouche, tend les lèvres, les applique l'une contre l'autre et sur les arcades dentaires, ou bien les porte vers la cavité buccale. Ces mouvements sont remarquables pendant la méditation, une colère concentrée, le rire silencieux, etc.

Le masséter (12, pl. X, fig. 5), aidé par le temporal (2, fig. 5), agit avec une grande puissance; lorsqu'il se contracte, il élève la mâchoire et rapproche fortement les arcades dentaires; le méplat massétérin est alors remplacé par une saillie prononcée au-devant de laquelle la joue paraît se creuser, bien qu'elle n'éprouve aucun changement. L'élévation de la mâchoire est encore déterminée par le temporal dont les fibres postérieures tirent le maxillaire inférieur en arrière. Ces deux muscles agissent simultanément, et la saillie du

masséter est toujours accompagnée de celle du temporal
qui remplit la fosse où il est logé, et donne à la ligne
courbe l'apparence d'un sillon. Pendant la contraction de ces muscles, l'artère temporale se gonfle et
se prononce fortement sur les parties latérales du
front.

Le masséter et le temporal entrent en jeu pendant la
mastication, une colère violente, la douleur et les grands
efforts musculaires.

Le triangulaire du menton (9, pl. X, fig. 2) qui abaisse
la commissure des lèvres, le carré ou abaisseur de la
lèvre inférieure (10, fig. 2), et le muscle de la houppe
(11, fig. 2) destiné à élever le menton et à pousser
légèrement en haut la lèvre inférieure pour exprimer
le mépris, agissent avec peu de force et ne déterminent
pas de grands changements dans l'expression de la physionomie.

Les mouvements isolés que je viens de décrire se
combinent de différentes manières, pour composer les
expressions destinées à traduire les émotions de l'âme.
Décrire ces expressions, qui varient à l'infini, serait dépasser les limites que je me suis tracées. C'est à l'artiste
qu'il appartient d'appliquer le mécanisme dont il vient
d'étudier les rouages. J'ai cru devoir indiquer les expressions dans lesquelles tel ou tel muscle jouait un rôle ;
mais je me garderai bien d'imposer aux peintres et aux
sculpteurs des physionomies toutes faites dont ils trouveraient avec peine l'application et qu'ils rejette-
raient bientôt pour demander leurs modèles à la
nature.

N'oublions pas de faire remarquer aux élèves, qu'en général, dans les émotions pénibles, les traits se concentrent vers la partie moyenne de la face, tandis qu'ils s'en éloignent et s'épanouissent en quelque sorte pour exprimer le plaisir et les émotions agréables.

Notons encore une intéressante observation consignée par P. Camper dans son *Discours sur les moyens de représenter d'une manière sûre les diverses passions qui se manifestent sur le visage* (1). Cet habile anatomiste, qui se livrait aussi avec succès à la peinture, fait remarquer que les plis du visage doivent nécessairement couper à angles droits le cours ou la direction des fibres musculaires; pour le plus grand nombre des muscles, cette proposition est incontestable (2); il faut toutefois tenir compte des rides produites par l'âge et par les contractions particulières et habituelles.

Les remarquables travaux du docteur Duchenne (de Boulogne) sont bien postérieurs à l'époque où fut publiée la première édition de cette *Anatomie*; avant de faire paraître notre seconde édition, nous avons voulu nous renseigner auprès de cet habile physiologiste sur les curieux phénomènes qu'il a exposés dans l'ouvrage éminemment original intitulé : *Mécanisme de la physionomie humaine* (3), et je dois de sincères remercîments au docteur Duchenne pour l'obligeance bien confraternelle dont il a fait preuve en cette occasion.

(1) 1792.

(2) Le docteur Duchenne (de Boulogne) considère l'assertion de Camper comme complétement erronée.

(3) *Mécanisme de la physionomie humaine*, ou analyse électro-physiologique de l'expression des passions.

Après avoir entendu l'auteur m'exposer lui-même ses belles découvertes, après avoir lu son livre, je me croirais coupable envers mes lecteurs, si je ne cherchais pas à leur en donner une idée, quelque incomplète qu'elle puisse être ; ils liront sans doute avec le plus vif intérêt cette exposition succincte d'un ouvrage où sont enseignées « les règles des lignes expressives de la face en mouvement », ou, suivant l'expression pittoresque de l'auteur, l'*orthographe* de la physionomie.

« S'il était possible de maîtriser le courant électrique, cet agent qui a tant d'analogie avec le fluide nerveux, et d'en limiter l'action dans chacun des organes, on mettrait à coup sûr en lumière certaines de leurs propriétés locales. Alors, pour la face en particulier, avec quelle facilité on déterminerait l'action propre de ses muscles ! Armé de rhéophores, on pourrait, comme la nature elle-même, peindre sur le visage de l'homme les lignes expressives des émotions de l'âme. Quelle source d'observations nouvelles ! »

C'est en ces termes que le docteur Duchenne expose l'idée-mère de ses recherches électro-physiologiques.

Au moyen de l'électricité localisée, il a créé l'*anatomie animée*. Remplaçant le scalpel par des rhéophores, il a pu « arrêter à son gré la puissance électrique à la surface du corps, et puis, lui faisant traverser la peau sans l'intéresser et sans l'exciser, concentrer son action dans un muscle ou dans un faisceau musculaire, dans un tronc ou dans un filet nerveux. »

Mais laissons là les moyens et abordons tout de suite la

question des *résultats*, la seule qui puisse trouver utilement place dans ce livre.

Le docteur Duchenne (de Boulogne) a reconnu que les contractions partielles des muscles de la face sont : ou *complétement expressives*, ou *incomplétement expressives*, ou *expressives complémentaires*, ou *inexpressives*.

Avant les découvertes du docteur Duchenne, on croyait que toutes les expressions exigeaient le concours, l'action synergique de plusieurs muscles. L'auteur lui-même avait remarqué que le mouvement partiel d'un des muscles moteurs du sourcil produisait toujours une expression *complète* sur la face. — « Il est, par exemple, dit-il, un muscle qui représente la souffrance. Eh bien, sitôt que j'en provoquais la contraction électrique, non-seulement le sourcil prenait la forme qui caractérise cette expression de souffrance, mais les autres parties ou traits du visage, principalement la bouche et la ligne naso-labiale, semblaient également subir une modification profonde pour s'harmoniser avec le sourcil, et peindre, comme lui, cet état pénible de l'âme. » (*Contractions partielles complétement expressives.*)

Ce fut au hasard que l'auteur dut l'explication de ce singulier phénomène. Un jour, pendant qu'il excitait le muscle de la souffrance, le voile du sujet s'abaissa tout à coup sur ses yeux, et grande fut la surprise de l'opérateur en voyant que la partie inférieure de la face ne présentait plus la moindre apparence de contraction. L'expérience répétée à plusieurs reprises sur différents sujets, et même sur le cadavre encore irritable, donna toujours le même résultat : l'immobilité complète des traits de la partie du visage située au-dessous du sourcil. L'expression générale, dans ce cas, n'était donc que l'effet d'une illusion produite par l'influence des lignes du sourcil sur les autres traits du visage, illusion comparable à celle produite par le contraste simultané des couleurs.

Certains muscles situés au-dessous du sourcil ont une expression propre et réagissent d'une manière générale sur la physionomie, mais alors l'expression est incomplète. (*Contractions partielles incomplétement expressives.*)

Ces contractions partielles ne produisent pas sur l'observateur l'effet d'une expression naturelle ; elle est comme factice, on sent «qu'il lui manque quelque chose».

D'autres muscles situés comme les précédents, n'expriment rien par eux-mêmes, ils ont besoin de se combiner avec d'autres muscles pour produire une expression déterminée. (*Contractions partielles expressives complémentaires.*)

Les passions déterminent l'action synergique de tous les muscles de la face, mais il en est quelques-uns en petit nombre qui ne produisent « aucune ligne expressive apparente, bien que leur contraction partielle détermine un mouvement très-appréciable. » (*Contractions partielles inexpressives.*)

En excitant simultanément plusieurs muscles de la face, de noms différents, d'un côté ou des deux côtés à la fois, on obtient des *contractions combinées* qui sont : *expressives, inexpressives* ou *expressives discordantes.*

Les muscles — incomplétement expressifs — exigent le concours des muscles complémentaires et le docteur

Duchenne a constaté que, rarement, il lui a fallu faire agir simultanément plus de deux muscles pour produire une expression complète ; mais il a reconnu également qu'un muscle complémentaire ne pouvait être suppléé par aucun autre.

Les expressions originelles de la face, dues soit aux contractions partielles complétement expressives, soit à la combinaison des contractions incomplétement expressives, avec les contractions complémentaires, sont *primordiales* et leur association peut produire des *expressions complexes.*

Citons l'exemple choisi par le docteur Duchenne.

« L'attention (1) qui est produite par la contraction partielle du *frontal*, et la joie qui est due à la synergie du *grand zygomatique* et de l'*orbiculaire inférieur* (l'un des muscles moteurs de la paupière inférieure) sont des expressions primordiales. Vient-on à les marier ensemble, la physionomie annoncera que l'âme est sous la vive impression d'une heureuse nouvelle, d'un bonheur inattendu : c'est une expression complexe. Si à ces deux

(1) L'auteur ne s'est pas occupé seulement des mouvements musculaires qui déterminent les expressions passionnelles ; l'attention, en effet, n'est pas une passion ; aussi a-t-il soin de nous expliquer : « que ces muscles (de la face) ne sont pas seulement destinés à représenter l'image des passions, des sentiments et des affections ; que certains actes de l'entendement peuvent même se réfléchir sur la face. C'est ainsi, par exemple, que s'écrivent avec la plus grande facilité sur la physionomie de l'homme — et cela seulement par la contraction partielle de l'un des muscles moteurs du sourcil, — la réflexion, le plus important, le plus noble état de l'esprit, celui qui paraît le plus abstrait, et la méditation qui est la mère des grandes conceptions, qui, chez certains hommes, est pour ainsi dire la passion dominante » (p. 47). Et plus loin (p. 64) : « En voilà certes assez, je pense, pour faire varier à l'infini les traits d'une même passion, d'une même affection. »

expressions primordiales on joint celles de la lascivité et de la lubricité, en faisant contracter synergiquement avec les muscles précédents, le *transverse du nez*, les traits sensuels propres à cette dernière passion montreront le caractère spécial de l'attention attirée par une cause qui excite la lubricité, et peindront parfaitement, par exemple, la situation des vieillards impudiques de la chaste Suzanne. » (*Contractions combinées expressives.*)

Les *contractions combinées inexpressives* ne peuvent être produites que par les moyens artificiels ; ainsi, en provoquant à l'aide des excitateurs, l'expression de la joie en même temps que celle de la douleur, on obtient une physionomie fausse, complétement antinaturelle.

Cependant il peut arriver que la combinaison délicate des lignes de la joie avec celles de la douleur produise un effet harmonieux ; c'est ce qui arrive pour le sourire mélancolique et la compassion. (*Contractions combinées expressives discordantes.*)

D'après ce qui précède, on a dû reconnaître que tous les muscles de la face n'ont pas la même importance par rapport à l'expression. On trouvera dans la table synoptique suivante, la classification qui leur a été assignée par le docteur Duchenne (de Boulogne).

1° MUSCLES COMPLÉTEMENT EXPRESSIFS.

Frontal	Muscle de l'attention.
Orbiculaire palpébral supérieur	— de la réflexion.
Sourcilier	— de la douleur.
Pyramidal du nez	— de l'agression.

2° MUSCLES INCOMPLÉTEMENT EXPRESSIFS ET EXPRESSIFS COMPLÉMENTAIRES.

Grand zygomatique	Muscle de la joie.
Petit zygomatique	— du pleurer modéré.

Élévateur propre de la lèvre supérieure. Muscle du pleurer.

Élévateur commun de l'aile du nez et de la lèvre supérieure............... — du pleurer à chaudes larmes.

Transverse du nez................... — de la lubricité.

Buccinateur...................... — de l'ironie.

Triangulaire des lèvres............. — de la tristesse, du dégoût, et complémentaire des expressions agressives.

Muscle de la houppe du menton....... — du dédain et du doute.

Peaucier........................ — de la frayeur, de l'effroi, de la torture et complémentaire de la colère.

Carré du menton. .... — complémentaire de l'ironie et des passions agressives.

Dilatateur des narines.............. — complémentaire des passions violentes.

Masséter......................... — complémentaire de la colère, de la fureur.

Palpébraux .... — du mépris et complémentaire du pleurer.

Orbiculaire palpébral inférieur (1)..... — de la bienveillance et complémentaire de la joie franche.

Fibres excentriques de l'orbiculaire des lèvres...................... complémentaires du doute et du dédain.

Fibres concentriques de l'orbiculaire des lèvres...................... complémentaires des passions agressives ou méchantes.

Regard en haut................... mouvement complémentaire du souvenir.

Regard oblique en haut et latéralement. mouvement complémentaire de l'extase et du délire sensuel.

(1) Suivant **M. Duchenne**, l'orbiculaire des paupières se compose de quatre muscles.

Regard oblique en bas et latéralement..   mouvement complémentaire de la défiance ou de la frayeur.

Regard en bas......................   — complémentaire de la tristesse, de l'humilité.

Une seconde table présente l'ensemble des expressions primordiales et complexes, et en regard, l'énumération des muscles qui les produisent ; c'est à peu près une contre-partie du tableau précédent (1).

« Plus les muscles de la face sont situés supérieurement, plus leur pouvoir expressif est grand, complet, lorsqu'ils se contractent partiellement.» — Cette remarque du docteur Duchenne mérite toute l'attention des artistes, l'expérience ainsi que les intéressantes figures photographiées qui illustrent son bel ouvrage, leur en démontreront la haute importance.

Nous signalerons encore le paragraphe suivant (2) : «Les traits propres à tel ou tel mouvement expressif se composent de lignes *fondamentales* qui en sont les signes pathognomoniques, et de lignes que j'appellerai *secondaires*. Celles-ci peuvent manquer dans certaines conditions, mais, dès qu'elles apparaissent, ce n'est jamais que comme satellites de celles-là, pour ajouter à leur signification, pour donner une idée approximative du degré de la passion, de l'âge du sujet, etc. »

Nous devons nous borner à cette courte exposition des recherches du docteur Duchenne, et bien que nous différions d'idées en certains points et surtout au sujet de l'uti-

____

(1) Voy. *Mécanisme de la physionomie humaine*, p. 45.
(2) *Ibid* , p. 60.

lité des études anatomiques pour les artistes, nous leur recommanderons tout particulièrement la lecture de ce livre aussi intéressant qu'original. Peut-être leur semblera-t-il que le docteur Duchenne a une tendance bien prononcée à substituer tyranniquement le rhéophore au pinceau ; peut-être rencontreront-ils certaines propositions qui leur paraîtront singulières au point de vue artistique ; ils frémiront, sans doute, en présence de ses audacieuses corrections des chefs-d'œuvre antiques et crieront au profanateur ! Eh bien, avouons-le, il n'est pas mauvais que ces stimulants les mettent en garde contre la séduction puisée par le savant docteur dans son amour paternel. Si l'expérience leur démontre l'exactitude des faits, leur conviction n'en sera que plus profonde et plus complet aussi le triomphe de l'auteur.

CHAPITRE IV.

FORMES EXTÉRIEURES DU COU.

§ I.

Situé entre la tête et le tronc, le cou prête un puissant concours à la grâce de l'ensemble. La mobilité des articulations cervicales permet à la tête de se tourner dans presque toutes les directions, comme une vigie attentive à donner le signal du danger.

Une section horizontale, pratiquée à la partie moyenne du cou, produirait une coupe ovoïde aplatie sur les parties latérales, et dont la grosse extrémité serait postérieure.

En avant et sur la ligne médiane du cou, le cartilage thyroïde du larynx (3, pl. XI, fig. 2) fait une saillie très-prononcée en forme de coin, dont les plans inclinés se continuent latéralement avec la convexité du cou. Cette saillie est connue vulgairement sous le nom de *pomme d'Adam*.

A la partie inférieure, on voit un renflement plus ou moins prononcé produit par le corps thyroïde qui peut acquérir un grand développement. Plus bas encore, à la région moyenne du cou, existe la fosse sus-sternale (D, pl. XI, fig. 2). Cette dépression, très-prononcée chez les sujets maigres, est quelquefois à peine sensible ou même disparaît complétement. Elle est due à la saillie

des faisceaux antérieurs du muscle sterno-mastoïdien (2,
fig. 2) et à la position avancée du sternum. La trachée-
artère, presque à découvert en ce point, s'enfonce de
plus en plus pour aller gagner la poitrine, et contribue à
former cette dépression.

Sur les parties latérales de la saillie thyroïdienne, en
suivant le bord antérieur du sterno-mastoïdien, on rencontre une dépression cervicale allongée, qui fait suite à la
gouttière sous-auriculaire et s'étend jusqu'à la fosse sus-
sternale, en formant avec celle du côté opposé un V dont
les deux branches limitent latéralement la partie antérieure du cou. La veine jugulaire antérieure se fait sentir
quelquefois au fond de cette dépression qui suit et dessine
le bord antérieur du muscle sterno-cléido-mastoïdien
(pl. XI et pl. XIII, fig. 1 et 2).

La saillie claviculaire (B, pl. XI, fig. 1 et 2) a une
forme sigmoïde ; les deux tiers internes de l'os sont convexes en avant ; le tiers externe est concave dans le même
sens. Cette saillie est toujours très-prononcée et suit une
direction oblique de dedans en dehors et d'avant en arrière. Ses deux extrémités ne sont pas situées sur le
même plan ; l'externe est un peu plus élevée, excepté
dans le cas que nous signalerons plus loin. En dedans,
on distingue un léger renflement dû à la saillie de l'articulation sterno-claviculaire ; l'union de la clavicule
avec l'acromion se montre également en dehors, mais
nous n'avons pas à nous en occuper actuellement.

En avant, le muscle sterno-cléido-mastoïdien se dessine vigoureusement sous la peau ; on le voit prendre
naissance à l'apophyse mastoïde, se diriger en bas et en

avant, s'épanouir, et bientôt former deux faisceaux distincts : l'antérieur, qui semble être la continuation du tronc principal, vient se fixer sur l'articulation sterno-claviculaire (D, pl. X, fig. 2) ; le postérieur, moins saillant mais plus large, va s'attacher au point de réunion du tiers interne de la clavicule avec son tiers moyen (id., fig. 2). L'écartement de ces deux faisceaux produit une dépression triangulaire plus ou moins prononcée, suivant l'embonpoint du sujet. On voit que le muscle sterno-mastoïdien est tordu sur lui-même, car, sa partie supérieure regarde en dehors, tandis que plus bas, il se contourne en avant et vient se placer dans le plan de la clavicule ; cette disposition est importante à connaître, non-seulement comme forme, mais encore lorsqu'on veut se rendre compte des mouvements du cou.

Au-dessus de la clavicule, se trouve la fosse triangulaire sus-claviculaire (5, pl. X, fig. 2), où l'on voit, en certains moments, se dessiner la veine jugulaire externe. Cette fosse, quelquefois comblée par du tissu cellulaire, se creuse profondément sur un sujet maigre ; aussi la clavicule est-elle très-apparente en ce point. Au reste, cet os forme toujours une saillie plus prononcée vers son bord supérieur, parce que le muscle peaucier (1, fig. 2, ib.) qui s'y insère, est trop faible pour empêcher le tégument de s'appliquer sur les contours des parties osseuses.

Derrière l'extrémité supérieure du sterno-cléido-mastoïdien, vient s'insérer un faisceau de muscles produisant à l'extérieur une surface arrondie qui va se continuer avec la partie postérieure du cou. Si l'on veut bien comprendre les formes de cette région, il est indispensable d'étudier attentivement la direction des fibres du muscle trapèze (4, pl. XIII, fig. 2, et 2, pl. XIII, fig. 2).

Les fibres supérieures et externes de ce muscle s'insè-rent sur le tiers externe de la clavicule et se dirigent en dehors et en haut, en formant un plan triangulaire qui se contourne en arrière vers la partie moyenne du cou; alors les fibres suivent une direction oblique en dedans jusqu'à ce qu'elles atteignent l'occipital qui leur donne attache. On peut actuellement se rendre compte de la surface arrondie placée en dehors et au-dessus de la fosse sus-claviculaire.

En arrière et sur le côté, le cou présente deux grandes et belles lignes courbes qui réunissent harmonieusement la tête à la poitrine (pl. XXI, fig. 1). Elles sont formées par les bords arrondis et contournés des trapèzes. En haut et sur la ligne médiane, on distingue la dépression occipitale ou fossette de la nuque, presque toujours ca-chée par les cheveux et due à l'écartement des deux mus-cles grands complexus. En se rapprochant, ces muscles produisent une surface arrondie à laquelle succède le méplat cervico-dorsal de l'aponévrose ovoïde des trapèzes (C, pl. XII, fig. 2). L'apophyse épineuse de la sixième ou de la septième vertèbre (C, pl. XII, fig. 1 et 2) proémine sur ce méplat. Les parties latérales triangulaires et à surfaces arrondies, vont se confondre avec les côtés du cou et correspondent aux muscles grands complexus dont les saillies se font sentir à travers les fibres minces des trapèzes.

§ II.

Formes particulières aux différents âges et au sexe féminin.

A. *Enfance.* — Le cou de l'enfant est très-court, ou plutôt, il semble que la tête soit immédiatement appliquée sur le torse ; on y remarque un sillon circulaire dont l'embonpoint détermine la profondeur. Bientôt, le cou s'allonge, mais aucune forme particulière ne s'y montre encore ; il est arrondi et paraît d'autant plus mince que la tête est plus volumineuse. Les saillies et les dépressions que j'ai décrites plus haut, ne commencent à se prononcer qu'au moment où l'enfant atteint l'âge de puberté.

B. *Vieillesse.* — Chez le vieillard, le cou est incliné en avant, la peau de cette région est flasque et pendante ; elle forme deux larges plis qui s'étendent depuis le menton jusqu'au sommet de la poitrine. Le larynx produit une saillie très-marquée ; les dépressions latérales sous-maxillaires se creusent de plus en plus ainsi que les fossettes sus-sternale, sterno-mastoïdiennes et sus-claviculaires. Les muscles sterno-cléido-mastoïdiens sont apparents au point qu'on les croirait disséqués. La clavicule et l'apophyse épineuse de la septième vertèbre, se modèlent très-nettement à travers l'enveloppe extérieure.

C. *Formes de la femme.* — Le cou de la femme est moins gros et plus allongé que celui de l'homme ; gracieusement incliné sur la poitrine, il se rapproche du cou de l'enfant, par la simplicité de ses formes. La saillie thyroïdienne et le creux sus-sternal, sont à peine visibles chez une jeune fille, mais, lorsque la femme a donné le jour à plusieurs enfants, le corps thyroïde grossit et augmente l'épaisseur du cou. Le développement excessif du corps thyroïde constitue une difformité assez commune dans certains pays.

§ III.

Changements de forme produits par les mouvements du cou.

Les mouvements du cou sont très-variés, mais on peut les rapporter tous à la flexion, à l'extension, à l'inclinaison latérale et à la rotation; la circumduction résulte de la flexion successive en différents sens.

Extension. — Les muscles de la région postérieure du cou, parmi lesquels je ne citerai que les trapèzes, entrant en contraction, tendent à rapprocher l'occiput du torse en même temps qu'ils éloignent le menton du sternum. La peau et les muscles de la partie antérieure du cou, sont alors fortement tendus, les plis de cette région s'effacent, le larynx forme une saillie excessivement prononcée et la fossette sus-sternale se creuse plus profondément.

En arrière, les téguments se plissent en travers, les muscles se ramassent sur eux-mêmes, la veine jugulaire se gonfle et soulève la peau. Les trapèzes et les muscles sous-jacents se contractent et forment un relief peu prononcé autour de l'aponévrose ovalaire des trapèzes, qui se dessine très-nettement. Les sterno-cléido-mastoïdiens concourent au mouvement d'extension, mais n'augmenlent pas beaucoup de volume ; néanmoins leurs faisceaux inférieurs soulèvent assez fortement la peau, et la fossette triangulaire qui les sépare, devient plus apparente.

On remarquera que le sterno-mastoïdien concourt à produire tous les mouvements du cou ou plutôt de la tête sur le cou ; la situation de ce muscle et la position de ses points d'attache expliquent parfaitement la variété de son action.

Rappelons en quelques mots sa disposition et ses attaches. Dirigé obliquement de haut en bas et d'arrière en avant, ce muscle s'attache d'une part à l'apophyse mastoïde et à la ligne courbe de l'occipital ; de l'autre, il vient se fixer, par son faisceau antérieur, au sternum, et par son autre faisceau, à la partie interne de la clavicule.

La tête, articulée avec la colonne vertébrale, représente un levier du premier genre ayant pour point d'appui les apophyses articulaires de l'occipital. Les apophyses mastoïdes sont situées à peu près sur la même ligne transversale que ces dernières, et en agissant directement de haut en bas sur ces apophyses, on tendrait à rapprocher la tête du tronc, à l'enfoncer entre les épaules ; mais les sterno-mastoïdiens sont disposés obliquement et s'attachent non-seulement aux apophyses mastoïdes, mais encore à la ligne courbe occipitale, en arrière des apophyses ; de plus, ces muscles agissent tantôt par leurs faisceaux antérieurs, tantôt par leurs faisceaux claviculaires, tantôt enfin les deux faisceaux se contractent en même temps.

On comprendra donc que les sterno-mastoïdiens puissent faire basculer la tête en avant ou en arrière lorsqu'ils agissent simultanément, et que ce sphéroïde soit fléchi latéralement ou pivote sur son axe, quand un seul muscle se contracte.

Flexion. — Puisque les apophyses articulaires de l'occipital forment le point d'appui du levier du premier genre que représente la tête, la plus grande partie de ce sphéroïde se trouve située en avant de ce point, et s'il était abandonné à lui-même, il basculerait dans le même sens ; donc, pour que la tête se fléchisse, il suffira que les muscles postérieurs se relâchent peu à peu ; néanmoins, les puissances antérieures ne restent pas inactives, elles agissent, faiblement il est vrai, mais leur action est suffisante pour empêcher le ballottement de la tête. Le peaucier, les abaisseurs de la mâchoire inférieure, les sterno-mastoïdiens, déterminent la flexion, la peau se ride en travers et se gonfle sous le menton, la saillie du cartilage thyroïde s'efface, les faisceaux antérieurs des muscles sterno-mastoïdiens se contractent, tandis qu'à la partie postérieure, les téguments sont tendus, le col semble s'amincir, la fossette occipitale disparaît et les apophyses épineuses deviennent très-saillantes.

L'action des sterno-cléido-mastoïdiens est très-faible pendant ce mouvement, mais si la flexion a lieu quand le sujet est couché sur le dos, la tête n'est plus entraînée en avant par son propre poids et ces muscles sont forcés d'employer toute leur énergie pour la soulever ; aussi les voit-on alors se modeler vigoureusement ; les fossettes sus-sternale et sus-claviculaires se creusent entre les faisceaux musculaires dont les antérieurs sont fusiformes et les postérieurs aplatis d'avant en arrière.

Flexion latérale. — Du côté de la flexion, la peau se plisse en travers et les formes s'effacent ; d'ailleurs, elles se trouvent alors presque entièrement cachées. Du côté opposé, le cou s'allonge, la peau se tend et s'applique sur tous les muscles qui deviennent un peu plus apparents ; mais le cou change d'aspect lorsqu'un obstacle s'oppose à la flexion. Cherche-t-on, par exemple, à fléchir la tête à gauche tandis qu'avec la main on la repousse vers la droite, tous les muscles du côté gauche entrent en contraction et réunissent leurs efforts pour surmonter l'obstacle ; de vigoureux reliefs, des fossettes profondes, se montrent sur le trajet du sterno-mastoïdien et du trapèze. Le côté droit du cou est alors moins tendu et les muscles correspondants se relâchent pour laisser leurs antagonistes profiter de toute leur puissance.

Rotation. — Lorsque la tête pivote sur son axe, il faut chercher les *principales* actions musculaires, du côté opposé au sens de la rotation ; à droite, si la face se porte à gauche et réciproquement. Quand la face est tournée à droite, le côté correspondant du cou se ride obliquement de haut en bas et d'arrière en avant ; une dépression et un sillon prononcés se forment derrière l'angle de la mâchoire inférieure, tandis qu'à gauche, les tissus sont allongés, distendus ; le trapèze et le sterno-mastoïdien deviennent plus apparents ; le faisceau sternal de ce dernier muscle soulève fortement la peau et la fossette triangulaire s'enfonce entre les deux portions du muscle. Toutes ces formes se prononcent bien plus énergiquement si quelque résistance vient s'opposer à la rotation.

Je ne décrirai pas les formes accidentelles produites par la circumduction ou par les autres mouvements complexes de la tête sur le cou; on s'en rendra parfaitement compte en les décomposant; il suffira ensuite de combiner les formes qu'ils produisent et qui dérivent toutes de celles que je viens de dépeindre.

CHAPITRE V.

§ 1.

Le tronc fait immédiatement suite au cou ; il se compose de la poitrine, du ventre et du bassin ; mais je crois que dans un traité d'anatomie topographique destiné aux artistes, on aurait tort de séparer ces trois grandes régions dont les formes se confondent en plusieurs points. Il vaut mieux décrire l'ensemble des différentes faces du torse ; on n'est plus forcé, alors, de retourner sans cesse le sujet d'avant en arrière, d'arrière en avant, et d'établir des limites arbitaires ; la description est ainsi moins aride et remplit mieux le but que l'on se propose.

Sur la région moyenne et au-dessous de la fossette sus-sternale, commence le sillon sternal (D, pl. XI, fig. 1 et 2), qui s'étend presque verticalement depuis cette fossette jusqu'au creux de l'estomac. La partie supérieure de ce sillon, qui est la plus large, est inclinée en avant et de haut en bas ; elle correspond à la première portion du sternum ; l'articulation avec le reste de l'os est indiquée par un saillie angulaire transversale. Le fond de la gouttière sternale produite par la saillie des pectoraux (8, *id.*, fig. 2) est formé par le sternum et en suit la direction.

Le creux de l'estomac termine ce sillon ; il résulte de la saillie des cartilages des septièmes côtes (F, pl. XI, fig. 1). Sa forme serait toujours triangulaire s'il n'existait pas un ligament qui unit les cartilages susnommés, et convertit l'échancrure en arcade. Le creux de l'estomac est donc cintré ; l'appendice xiphoïde y détermine quelquefois une saillie assez prononcée. Le sillon sternal, interrompu par le creux de l'estomac, est continué ensuite par un sillon abdominal prolongé jusqu'au nombril ou un peu plus bas, et qui s'efface en descendant vers le pubis (K, fig. 2) ; il correspond à l'intervalle qui existe entre les muscles droits (12, fig. 1) et doit disparaître progressivement à mesure que les muscles se rapprochent, comme il arrive au-dessous de l'ombilic. Enfin, tout à fait en bas, à la partie moyenne, on trouve le pubis sur lequel nous reviendrons, et les parties génitales composées du pénis et du scrotum. Un raphé ou cordon saillant partage ce dernier en deux portions. Des deux testicules renfermés dans le scrotum, le gauche descend ordinairement plus bas que le droit.

Cette grande ligne médiane que je viens de décrire sépare des formes parfaitement semblables et symétriques.

J'ai déjà dit que la gouttière sternale était produite par les muscles pectoraux fixés sur le sternum ; ils y dessinent parfois plusieurs digitations indiquant autant de points d'insertion. On trouve au même niveau les saillies des articulations sterno-costales (fig. 1, pl XI). Plus en dehors, existe un beau plan que je nommerai pectoral, parce qu'il est formé par le muscle de ce nom (8, fig. 2, *id.*). Une description abrégée de ce muscle me paraît être le meilleur moyen d'expliquer le puissant modèle de cette belle surface.

Le grand pectoral est triangulaire ; son attache interne sur le sternum se prolonge jusqu'au cartilage de la sixième côte ; la portion supérieure du pectoral est divisée en deux faisceaux dont le plus petit s'attache à la clavicule et se dirige obliquement de haut en bas, de dedans en dehors et d'avant en arrière, vers l'humérus. Ce petit faisceau n'est séparé du deltoïde que par un intervalle rempli de tissu cellulaire ; parfois, chez les sujets fortement musclés, il est difficile de distinguer les limites des deux muscles. Près de la clavicule, cet écartement produit une fossette triangulaire sous-claviculaire. Le bord inférieur monte obliquement en arrière, passe au-devant de l'aisselle et s'incline en formant une courbe, pour aller enfin gagner l'humérus. Dans son trajet, ce bord s'épaissit depuis son extrémité interne jusqu'à l'externe. Des trois angles du muscle, l'un est à peu près aigu, c'est celui qui vient s'insérer à l'humérus ; l'angle supérieur est tronqué par la clavicule, l'inférieur est arrondit et sui le contour du cartilage de la sixième côte sur lequel il s'insère ainsi que sur l'aponévrose du grand oblique (10, fig. 2). La direction des fibres musculaires, importante à connaître, est trop clairement indiquée dans la planche, pour qu'il soit nécessaire de la décrire. Si l'on ajoute que les saillies osseuses soulèvent quelquefois le muscle, on n'éprouvera plus aucune difficulté à rendre le plan pectoral avec toute l'exactitude désirable (fig. 1, pl. XI). En effet, ce plan est triangulaire, sa surface est légèrement convexe, il se dirige obliquement de dedans en dehors, en haut et en arrière. Sa partie supérieure se confond avec la clavicule, et une fossette sous-claviculaire indique l'écartement du pectoral et du deltoïde ; dans sa portion inférieure, il est limité par une saillie musculaire, qui, partant du creux de l'estomac, se dirige d'abord en bas, se relève bientôt en décrivant un angle obtus et arrondi, pour aller gagner obliquement l'humérus et former le bord antérieur de l'aisselle, bord d'autant plus épais qu'il se rapproche davantage du bras. Dans aucun cas, peut-être, on ne rencontrera, à l'extérieur, une traduction plus exacte des muscles sous-cutanés. Le mamelon, très-peu prononcé chez l'homme, est placé à la partie inférieure du plan pectoral, à peu près au niveau du bord supérieur de la cinquième côte.

Sur les côtés du sillon sternal, on trouve, surtout chez les sujets maigres, des saillies produites par les cartilages costaux qui se portent en dehors. En examinant le squelette, on se rendra bien compte de la direction que suivent ces saillies, de leur écartement moins considérable et de leur obliquité plus prononcée, selon qu'on les observe plus bas, et enfin, des nodosités costo-cartilagineuses formant de chaque côté du sternum une ligne oblique en bas et en dehors.

Au creux de l'estomac, correspond la partie la plus élevée d'une arcade saillante constituée par les cartilages des fausses côtes ; elle suit nécessairement leur direction oblique en bas et en dehors (fig. 1 et 2). Chez certains sujets, cette arcade est moins fortement cintrée et prend

un caractère beaucoup plus large ; cette forme particulière dépend de la force plus considérable de l'extrémité
supérieure des muscles droits, qui remplit le creux xyphoïdien. La convexité de cette arcade borne la poitrine
inférieurement, et limite de chaque côté une région
triangulaire et plus rarement quadrilatérale, dont le côté
supérieur correspond au bord inférieur du plan pectoral.
Cette région, que l'on peut nommer dentelée, est bombée
et présente des éminences, des dépressions allongées
qui correspondent à la portion supérieure du muscle
droit (12, fig. 2), aux cartilages costaux et aux digitations
du muscle grand oblique (10, fig. 2), entrecroisées avec
celles du grand dentelé (9, fig. 2). Nous reviendrons plus
tard sur la disposition et le nombre de ces digitations.
Un sillon, ordinairement peu prononcé, cotoie le bord supérieur de l'arcade cartilagineuse limitée en bas par la
saillie que forme en ce point le cartilage de la dixième
côte.

L'arcade pectorale et celle qui borne la partie inférieure du ventre ont une forme toute particulière sur
les anciennes statues. L'abdomen, limité en haut et en
bas par ces deux courbes allongées transversalement
et à concavités opposées, prend l'aspect d'un écusson
ou d'un bouclier ; cette disposition donne plus d'ampleur
à la base du thorax, mais elle en raccourcit notablement
la hauteur. Comment concilier cette forme si différente
de ce que nous enseigne l'anatomie et l'examen du corps
vivant, avec la scrupuleuse exactitude que les anciens
apportaient aux reproductions de la nature ? Est-ce
le résultat d'une convention artistique, ainsi qu'on l'a

dit et répété si souvent ? Est-ce la traduction fidèle d'une forme particulière aux anciens peuples ? S'il est vrai que la beauté et la perfection des statues antiques soient dues à l'étude continuelle du nu, si facile et si naturelle à une époque où le vêtement était très-élémentaire, comment concevoir qu'une seule région du corps humain ait paru aux artistes tellement dépourvue de grâce et d'harmonie, qu'ils aient cru devoir lui substituer une autre forme éclose dans leur imagination? Les modifications subies par les vêtements sont peut-être les causes principales de cette singularité ? La poitrine, exempte des compressions de tout genre que lui font subir les vêtements modernes, au lieu de s'allonger pour regagner en hauteur ce que sa base perd en largeur, se développait librement au grand air et pouvait prendre toute l'ampleur que provoquaient encore les exercices gymnastiques et la vie guerrière. En résumé, nous ne croyons pas devoir chercher l'origine de cette forme ailleurs que dans le développement un peu plus considérable de la base du thorax, exagéré par le caprice artistique.

Toutefois, en admettant cette explication assez plausible, la forme de l'arcade ne serait pas encore vraie, car le renversement anormal des côtes, de bas en haut, pourrait seul produire ce grand cintre pectoral.

MM. Charcot et Dechambre ont publié dans la *Gazette hebdomadaire de médecine et de chirurgie* (1) un article sur *quelques marbres antiques concernant des études anatomiques.*

____

(1) 1857, t. IV, nᵒˢ 25, 27 et 30.

Parmi les gravures qui accompagnent le texte, nous avons été heureux de rencontrer la reproduction d'un marbre représentant un squelette de thorax, placé au musée du Vatican (n° 806) et que le chevalier Visconti (de Rome) fait remonter, pour le moins, au siècle d'Auguste (1). La partie postérieure de ce buste est plane et les côtes ne sont sculptées que jusqu'aux régions latérales. Leur direction est très-exacte et l'arcade pectorale ne diffère en rien de la forme ordinaire.

Reprenons maintenant la description de la face antérieure du torse. De la concavité de l'arcade pectorale, partent les deux plans des muscles droits abdominaux (12, fig. 2), situés de chaque côté du sillon médian dont nous avons déjà parlé. La réunion de ces deux plans forme une surface ovalaire, allongée depuis le creux xiphoïdien jusqu'au pubis. Les deux grandes saillies musculaires sont coupées par des sillons transversaux correspondant aux intersections aponévrotiques ou fibreuses auxquelles la peau adhère plus intimement. Ces gouttières sont presque toujours au nombre de deux ou trois de chaque côté ; on en a trouvé jusqu'à cinq, mais rarement. Lorsqu'il n'existe

(1) Est-ce tout simplement le résultat d'un caprice d'artiste, ou bien véritablement une pièce anatomique ? Les auteurs de l'article n'osent pas se prononcer à cet égard et avouent que ce n'était peut-être qu'une image de la mort destinée à figurer dans les lieux de plaisir, suivant la coutume égyptienne, pour tempérer la joie, ou plutôt pour servir de frein à l'entraînement excessif des passions. Toujours est-il que ce torse a été trouvé dans un lieu de débauche (*vico Alexandrino*, près de la porte Saint-Paul *via Aestensis*) ; mais dans le même endroit, — singulier rapprochement — on a déterré beaucoup d'inscriptions d'affranchis ayant qualification de médecins. Un autre squelette thoracique, moins exact, se trouve également au Vatican sous le n° 382.

que deux intersections, l'inférieure est située au niveau de l'ombilic, ou un peu plus haut. Chez le sujet qui nous a servi de modèle, les muscles droits étaient divisés en quatre parties, et la dernière intersection se trouvait à peu près entre le pubis et l'ombilic. Ces intersections partagent les muscles droits en coussinets quadrilatéraux peu apparents d'ordinaire mais très-prononcés sur des sujets fortement musclés. Au-dessous de l'ombilic, les plans droits abdominaux se rétrécissent et deviennent plus saillants. A la partie inférieure du tronc, au-dessus des organes génitaux, sont implantés les poils qui viennent ombrager la saillie triangulaire du pubis et annoncer la puberté.

Aux reliefs des muscles droits, sur les parties latérales du ventre, succèdent deux sillons creusés dans la direction des masses musculaires et indiquant la séparation des muscles droits et grands obliques.

En dehors du sillon latéral, est une surface à peu près triangulaire, déprimée, circonscrite par ce sillon et par le pli de l'aine. Dirigée obliquement en haut et en dehors, elle part du pubis et va, en s'élargissant, aboutir à la saillie courbe que produisent les fibres inférieures très-prononcées du grand oblique. La dépression de ce plan tient à ce qu'en ce point, les parois du ventre sont formées simplement par l'aponévrose abdominale.

J'ai dit que les fibres inférieures du grand oblique déterminaient une saillie très-prononcée ; cette saillie est limitée par le sillon iliaque convexe (K, pl. XI, fig. 1 et 2, et E, pl. XIII, fig. 2), qui fait partie du grand sillon inférieur du tronc. Dirigé obliquement en haut et en dehors, le sillon iliaque correspond à la crête de l'os des iles dont l'épine antérieure et supérieure (K, pl. XI, fig. 2) est très-apparente chez les sujets maigres. On a déjà vu des exemples de sillons semblables creusés au niveau de certaines parties osseuses très-saillantes, et l'on sait que cette forme dépend du relief produit par les muscles insérés sur les os au moyen de fibres aponévrotiques très-courtes. Lors donc que le système musculaire est peu prononcé, ou que le sujet est amaigri par les privations ou la maladie, les os l'emportent sur les muscles, et soulèvent les téguments aux mêmes points où existeraient des dépressions, dans des conditions opposées. Au-dessus de la saillie musculaire de l'oblique, les parois abdominales déprimées vont rejoindre la grande arcade supérieure du tronc et se perdre dans le plan dentelé.

Enfin, tout à fait à la partie inférieure du tronc, est creusé le grand sillon ou arcade inférieure, qui vient se réunir aux sillons iliaques au niveau des épines antérieures et supérieures de l'ilium.

Ce grand sillon inférieur prend naissance à l'épine iliaque antérieure et supérieure, et se porte en bas et en dedans jusqu'au pubis. Dans ce trajet, il suit à peu près les bords de l'échancrure antérieure du bassin (fig. 1 et 2, pl. XI). Les sinuosités de cette échancrure sont effacées par les replis ou ligaments aponévrotiques étendus depuis l'épine iliaque jusqu'au pubis. Ces ligaments inguinaux ou cruraux, recouverts immédiatement de la peau, produisent le pli inguinal dont la convexité abdominale augmente encore la profondeur. Le tronc est donc limité bien nettement en avant, par ce pli concave que les sillons iliaques réunissent à l'angle inférieur du losange dorsal. D'une autre part, l'arcade pectorale va gagner en arrière l'angle supérieur de ce même losange, de manière que le thorax, l'abdomen et le bassin ont des limites naturelles parfaitement déterminées.

Les régions latérales du tronc aboutissent au creux de l'aisselle. Ce creux est disposé de manière à loger la partie supérieure du bras qui le cache complétement lorsqu'il est appliqué contre le torse ; mais à mesure que ce membre s'élève, la région axillaire devient apparente ; aussi, dans la planche où cette région est représentée, a-t-on placé le bras dans l'extension forcée, pour mettre le creux de l'aisselle complétement en évidence.

Le creux ou fond de l'aisselle (pl. XVIII) est tapissé par la peau ; assez lâche en ce point et ombragée de poils, elle recouvre une grande quantité de tissu cellulaire ainsi que des vaisseaux et des nerfs importants. Pendant l'extension, le creux axillaire est formé par la face interne du bras et par la paroi latérale du thorax. Deux plis cutanés puissants qui, prenant naissance à la partie supérieure et interne du bras, vont, en s'écartant, se confondre avec les régions antérieure et postérieure du tronc, limitent l'aisselle dans ces deux sens. Nous savons déjà que le pli antérieur correspond au faisceau volumineux du grand pectoral, attaché à l'humérus. Le grand dorsal, les grand et petit ronds, ainsi qu'une portion du deltoïde, produisent le repli postérieur. L'épaisseur et la forme arrondie de ces deux vastes marges tiennent à la disposition des fibres musculaires.

En effet, si ces fibres marchaient directement de leur insertion thoracique à leur insertion brachiale, elles formeraient deux cordes à bords tranchants qui donneraient à cette région un aspect maigre et pauvre, bien éloigné de l'ampleur et de la puissance qui la caractérisent. On a déjà vu les fibres supérieures du trapèze se contourner et modeler une belle surface arrondie à la naissance du cou ; il en est de même des deux faisceaux que je décris en ce moment ; mais ici, les fibres s'enroulent sur elles-mêmes et forment en quelque sorte une torsade musculaire qui se traduit énergiquement à travers la peau ; à mesure qu'elles se rapprochent du tronc, elles s'aplatissent et se confondent bientôt avec les parois de la poitrine. L'espace limité par les deux faisceaux axillaires est fortement bombé d'arrière en avant ; on y remarque les saillies costales accompagnées de leurs sillons et d'éminences musculaires sur lesquelles je reviendrai plus loin. C'est en ce point que les côtes se prononcent le plus énergiquement, en suivant une direction de plus en plus oblique d'arrière en avant et de haut en bas. Les sillons qui séparent les côtes correspondent aux muscles intercostaux dont la saillie n'égale pas celle des cercles osseux. A mesure que l'obliquité des côtes augmente, les espaces intercostaux deviennent plus considérables, et les gouttières s'élargissent.

Les saillies musculaires déjà signalées sont déterminées par les digitations du muscle grand dentelé (12, pl. XIII, fig. 2), entrecroisées avec celles du grand oblique (11, *id.*), et formant ainsi à leur point de réunion une serrature qui commence vers le tiers antérieur du bord inférieur du muscle pectoral, et se dirige en bas et en arrière, en suivant une ligne courbe dont la convexité est tournée en avant; elle se perd enfin sous le bord externe du muscle grand dorsal (13, *id.*).

On voit donc que les digitations du grand dentelé peuvent être circonscrites par un triangle que formeraient : 1° le bord inférieur du grand pectoral, 2° l'externe du grand dorsal, et 3° une ligne qui réunirait ces deux bords en passant par le sommet des digitations. Au reste, les digitations des deux muscles suivent à peu près la même direction oblique d'arrière en avant et de haut en bas, mais celles qui appartiennent au grand dentelé sont toujours plus prononcées que les autres. Il est bon d'observer que l'angle des premières correspond au bord supérieur des saillies costales, tandis que les extrémités des secondes viennent aboutir au bord inférieur de ces mêmes saillies. La dernière digitation du grand dentelé se fixe sur la dixième côte. Il est rare que l'on observe d'autres formes sur cette région chez les sujets maigres; on peut parfois, ainsi que l'a fort bien remarqué Gerdy, reconnaître les articulations costo-cartilagineuses et même, en suivant la grande ligne courbe supérieure du tronc, les saillies formées par l'union des cartilages des fausses côtes. Au-dessous de ces digitations, se dessine le sillon costo-abdominal qui continue la grande arcade supérieure et antérieure du tronc et se dirige presque horizontalement en arrière. Ce sillon (E, pl. XIII, fig. 2), large et peu apparent pendant la station verticale, se prononce avec force lorsqu'on fléchit le corps latéralement. La saillie musculaire très-apparente du grand oblique,

que j'ai déjà signalée en décrivant la face antérieure du tronc, succède au sillon costo-abdominal. Un autre sillon plus marqué, et que je nommerai *iliaque*, est situé au-dessous de la saillie du muscle oblique : il correspond à la crête iliaque dont il suit exactement le trajet courbe et oblique d'avant en arrière et de bas en haut (E, pl. XIII, fig. 2) : nous avons déjà vu que ce sillon est produit par la saillie des fibres musculaires de l'oblique, fixées à la crête iliaque.

Au-dessous de ce sillon, nous trouvons une surface déprimée correspondant aux muscles moyen fessier (15, pl. XIII, fig. 2), et tenseur de l'aponévrose fascia-lata (16, *id.*) ; puis, la saillie prononcée du grand trochanter (K, fig. 1, 2) à laquelle succède, en arrière, une dépression due à ce qu'en ce point, la peau est appliquée sur l'aponévrose du fessier. Derrière cette dépression, le puissant muscle grand fessier (14, *id.*) produit une large saillie convexe, qui se continue, en arrière, jusqu'à la rainure médiane, et en bas, jusqu'au large sillon inférieur de la fesse.

La partie postérieure du tronc est creusée, sur la ligne médiane, d'une longue gouttière, depuis la septième vertèbre cervicale, jusqu'à la dernière lombaire (de C en E, pl. XII, fig. 1). La profondeur de ce sillon dépend de la saillie formée par les masses musculaires (12, fig. 2) qui longent la colonne vertébrale. Chez les sujets maigres et pendant la flexion du corps en avant, les apophyses épineuses des vertèbres, réunies par le ligament sus-épineux, proéminent au fond de la gouttière médiane. Les faisceaux musculaires dont nous venons de parler se dessinent à travers les muscles superficiels et forment deux renflements allongés, depuis les fesses jusqu'à la partie supérieure du tronc; mais leur relief s'efface de plus en plus à mesure que l'on se rapproche de la partie supérieure. Vers l'extrémité supérieure de la gouttière, existe une assez large dépression ovalaire correspondant à l'aponévrose des trapèzes (C, fig. 2); sur ses parties latérales, un plan triangulaire à surface plus ou moins concave, suivant le degré d'embonpoint, se dirige obliquement de haut en bas et d'avant en arrière. Ce plan, qui réunit en arrière le torse au cou, recouvre la portion supérieure du trapèze (4, fig. 2). Une saillie prononcée, formant le côté inférieur de cette surface, se porte obliquement en dehors et en haut vers l'épaule. On comprend, d'après ce que j'ai dit plus haut, que cette saillie, due à l'épine de l'omoplate (K, fig. 1 et 2), pourrait être remplacée par un sillon, dans le cas où les muscles auxquels elle donne attache auraient un grand développement. Mais le plus souvent, au-dessous de la saillie formée par l'épine de l'omoplate, une dépression creusée suivant la direction de cette dernière vient se contourner vers l'angle interne et supérieur du scapulum. Cette dépression est déterminée par l'aponévrose du deltoïde (5, fig. 2) et par celle du trapèze qui, en ce point, passe sur le bord interne de l'omoplate. La saillie spinale forme le côté supérieur d'un triangle complété par le bord interne de l'omoplate et la partie inférieure de son bord externe. Cette surface est lisse et bombée; ses limites ne sont bien distinctes que chez les sujets maigres ou pendant la contraction de l'épaule et

du membre supérieur. On y remarque, en haut et en
dehors, le relief deltoïdien dont la convexité se continue
avec l'épaule et avec le bras. Ce relief est limité inférieurement par une dépression longitudinale, oblique
de dedans en dehors et de haut en bas, produite par le
bord arrondi du deltoïde ; au-dessous de ce bord, existe
un plan formé par le sous-épineux (7, fig. 2), les grand
et petit ronds (9 et 8). Nous savons déjà que le grand
rond concourt avec le grand dorsal à former la limite
postérieure de l'aisselle. En se rapprochant du sillon
médian, on distingue chez les sujets musculeux la disposition triangulaire qu'affecte la partie inférieure du
trapèze. L'angle inférieur de ce triangle correspond à
peu près à l'apophyse épineuse de la dixième vertèbre
dorsale, bien qu'au moyen de son aponévrose, le trapèze
parvienne réellement jusqu'à la onzième ou jusqu'à la
douzième.

Plus bas, et suivant en dehors la direction des masses
musculaires situées sur les côtés des apophyses épineuses
(12, fig. 2), règne un sillon peu apparent à sa partie
supérieure, mais qui se prononce davantage et se porte
en dehors en se rapprochant de la fesse. Vers l'extrémité
supérieure de ce sillon, et en dedans de l'angle inférieur
du scapulum, on trouve une légère saillie triangulaire
limitée par le bord interne de l'omoplate, le bord externe
du trapèze, le bord supérieur du grand dorsal, et formée par une portion du rhomboïde (10, fig. 2) sous-
cutané en ce point. Un large plan convexe de dedans
en dehors, étendu depuis le sillon latéral du dos jusqu'au
membre supérieur et limité en dehors par un sillon

oblique de bas en haut, indique la situation du grand
dorsal (11, fig. 2). Son bord externe, qui produit le
sillon dont nous venons de parler, s'étend depuis la
partie postérieure du pli de la hanche, jusqu'à l'extrémité
supérieure du bras où il se contourne avec le grand rond,
pour former la limite postérieure de l'aisselle. Ce bord
devient surtout apparent lorsqu'on élève le bras (pl. XVIII).
Le plan du grand dorsal est accidenté par les saillies et
les intervalles costaux, dirigés d'autant plus obliquement
de dedans en dehors et de haut en bas, que l'on se rapproche davantage de la partie inférieure. Les intervalles
costaux s'élargissent à mesure qu'ils s'écartent de la colonne vertébrale. Au reste, le trajet des dernières côtes
est assez bien indiqué par une gouttière peu profonde
située à peu près au niveau de l'angle inférieur du trapèze et recourbée vers la partie latérale du tronc, où elle
va rejoindre le sillon costo-abdominal. Elle est produite
par la saillie des fibres du grand dorsal, qui s'insèrent sur
l'aponévrose lombaire (12, fig. 2).

On a vu deux grandes arcades opposées par leur concavité, embrasser une partie du tronc en avant; une
disposition analogue existe à la partie postérieure; mais,
au lieu de deux arcades, nous avons ici deux angles dont
la réunion forme un losange calqué sur l'aponévrose
lombaire. En effet, que l'on examine la préparation anatomique, et l'on verra cette aponévrose terminée par
quatre côtés et présentant quatre angles dont les deux
latéraux correspondent aux fossettes qui limitent en
arrière le sillon iliaque; l'angle supérieur touche à
celui du trapèze, l'inférieur, à la rainure de la fesse.

Je donnerai le nom de fossettes iliaques aux dépressions
creusées sur les angles latéraux du grand losange postérieur, parce qu'elles sont produites par les courbes
que les os des îles décrivent en ce point. Les deux côtés
supérieurs du losange sont dus au relief des fibres musculaires du grand dorsal, insérées sur l'aponévrose. Les
deux inférieurs, dont la convexité est tournée en haut
et en dedans, suivent la direction des crêtes iliaques et
des apophyses transverses des fausses vertèbres du sacrum, et résultent de la saillie musculaire des grands et
moyens fessiers fixés avec l'aponévrose sur ces éminences
osseuses. Aux saillies des apophyses épineuses lombaires
proéminant au fond du sillon médian, succède parfois
une dépression, vers le point de réunion de la colonne
vertébrale avec le sacrum; je la nommerai par conséquent lombo-sacrée. On retrouve dans cette région,
les reliefs des puissantes masses sacro-lombaires (12,
fig. 2), avec leurs sillons latéraux que bornent en dehors
deux régions déprimées, dues à ce que les fibres
musculaires sont moins abondantes en ce point. Enfin,
au-dessous du grand triangle inférieur, on rencontre
les fesses séparées par une rainure profonde qui prend
naissance à l'angle inférieur du grand losange et se
perd entre les deux saillies des muscles grand et moyen
fessiers (14 et 15, fig. 2). Le grand fessier, très-volumineux en ce point, est soulevé à sa partie inférieure
par la tubérosité ischiatique. Les éminences fessières,
fermes et arrondies, sont plus saillantes inférieurement
et se continuent avec les parties latérales dont on a
déjà lu la description. Tout à fait en bas, la fesse est

circonscrite par un sillon concave, très-profond surtout près de la rainure médiane où il semble prendre naissance ; mais il s'efface en se portant en dehors, et disparaît au niveau de la dépression située derrière le grand trochanter (M, fig. 1 et 2).

§ II.

Formes particulières aux différents âges et au sexe féminin.

A. *Enfance.* — Dans la première enfance, les formes du tronc sont très-peu prononcées ; la poitrine est assez large à sa base, mais elle semble aplatie latéralement ; l'union des cartilages et des côtes est très-apparente et produit, de chaque côté de la poitrine, une saillie angulaire qui commence à la partie supérieure du thorax et se porte en bas et en dehors, en décrivant une courbe à convexité inférieure et interne. Le mamelon est plus rapproché de la clavicule que du creux de l'estomac, dont la dépression est à peine sensible. Le ventre, énorme comparativement aux autres parties, est distendu par le foie très-volumineux chez les enfants nouveau-nés. L'ombilic est placé vers le tiers inférieur de l'abdomen et à peu près au milieu du corps ; les parties génitales sont surmontées d'un bourrelet graisseux ; deux plis très-marqués séparent le tronc des membres inférieurs. Le sillon vertébral n'est pas creusé profondément, et la partie postérieure de la poitrine présente fort peu de largeur. En raison de la position que l'enfant occupait dans l'utérus, la colonne vertébrale est courbée en avant. Les fesses, surmontées quelquefois de deux petites fossettes situées sur les côtés de la gouttière vertébrale, sont limitées inférieurement par deux sillons bien marqués. Vers trois ou quatre ans, la poitrine se développe, quoique son diamètre supérieur soit toujours peu considérable ; le ventre diminue, son ovoïde se raccourcit, les saillies costo-cartilagineuses sont un peu moins apparentes, le milieu du corps ne se trouve plus à l'ombilic mais un peu plus bas ; le creux de l'estomac se dessine plus nettement, ainsi que les plis des aines ; les deux fossettes lombaires se creusent davantage, surtout chez les enfants doués d'un certain embonpoint ; le bassin est toujours étroit. Ces formes sont encore arrondies, masquées par le tissu cellulaire ; elles se laissent à peine deviner ; tout cela est indécis, à peine ébauché ; ce n'est qu'à l'époque de la puberté que l'on commence à voir les différentes régions du corps se transformer progressivement, pour revêtir enfin les caractères propres à l'âge adulte. La poitrine continue à empiéter sur le ventre, elle s'allonge, s'élargit dans tous les sens ; les articulations costo-cartilagineuses s'effacent en partie, les arcs costaux soulèvent les téguments, le sillon sternal s'enfonce entre les pectoraux, le creux de l'estomac s'est prononcé au sommet de l'arcade costale, le ventre s'aplatit, le milieu du corps correspond à peu près au pubis, les plis des aines deviennent plus obliques en dedans, leur courbure diminue, la gouttière dorsale est plus profonde et l'on y distingue les sommets des apophyses épineuses ; les courbures de la colonne vertébrale sont bien déterminées, les sillons iliaques commencent à paraître ; plus de fossettes, plus de ces gras replis ; le corps s'amaigrit, s'allonge, la viri-

lité s'annonce par le développement des organes repro-
ducteurs et par l'apparition des poils aux aisselles, à
la poitrine, au pubis ; enfin, la transformation est
achevée, l'enfant s'est fait homme, l'œuvre de la nature
est complète.

B. *Vieillesse*. — Cette période brillante de puissance et
de beauté passe rapidement, l'heure de la décadence à
sonné ; le corps s'amaigrit, se dissèque en quelque sorte,
les organes de la locomotion ont perdu leur vigueur, le
tégument, flasque et ridé, ne recouvre plus que des formes maigres et grêles ; il semble que les clavicules, les
côtes et leurs articulations, les crêtes iliaques, les omoplates, les saillies épineuses vont se faire jour à travers
la peau. Parfois, la colonne vertébrale s'infléchit en avant
et force le vieillard à tenir ses yeux constamment baissés
vers la terre ; des rides, des plis nombreux sillonnent la
peau ; les poils grisonnent, tombent, et bientôt, de tout ce
bel ensemble, de ces formes élégantes et vigoureuses que
la nature avait réparties avec profusion sur le corps de
l'homme, il ne reste plus que de tristes vestiges, il ne
reste plus qu'un cadavre décharné.

Ce n'est pas dans un traité des formes que l'on espère
rencontrer la description du vieillard chargé d'embonpoint ; que dire de ces masses charnues où l'on ne distingue plus qu'une large enveloppe distendue outre mesure ? de ces gros vieillards enfin qui fourniront parfois
des types à quelque crayon satyrique, mais jamais au
sévère pinceau de l'histoire ?

C. *Formes de la femme*. — Si le torse de l'homme est
remarquable par la richesse et la puissance des formes,

il offre chez la femme la plus séduisante réunion de contours voluptueux, de gracieuses inflexions. Tantôt, la peau
blanche et diaphane laisse transparaître le réseau azuré des
veines; tantôt, elle est dorée par les tons les plus chauds,
et ce riche coloris trahit souvent des passions ardentes,
impérieuses. La poitrine est plus courte et son sommet
plus étroit que chez l'homme, sa base se resserre malheureusement sous l'influence pernicieuse des corsets. La
fossette sus-sternale et le sillon sternal sont à peine indi-
qués; les muscles droits et leurs intersections s'effacent
presque en entier; deux ou trois plis convexes inférieurement surmontent le pubis ombragé de poils plus ou
moins touffus, suivant la couleur des cheveux et de la
peau. Sur la paroi antérieure de la poitrine, au niveau
de la partie moyenne du sternum, s'élèvent deux hémi-
sphères revêtus d'un tissu remarquable par sa finesse et
sa blancheur, et sillonné de minces filets bleuâtres. Les
mamelons, entourés d'une auréole rose et dirigés en
dehors, proéminent légèrement à la surface des seins
dont la direction est un peu oblique de bas en haut et
d'arrière en avant; leur partie supérieure se continue
insensiblement avec la poitrine; en bas, un sillon à convexité inférieure les en sépare. Au reste, ces organes qui
forment un des plus beaux ornements et annoncent, par
leur présence, l'admirable mission de la femme, varient
considérablement chez les différents individus et aux
différents âges. Fermes et presque toujours peu saillants
chez la jeune fille, ils se développent bientôt et semblent se préparer à de nouvelles fonctions; puis ils perdent leur fraîcheur, se ramollissent et s'affaissent, sur-

tout chez les femmes qui nourrissent ou qui ont eu plusieurs enfants. Alors, le mamelon grossit, s'allonge, et sa teinte brune s'étend à l'auréole dont le cercle s'agrandit. On voit aussi des femmes dont la poitrine est presque plate et présente beaucoup d'analogie avec celle de l'homme; d'autres fois, comme par compensation, la nature se montre prodigue; alors, ce n'est plus un séduisant et délicat ornement, c'est un fardeau que semblent porter ces femmes plantureuses, une masse toujours prête à rompre les tissus qui l'emprisonnent avec peine.

La largeur du bassin est remarquable chez les femmes, néanmoins son diamètre transversal est ordinairement moins grand que celui des épaules, bien qu'il l'égale quelquefois; les hanches font saillie en dehors, mais s'arrondissent harmonieusement. Les contours du dos sont de la plus grande pureté; point de formes heurtées; elles se fondent les unes dans les autres; la région des reins est allongée, le sillon vertébral se relève de chaque côté et donne naissance à deux beaux plans convexes que soulèvent à peine les omoplates; la courbure inférieure de la colonne vertébrale, fortement accusée, détermine cette cambrure si hardie, si attrayante, surtout lorsque la femme se hanche en même temps qu'elle porte le haut du corps en arrière. Pour surcroît de charmes, admirez ces deux fossettes grassement modelées sur la région lombaire! Il est impossible d'imaginer rien de plus souple, de plus onduleux, de rêver des formes plus pures; sans contredit, la face postérieure du torse de la femme est le chef-d'œuvre de la nature!

Après s'être creusé fortement aux lombes, le plan postérieur du tronc se développe largement en arrière, se divise en deux portions arrondies, déprimées en dehors et limitées inférieurement par des sillons à concavité supérieure, plus profonds en dedans qu'à la partie externe où ils se perdent sur la cuisse.

En général, chez la femme, les dépressions et les reliefs du torse sont moins prononcés que chez l'homme ; c'est, à quelques légères différences près, la même charpente, le même système musculaire, mais avec des saillies osseuses moins âpres, un modelé musculaire moins vigoureux ; et tous ces accidents, enveloppés d'une couche de tissu cellulaire qui adoucit les transitions trop heurtées, arrondit les contours, comble les dépressions, contribuent puissamment à donner au corps d'une belle femme ces formes séduisantes dont l'attrait irrésistible assure, pour toujours, au sexe le plus faible un empire absolu sur le sexe le plus fort.

§ III.

Changements de forme produits par les mouvements du tronc.

Le tronc exécute des mouvements sur lui-même et sur les membres inférieurs, mais presque toujours, le déplacement du tronc résulte du concours des mouvements propres et communs ; néanmoins, je ne décrirai actuellement que les premiers, renvoyant les autres à la description des membres inférieurs, parce que les modifications qu'ils déterminent portent principalement sur ces membres.

Les mouvements propres du tronc, au nombre de quatre, sont : la flexion, l'extension, la flexion latérale et la
rotation ou torsion. Ils sont peu étendus, parce que la
colonne vertébrale, centre de tous ces mouvements, ne
peut se mouvoir en différents sens, qu'en vertu de la
mobilité partielle des vertèbres les unes sur les autres, et
l'on sait combien elle est limitée (1).

Flexion. — Ce mouvement n'a aucune influence sur
les formes de la poitrine, mais le ventre semble divisé en
deux parties par un pli transversal assez profond, qui se
montre un peu au-dessus des arcs cartilagineux des fausses côtes, vis-à-vis de la deuxième intersection aponévrotique des muscles droits ; les différentes portions de ces
muscles se modèlent nettement, surtout vers leur partie
moyenne ; à leur point de contact avec le grand oblique,
deux fossettes se creusent sur le prolongement du pli
dont il vient d'être fait mention. Les plans pectoraux,
sont fortement accusés.

On distingue en même temps les muscles obliques
ainsi que leurs digitations, et la région sus-inguinale se
ramasse sur elle-même en augmentant la profondeur du
sillon de l'aine.

Tandis que la partie antérieure du tronc exécute ce
mouvement de flexion, toutes les puissances locomotrices
de la face postérieure sont fortement tendues ; les faisceaux supérieurs des trapèzes s'aplatissent, les apophyses
épineuses des vertèbres, les omoplates, forment des saillies prononcées, la profondeur de la gouttière dorsale di-

____

(1) Voyez chap. IV, première partie.

minue, le grand dorsal s'applique plus exactement sur les côtes dont les arcs se dessinent bien nettement. Les fossettes des lombes (fossettes iliaques) s'effacent, la courbure lombaire du rachis se redresse, tandis que la portion dorsale se courbe davantage en avant ; les fesses se creusent en dehors et le sillon iliaque disparaît en arrière. Toutes ces formes deviennent bien plus apparentes, surtout à la partie antérieure, si la flexion rencontre une résistance, par exemple, lorsqu'on se courbe en avant pour repousser un adversaire ou un lourd fardeau.

Extension. — L'extension ne consiste pas seulement à redresser le tronc fléchi en avant, mais bien à le courber fortement en arrière. Ce mouvement est porté jusqu'aux dernières limites par les saltimbanques que nous voyons sur les places publiques se pelotonner sous le prétexte d'imiter la *syrène* : on ne s'attend pas, sans doute, à ce que je décrive les changements de formes produits par ce tour de force.

L'extension exige un plus grand effort que la flexion, car le second de ces mouvements s'effectuerait naturellement et par le seul poids des parties situées au-devant de la colonne vertébrale, si l'on abandonnait le corps à lui-même ; aussi les formes produites pendant l'extension sont-elles bien plus prononcées. Dès que le torse se courbe en arrière, on voit paraître bien distinctement les dépressions aponévrotiques correspondant à l'épine de l'omoplate et à la grande aponévrose ou losange des lombes. Les masses musculaires qui bordent le sillon vertébral, augmentent sa profondeur en se gonflant ; leurs puissantes saillies sont surtout apparentes à la région lombaire. Le trapèze, le grand dorsal, principalement à sa partie inférieure, et les fessiers, sont contractés ; leurs points d'insertion se modèlent avec vigueur ; les saillies des apophyses épineuses et de l'angle scapulaire deviennent moins apparentes, la courbure supérieure de la colonne vertébrale se redresse, tandis que l'inférieure se prononce davantage. Le tégument est tendu ainsi que les muscles de la face antérieure du tronc ; les formes musculaires ne sont pas beaucoup plus modelées, mais l'arcade inférieure de la poitrine est plus saillante, et on distingue fort bien les digitations entre-croisées du grand oblique et du dentelé.

Pendant l'extension comme pendant la flexion, les formes se prononcent plus énergiquement lorsque le tronc est obligé de vaincre une résistance pour exécuter le mouvement ; c'est ce qu'il est facile de vérifier sur le modèle, en lui faisant tirer une corde solidement fixée à un objet immobile ; mais il faut remarquer que dans ce cas, les puissances musculaires antérieures et postérieures du tronc entrent presque simultanément en action, parce que le corps oscille, en quelque sorte, entre les deux mouvements d'extension et de flexion, et que les muscles sont, si j'ose m'exprimer ainsi, dans une appréhension continuelle du changement qui peut survenir ; certains efforts du torse déterminent la contraction simultanée de tous les muscles, ainsi qu'on le voit fort bien chez les lutteurs lorsqu'ils se tiennent embrassés corps à corps ; chacun cherche à soulever son adversaire, à lui faire perdre pied, chacun résiste à son tour, jusqu'à ce qu'il reprenne l'offensive.

Flexion latérale. — Ce mouvement est produit presque entièrement par les muscles antérieurs et postérieurs de la moitié du corps qui correspond au sens de la flexion. On remarquera, du même côté, des plis formés par la peau, et le relief du muscle grand oblique au-dessus du sillon iliaque ; du côté opposé, la base du thorax devient saillante, les digitations du dentelé et du grand oblique se dessinent davantage à l'extérieur, et le sillon iliaque s'efface.

Torsion. — La torsion est très-limitée, on ne l'exécute d'ordinaire que lorsque étant assis ou debout, on cherche à tourner fortement la tête pour regarder en arrière ; mais dans le second cas, c'est-à-dire pendant la station verticale, le mouvement propre de torsion n'est que le complément de la rotation du tronc sur les cuisses. La torsion habituelle n'imprime pas aux formes musculaires des modifications bien sensibles ; il n'en est plus de même quand elle s'exécute péniblement ; lorsqu'on veut, par exemple, porter avec force un coup de gauche à droite ou réciproquement, faucher, renverser son adversaire sur le côté. Alors les muscles se contractent vigoureusement, puis le tronc se détend comme un ressort hélicoïde. Dans tous ces exemples, la torsion s'effectue d'abord dans un sens, et ensuite les puissances contraires ramènent rapidement le torse du côté opposé.

Pour rendre la description plus claire, déterminons le sens de la rotation et supposons qu'elle ait lieu sur l'axe du corps, de gauche à droite et d'avant en arrière. Nous verrons alors la peau se tendre obliquement de gauche à droite et de bas en haut, sur les parties antérieures et latérales ; des saillies plus ou moins prononcées, suivant la force employée, correspondront : à droite, à la moitié inférieure du trapèze, au grand dorsal, à l'angle inférieur de l'omoplate, au grand pectoral, au grand dentelé ; à gauche, au grand fessier, au grand oblique et au muscle droit de l'abdomen. Les masses sacro-lombaires seront plutôt déprimées que saillantes. La ligne blanche se dirigeant de bas en haut et de gauche à droite, le sillon dorsal suivra une direction inverse. Les autres muscles resteront en repos, mais pour entrer en action dès qu'il sera nécessaire de ramener le tronc de droite à gauche et d'arrière en avant.

Je ne saurais trop répéter que toutes les formes accidentelles produites par les mouvements du tronc sont très-peu prononcées lorsque ces mouvements s'exécutent sans rencontrer d'obstacles, et qu'il faut une action assez énergique pour les mettre en relief. J'insiste sur ce point, parce qu'on se laisse volontiers entraîner à accentuer trop vigoureusement ces formes.

CHAPITRE VI.

FORMES EXTÉRIEURES DES MEMBRES SUPÉRIEURS.

§ I.

La racine du membre supérieur est formée par l'épaule arrondie et saillante sur les parties latérales du tronc. On y remarque d'abord l'angle produit par la rencontre de la clavicule avec l'apophyse acromion qui termine l'épine scapulaire (B, pl. XIV, fig. 1 et 2). L'extrémité articulaire de la clavicule soulève toujours le tégument, mais parfois cette saillie est trop prononcée, et l'artiste doit chercher à l'atténuer. En dehors de l'articulation claviculo-scapulaire, existe une dépression qui précède la saillie deltoïdienne et résulte du relief formé par les fibres musculaires. Le deltoïde (3, fig. 1) se dessine énergiquement à la partie supérieure du bras, sous la forme d'une éminence arrondie, continue avec la région externe du membre et les faces antérieure et postérieure du tronc. La saillie de l'épaule est due à ce que la tête de l'humérus soulève les fibres puissantes du deltoïde et les pousse en haut, en dehors et en avant. Les deux bords de ce muscle se dirigent obliquement du tronc vers la partie externe du bras, et viennent former l'angle deltoïdien que l'on reconnaît sans peine sur les sujets vigoureux (pl. XVI, fig. 1 et 2). Chez ces derniers, des sillons

plus ou moins nombreux, creusés depuis la partie supérieure de l'épaule jusque auprès de l'angle du deltoïde,
indiquent les cloisons aponévrotiques qui séparent les
faisceaux musculaires. Vers la partie postérieure et au-
dessous de l'extrémité externe de l'épine scapulaire, existe
un méplat déterminé par la compression que l'aponévrose
exerce sur les parties sous-jacentes. L'angle du deltoïde
est parfaitement indiqué par une fossette à peu près
triangulaire, d'autant plus profonde que les muscles
voisins sont plus saillants. A la partie antérieure du
bras, on voit, en haut, la dépression oblique du bord
antérieur du deltoïde, puis un relief fusiforme puissant, qui commence. à cette dépression et s'avance
vers le pli du bras où il se termine en pointe et en
formant un méplat très-prononcé, connu sous le nom
de saignée ou pli du bras. Cette saillie est produite
par le ventre du biceps (4, pl. XIV, fig. 2), et la dépression, par le tendon sur lequel les fibres musculaires
s'insèrent avant qu'il ait atteint son point d'attache.
La dépression triangulaire du pli du bras est souvent
rendue plus évidente par la disposition des veines dont je
m'occuperai bientôt. En se reportant à la planche, on
comprendra facilement l'origine de cette forme. L'extrémité inférieure du biceps s'enfonce dans l'intervalle que
laissent entre eux les muscles de l'avant-bras ; il doit
résulter de cette disposition, une dépression que l'on a
comparée à un fer de flèche dont l'angle rentrant corres-
pondrait au biceps, tandis que sa pointe et ses côtés
seraient dessinés par les bords interne et externe des muscles long supinateur (7, pl. XIV, fig. 2) et rond prona-

leur (10, pl. XIV, fig. 2), adossés vers la partie moyenne du bras. Le sommet de ce triangle vient se perdre dans un sillon peu prononcé, produit par la réunion des muscles de l'avant-bras, et qui s'efface vers le milieu de ce membre. Cette dépression médiane est bornée, de chaque côté, par les masses musculaires fixées aux tubérosités interne et externe de l'humérus, et prolongées en deux reliefs oblongs et ovalaires dont l'interne est beaucoup plus saillant à sa partie supérieure, parce qu'en ce point, les fibres musculaires sont soulevées et distendues par la poulie de l'humérus. Un méplat succède à ces deux ventres ; à sa partie moyenne, règne une gouttière longitudinale peu profonde, limitée par deux cordes tendineuses, prenant naissance aux renflements de l'avant-bras et surtout apparentes vers l'extrémité inférieure du membre. La corde extérieure, formée par le tendon du grand palmaire (11, pl. XIV, fig. 2) est la plus large ; le tendon du petit palmaire (12, fig. 2) produit la corde interne. Ces tendons marchent obliquement de haut en bas et de dedans en dehors, sans beaucoup s'écarter de la ligne médiane. Ils divisent l'avant-bras en deux parties légèrement creusées en gouttière vers l'extrémité inférieure ; dans la gouttière externe ou radiale, on distingue quelquefois le cordon peu saillant de l'artère radiale dont les battements se font sentir en ce point. Tout à fait en bas, en dehors de ce cordon, une légère saillie indique la base de l'apophyse styloïde du radius (7, fig. 2). La gouttière interne, plus large que la précédente, est moins profonde, parce qu'elle est en partie comblée par les tendons du fléchisseur superficiel des doigts (13, fig. 2) ; le tendon du cubital antérieur (14, fig. 2) la limite en dedans.

Toute cette face antérieure du membre supérieur est sillonnée par des veines plus ou moins apparentes, dont la disposition est très-variable ; cependant, elle se rapproche toujours de celle que nous avons indiquée dans la figure. Les deux veines du bras suivent à peu près le bord du muscle biceps ; l'externe, qui remonte vers le creux deltoïdien, est la *veine céphalique ;* l'interne porte le nom de *basilique.* Arrivés au pli du bras, ces deux troncs se bifurquent et produisent quatre branches dont l'interne et l'externe, moins apparentes, suivent les bords cubital et radial de l'avant-bras jusqu'à leur partie inférieure, tandis que les moyennes, beaucoup plus grosses, se dirigent obliquement vers la gouttière médiane de l'avant-bras où elles se réunissent pour former la veine médiane. De ces deux branches moyennes, l'externe est la médiane céphalique, l'interne la médiane basilique. L'angle formé par la réunion de ces deux dernières veines contribue à rendre plus évident l'espace triangulaire du pli du bras.

Je ne pouvais me dispenser d'indiquer ces veines principales qui donnent beaucoup de grâce au membre supérieur et l'enrichissent de formes nouvelles.

A la partie inférieure de l'avant-bras, un sillon léger, dont la trace persiste même lorsque la main est dans l'extension forcée, indique le pli du poignet. Ce sillon, produit par la flexion fréquente de la main sur l'avant-bras, est quelquefois double, mais le pli supérieur est toujours moins prononcé, parce qu'il ne dépend que du froncement de la peau.

Deux éminences osseuses sont situées sur le trajet du sillon du poignet : l'une est couverte · par son extrémité interne, l'autre est placée au point d'union de son tiers moyen avec son tiers externe. La première, plus petite mais plus saillante, est la tubérosité pisiforme produite par l'os de ce nom (E, pl. XIV, fig. 2) sur lequel s'attache le cubital antérieur ; l'autre, plus large, mais beaucoup moins saillante, semble recevoir le tendon du grand palmaire et correspond à la saillie du scaphoïde (D, fig. 2). Une petite dépression surmonte l'angle supérieur de l'aponévrose palmaire (12, *id.*), et sépare l'origine des éminences thénar et hypothénar qui concourent à sa formation. Ces deux éminences occupent les parties latérales de la paume de la main et circonscrivent en dedans et en dehors la dépression palmaire. Elles prennent naissance aux saillies scaphoïdienne et pisiforme, pour se porter : l'éminence thénar vers le pouce, et l'hypothénar vers le doigt auriculaire. La première est la plus saillante, elle a une forme ovalaire parfaitement circonscrite : en dedans, par un sillon courbe très-prononcé, en bas, et en dehors, par le pli cutané qui s'étend du pouce à l'index, par le sillon de la base du pouce et par le bord externe de la main. Renflée à sa base, cette éminence s'affaisse brusquement à sa partie moyenne. Le point le plus saillant correspond au court abducteur (18, fig. 2) et au court fléchisseur du pouce (3, fig. 4), et la dépression inférieure, à l'adducteur (6, fig. 4) moins volumineux que le précédent, et à l'expansion externe de l'aponévrose palmaire. L'éminence hypothénar, moins prononcée, est allongée et un peu plus sensible à sa partie supérieure et moyenne, que dans le reste de son étendue ; elle est formée par les muscles adducteur (2, fig. 4) et court fléchisseur du petit doigt (4, fig. 4) : le palmaire cutané (19, fig. 2) concourt aussi à produire cette saillie. L'aponévrose palmaire, adhérente à la peau de la main, l'entraîne vers le métacarpe et détermine la dépression palmaire ; ses bords brident les deux éminences que je viens de décrire et les rendent plus apparentes. Cette aponévrose se divise en quatre languettes qui s'attachent aux extrémités inférieures des métacarpiens et se traduisent, à l'extérieur, par autant de dépressions alternant avec des éminences que forme le tissu cellulaire repoussé vers les intervalles des brides aponévrotiques. L'adhérence des téguments avec l'aponévrose explique à la fois le creux palmaire et les plis constants qu'on y remarque. En effet, lorsque le pouce se rapproche du petit doigt par un mouvement d'opposition, la peau, libre de se porter en avant, formerait une pelote qui comblerait le vide existant entre les éminences thénar et hypothénar, tandis que forcée, par suite de son adhérence, de se plisser toujours de la même manière, elle conserve les traces des plis qu'elle forme constamment, et ces traces dessinent l'M majuscule imprimée dans la paume de la main. Je ne pense pas qu'il soit nécessaire de décrire minutieusement ces plis, je me contenterai d'indiquer leurs points d'origine et de terminaison.

Le grand sillon ou dernier jambage, dont j'ai déjà parlé à l'occasion de l'éminence thénar, commence à peu près au niveau de la saillie scaphoïdienne, et finit sur le bord radial de l'index où il se confond avec un pli particulier, très-apparent lorsque ce doigt se fléchit. Le sillon qui forme le premier jambage de l'M est moins profond; il commence sur le bord cubital de la main, vers la base du doigt auriculaire, et va se perdre dans un pli cutané situé entre l'index et le médius. De l'extrémité inférieure de ces sillons, partent les deux moyens entrecroisés au milieu de la main, et dont l'interne se prolonge jusqu'à la saillie pisiforme; ils sont toujours beaucoup moins accusés que les deux autres (pl. XIV, fig. 1).

Des plis articulaires au nombre de deux pour chaque doigt, excepté pour l'indicateur qui n'en a qu'un seul, sont creusés à la base de ces appendices; le pli du pouce se contourne vers la partie supérieure et se perd sur le bord radial de la main; les quatre autres, avec les plis cutanés et tranchants placés entre les bases des doigts, forment une arcade festonnée dont l'extrémité interne descend plus bas que l'externe. La première articulation des phalanges est également couverte de doubles sillons opposés par leurs concavités; enfin, les quatre derniers doigts présentent un autre sillon au niveau de la dernière articulation. Ces sillons ne sont pas placés sur la même ligne; en général, le sillon d'un doigt est creusé en regard du renflement du doigt suivant. Le pli du pouce est à peu près au niveau de l'extrémité inférieure du premier jambage de l'M. Le premier sillon de l'index correspond à l'extrémité du pouce; le second, au milieu de la seconde phalange du médius dont les deux plis sont situés : le premier, en regard de la partie moyenne de la seconde phalange annulaire : le second, vis-à-vis de la pulpe du même doigt. Les plis de ce dernier partagent à peu près exactement les deux premières phalanges du médius ; ceux de l'auriculaire se trouvent tous deux au-dessous de la première articulation phalangienne de l'annulaire. Ces dispositions varient, il est vrai, mais ne s'éloignent jamais beaucoup de celle que je viens d'indiquer.

Les sillons articulaires séparent des éminences arrondies dont les premières sont les plus saillantes ; les dernières, ou pulpes des doigts, ont la forme de petits mamelons arrondis sur l'extrémité des phalanges et s'enfoncent dans des rainures limitées en arrière par les ongles. Entre le mamelon du pouce et son sillon articulaire, on remarque, pendant la flexion, une ride assez apparente produite par le froncement de la peau et dont la trace persiste quelquefois lorsqu'on étend le pouce. Le pli cutané qui réunit ce dernier à l'index est beaucoup plus étendu que les autres.

A la partie postérieure du bras, on remarque une saillie oblongue, depuis le bord postérieur du deltoïde, jusqu'à la partie moyenne du membre où elle se convertit en un plan prolongé jusqu'au coude. On reconnaît ici le triceps et son tendon épanoui sur la face postérieure du muscle (4 et 4', pl. XV, fig. 2). En dehors, la partie inférieure de la dépression brachiale postérieure est bornée par un sillon profond auquel succède un relief prononcé, anguleux à sa partie supérieure, et contourné vers le bord externe de l'avant-bras ; c'est la saillie du long supinateur et du premier radial externe (6 et 7, pl. XV, fig. 2), que nous retrouverons bientôt. L'apophyse olécrâne du cubitus (C, fig. 2, *id.*) détermine l'éminence anguleuse du coude ; elle s'efface de plus en plus à mesure

que l'on étend l'avant-bras, et se transforme enfin en
une fossette assez large. Une surface plane et, plus souvent, une dépression, répond à l'intervalle qui existe
entre l'olécrâne et la tubérosité interne de l'humérus
(B, fig. 2), intervalle que les parties molles ne peuvent
combler. Une fossette plus prononcée borne l'éminence
olécrâne en dehors ; elle reconnaît pour cause le vide
existant au niveau de l'articulation huméro-radiale, et
qu'augmente encore le faisceau des muscles de l'avant-
bras, insérés sur la tubérosité externe de l'humérus. Au-
dessous et un peu en dehors de l'éminence olécrânienne,
l'anconé (8, fig. 2) dessine un plan triangulaire limité
en dehors par le ventre du cubital postérieur (13, fig. 2),
qu'une gouttière peu apparente produite par la cloison
des gaînes aponévrotiques, sépare du relief longitudinal de l'extenseur commun des doigts et propre du petit
doigt (11 et 12, fig. 2). En avançant toujours vers le
bord radial de l'avant-bras, on voit succéder à un second
sillon, creusé sur le bord externe de l'extenseur commun,
la saillie légère du second radial externe (10, fig. 2) ;
elle se termine en pointe avec la précédente, sous le bord
du renflement occasionné par le premier radial et le long
supinateur (6 et 7, fig. 2). Tout à fait en dedans, existe le
sillon qui limite l'anconé et sépare le cubital postérieur de
l'antérieur (9, fig. 2). Ce dernier muscle modèle, tout le
long de la partie postérieure et interne de l'avant-bras,
un ventre assez saillant dont le volume est accru par les
muscles qui s'attachent à la tubérosité interne de l'humérus.

Le cubitus (C, fig. 1) forme le fond de la **gouttière**

que je viens de décrire ; son bord postérieur soulève
sensiblement la peau à la partie inférieure de l'avant-
bras, et fait succéder à la gouttière une saillie longitudinale étendue jusqu'au poignet. Vers le bord radial,
au-dessus du poignet, dans l'intervalle qui sépare le long
extenseur des radiaux, on voit naître un relief qui se
porte obliquement en dedans et en dehors, sur le bord
radial de l'avant-bras ; la peau est soulevée en ce point
par les muscles long abducteur et court extenseur du
pouce (14 et 14', fig. 2), fixés : le premier, à l'extrémité
supérieure du premier os du métacarpe, le second, à la
même extrémité de la phalange du pouce. En dedans
de ce relief, on reconnaît, chez les sujets maigres,
la corde tendineuse de l'extenseur commun des doigts
(11, fig. 2). Une ligne menée de ce tendon à ceux que
l'on distingue sur la partie antérieure de l'avant-bras,
partagerait ce membre en deux moitiés à peu près égales.

Deux éminences, inégales en hauteur, s'élèvent sur la
face postérieure du poignet ; l'interne, plus volumineuse
et arrondie, est formée par la tête du cubitus (D, fig. 2) ;
une saillie osseuse de l'extrémité inférieure du radius
produit l'éminence externe (E, fig. 2), plus aiguë mais
moins saillante et toujours située plus bas que l'interne.
On ne remarque aucun sillon transversal sur la face postérieure du poignet, parce que les mouvements d'extension,
plus limités que ceux de flexion, ne donnent pas lieu à
des plis de la peau assez prononcés pour laisser des
traces permanentes. Le dos de la main est légèrement
concave de haut en bas, convexe dans le sens transversal.
Les tendons des muscles moteurs du pouce et des autres

doigts s'y dessinent, chez les hommes maigres, sous forme de cordes assez prononcées qui prennent naissance au poignet, s'épanouissent en éventail sur le dos de la main, et vont gagner la racine des doigts. Le premier tendon, en comptant de dehors en dedans, et le plus apparent, est celui du long extenseur du pouce (16, fig. 2); les trois suivants appartiennent au long extenseur des doigts (7, fig. 4). Le dernier est le tendon de l'extenseur propre du petit doigt (12, fig. 2). Tout à fait en dehors, un sixième tendon s'étend du poignet à la main, et se porte à la rencontre de celui du pouce auquel il semble se réunir vers la base de ce doigt, limitant ainsi un espace triangulaire creusé en fossette profonde ; c'est le tendon du court extenseur du pouce (14, fig. 2). Les autres cordes tendineuses sont séparées par des gouttières peu profondes qui s'élargissent progressivement jusqu'à leur partie inférieure où se font sentir les reliefs des muscles interosseux. Cette disposition est surtout remarquable dans le premier intervalle où le muscle interosseux se dessine parfaitement sous la peau (4, fig. 4). En dedans, le dos de la main est borné par le coussinet musculaire de l'opposant et de l'adducteur du petit doigt (6, fig. 4).

Les articulations des doigts avec la main produisent des saillies très-prononcées chez les gens maigres ; elles ne sont pas toutes également proéminentes ; celle du doigt du milieu l'emporte sur toutes les autres ; viennent ensuite les articulations de l'indicateur, du pouce, de l'annulaire et du petit doigt. Sur une main potelée, ces éminences sont remplacées par des fossettes creusées dans le tissu adipeux.

Le tégument de ces articulations est sillonné d'un grand nombre de rides entrecroisées en tous sens; moins prononcées sur l'articulation du petit doigt, elles suivent sur celle du pouce la direction des autres rides de la peau. En examinant la face dorsale des quatre derniers doigts, on retrouve à peine la trace des tendons extenseurs qui se perdent vers la partie moyenne des premières phalanges; mais le tendon du long extenseur du pouce ne s'efface qu'au niveau de son articulation phalangienne. La face postérieure des doigts est convexe dans le sens transversal; les plis articulaires sont nombreux et circonscrits dans un espace ovalaire sur les premières articulations phalangiennes, tandis que les dernières sont indiquées par des rides à peu près transversales. Ces rides ne sont pas placées exactement au même niveau que les plis antérieurs, mais au-dessus et au-dessous de ces derniers. Enfin, l'extrémité des doigts est recouverte, en arrière, par les ongles qui naissent vers le milieu des dernières phalanges, et sur les bords latéraux desquels le tégument se relève en formant de petites gouttières. Quatre échancrures profondes, creusées entre les articulations métacarpo-phalangiennes, descendent entre les doigts, se portent obliquement en avant, et vont, en s'élargissant, rejoindre et borner les plis concaves qui limitent en bas la paume de la main. L'échancrure creusée entre le pouce et l'indicateur suit le bord externe du premier interosseux dorsal (4, pl. XV, fig. 4), et doit surtout sa profondeur à la saillie de ce muscle.

J'ajouterai, pour n'avoir plus à revenir sur les doigts, que leurs faces latérales, convexes comme les parties antérieures et postérieures, ne présentent autre chose à considérer que de légers renflements au niveau des articulations, et les terminaisons des plis articulaires antérieurs et des rides postérieures.

La face dorsale de la main et de l'extrémité inférieure de l'avant-bras est sillonnée par des veines dont la disposition est très-irrégulière sur cette dernière région, tandis qu'au dos de la main, elles forment ordinairement une arcade à concavité supérieure, d'où partent des rameaux anastomosés avec ceux de l'avant-bras. Sa convexité reçoit des parties latérales des doigts, quelques branches qui dessinent souvent une petite arcade sur leur face dorsale.

Un sillon, né de la fossette deltoïdienne, règne sur le côté externe du bras et se termine vers sa partie moyenne. L'intervalle creusé entre les bords externes du brachial antérieur (6, pl. XVI, fig. 2) et du triceps (7, *id.*), produit ce sillon à l'extrémité inférieure duquel vient aboutir la saillie angulaire du long supinateur et du premier radial externe (8 et 10, fig 2). Cette saillie augmente, s'élargit et se dirige obliquement en bas et en avant, de la face postérieure du membre vers l'antérieure où elle se confond avec le ventre externe de l'avant-bras. Elle est bornée postérieurement par une gouttière qui commence à la fossette radio-cubitale et vient se terminer à l'extrémité supérieure du relief du second radial externe (11, fig. 2), en côtoyant le long extenseur et le premier radial. Plus bas, on trouve une région étroite, convexe d'avant en arrière, où les téguments ne recouvrent que les tendons du long supinateur (8, fig. 2), ceux des deux radiaux (10 et 11, *id.*) et le radius. Au-dessus du poignet, les téguments sont soulevés par des faisceaux musculaires dirigés obliquement de haut en bas et d'arrière en avant, dont j'ai parlé en m'occupant de la face postérieure du membre. Ce sont les faisceaux des muscles long abducteur (16, fig. 2) et court extenseur du pouce (17, *id.*), contournés sur le bord externe du radius. Plus bas, existe une éminence réunie à la main par une corde tendineuse prononcée ; l'apophyse styloïde du radius (D, *id.*), les tendons du long abducteur et du court extenseur du pouce, rendent compte de ces formes. La corde tendineuse produit le bord externe de la fossette que nous avons déjà étudiée ; la direction de cette fossette oblique d'arrière en avant et de dedans en dehors la rend également visible lorsqu'on regarde le membre de profil. Plus bas encore, on distingue une légère dépression, puis un relief qui commence abruptement et s'arrondit vers le bord externe du pouce. C'est la masse charnue du muscle opposant (20, fig. 2) ; elle forme la partie externe de l'éminence thénar.

Parmi les veines du bord externe du membre supérieur, on remarque la céphalique située quelquefois dans le sillon brachial ; la veine radiale, placée d'abord sur le ventre externe de l'avant-bras et dirigée ensuite sur son bord radial, traverse la fossette radio-carpienne et se réunit à l'arcade dorsale.

A la face interne du bras, un sillon, bordé par deux éminences allongées, s'étend depuis l'aisselle jusqu'au tiers inférieur du membre. Produit par la réunion des saillies musculaires du biceps et du triceps (3, pl. XVII et 6, fig. 2), il est comblé en partie par des vaisseaux et des nerfs importants. Près du pli du bras, ce sillon s'élargit en un plan triangulaire déprimé, correspondant à la portion interne du brachial antérieur (4, fig. 2).

La tubérosité interne de l'humérus (B, fig. 2) forme toujours sur la région interne du coude, une éminence plus ou moins prononcée suivant le degré d'embonpoint, immédiatement suivie d'une légère dépression, puis d'un relief charnu fusiforme dont l'extrémité la plus aiguë est tournée en bas; il correspond au cubital antérieur (12, *id.*) et aux muscles de la tubérosité interne. En avançant vers la partie inférieure du membre, ce fuseau, dont l'extrémité supérieure est légèrement arrondie, se convertit en une surface plane limitée en arrière, par le cubitus, en avant, par le tendon du cubital antérieur. L'apophyse styloïde du cubitus (D, fig. 2), et une partie de la tête de cet os, produisent en ce point deux petites saillies que sépare une gouttière à peine sensible. Au-dessous, est une échancrure assez large correspondant à l'intervalle articulaire du métacarpe et de l'extrémité inférieure du cubitus. Enfin, la partie externe de l'éminence hypothénar, convexe dans tous les sens et formée, en ce point, par l'adducteur, le court fléchisseur et l'opposant du petit doigt (2, 4, pl. XIV, fig. 4, 6, pl. XV, fig. 4), vient se terminer au niveau de l'articulation de l'auriculaire avec le dernier os du métacarpe.

La veine basilique se montre souvent dans le sillon interne du bras; le bord interne de l'avant-bras est sillonné par les veines cubitales qui viennent se joindre à celle du pli du bras, et en bas, à la partie interne de l'arcade dorsale.

§ II.

Formes particulières aux différents âges et au sexe féminin.

A. *Enfance.* — Les formes musculaires sont entièrement masquées par le tissu cellulaire ; la saillie deltoïdienne de l'épaule existe, il est vrai, mais à peine distingue-t-on la forme du muscle. Le bras et l'avant-bras sont arrondis et séparés : en avant, par un sillon qui s'efface pendant l'extension : en arrière, par une fossette située au niveau de l'olécrâne. Deux autres sillons courbes dessinent, en quelque sorte, un bracelet autour du poignet ; de petites fossettes se montrent sur les articulations. Le coude descend à peu près au niveau de la base de la poitrine : la main, un peu au-dessous de l'articulation coxo-fémorale.

A mesure que l'enfant se développe, le membre s'amaigrit, les formes se prononcent plus nettement, la saillie acromio-claviculaire se modèle, on distingue la pointe du deltoïde, le pli du bras s'allonge en fer de lance, les cordons veineux sont très-apparents, la fossette postérieure s'efface de plus en plus ; les saillies tendineuses et osseuses du poignet soulèvent le tégument, la main s'allonge, les cordes tendineuses et les colonnes osseuses des métacarpiens accidentent sa face dorsale ; les doigts sont plus grêles, leurs articulations deviennent saillantes, et les plis si nombreux du poignet et de la main se gravent plus profondément. Chez les jeunes gens, l'ensemble du membre supérieur est presque toujours d'autant plus maigre, qu'ils approchent davantage de la puberté ; les formes des muscles ne commencent à se modeler nettement qu'après cette époque de transition, et ce n'est guère que de vingt-cinq à trente ans que le système musculaire se montre dans toute sa puissance, à moins qu'il ne se développe prématurément sous l'influence de l'exercice.

B. *Vieillesse.* — Les membres supérieurs du vieillard sont remarquables par leur maigreur et leurs reliefs anguleux. Les muscles ont perdu la vigueur dont ils jouissaient pendant la période moyenne de la vie ; ils s'atrophient dans l'inaction ; on suit aisément leurs contours, parce qu'ils sont dépouillés de graisse et que la peau s'applique exactement sur leurs faisceaux secs et allongés. Les veines sont énormes, la peau se couvre de rides et de plis innombrables, principalement sur le dos de la main ; des cannelures longitudinales se creusent parfois sur les ongles, et les doigts décharnés ont peine à s'étendre complétement.

L'articulation acromio-claviculaire, l'apophyse acromion, les tubérosités de l'humérus et les extrémités inférieures des os de l'avant-bras, les articulations métacarpophalangiennes et phalangiennes produisent autant de saillies remarquables recouvertes par la peau flasque et amincie.

C. *Femme.* — L'ensemble du membre supérieur est plus harmonieux chez la femme que chez l'homme ; les proportions relatives du bras et de l'avant-bras sont mieux observées. On distingue à peine l'articulation acromio-claviculaire ; le bras, assez fort et arrondi, s'attache grassement au tronc ; l'épaule, dont le contour est d'une grande pureté, se continue avec la face externe du bras où l'on distingue à peine les traces des faisceaux musculaires. Les formes aiguës du coude sont atténuées par le tissu cellulaire, même lorsque le bras est fléchi ; la beauté des lignes de l'avant-bras n'est troublée que par quelques légères saillies tendineuses ; la peau, blanche, fine et transparente, laisse apercevoir des filets azurés. Attachée très-élégamment à un poignet d'une grande finesse où se dessinent des plis articulaires, la main est remarquable par la délicatesse de ses proportions. Les saillies, les dépressions, les cordes tendineuses, qui dénotent chez l'homme la puissance de cet organe, sont remplacées chez la femme par des formes gracieusement arrondies. Les plis cutanés sont moins prononcés ; les doigts effilés ont leurs extrémités minces et légèrement renversées en arrière ; les ongles sont roses et taillés en amande ; souvent, de petites fossettes se montrent au niveau des articulations métacarpo-phalangiennes et phalangiennes, lorsque les doigts sont étendus ; enfin, on voit rarement des poils se développer sur la peau.

§ III.

Changements de forme produits par les mouvements du membre supérieur.

Les mouvements du membre supérieur sont très-variés, aussi les formes subissent-elles de nombreuses modifications. L'épaule, l'avant-bras, le bras et la main peuvent se mouvoir séparément, deux à deux, ou tous ensemble, et c'est précisément ce qui donne au membre thoracique la faculté de remplir des fonctions si variées. Si l'on voulait décrire à la fois les changements de forme produits par tous ces mouvements, il serait impossible d'en donner une idée claire et précise ; je décrirai donc séparément les modifications subies par chaque fraction du membre ; néanmoins, je ne séparerai pas les mouvements du bras de ceux de l'épaule, parce que l'une ne peut se mouvoir sans entraîner l'autre, et que les artistes ont bien rarement, peut-être jamais, occasion de reproduire les déplacements propres de l'épaule. Ainsi donc, nous étudierons : 1° les changements de forme du bras et de l'épaule, 2° ceux de l'avant-bras, et 3° enfin, ceux de la main.

1° *Changements produits par les mouvements du bras et de l'épaule.* — Le bras s'élève en s'écartant du torse dont il se rapproche en s'abaissant ; il s'élève en avant, se dirige en arrière, exécute des mouvements de circumduction et de rotation sur son axe, et peut encore se porter devant ou derrière la poitrine.

Extension en dehors. — Le mouvement d'extension latérale ou d'abduction du bras est toujours accompagné de l'élévation de l'épaule. On voit alors l'angle inférieur de l'omoplate se porter en dehors et en haut ; les extrémités externes de la clavicule et de l'épine scapulaire s'élèvent et se rapprochent du cou ; conséquemment, la saillie acromio-claviculaire suit la même direction, mais au lieu de proéminer davantage, elle s'efface peu à peu, et l'on croirait, au premier abord, qu'elle s'est abaissée. Des reliefs musculaires assez prononcés correspondent à la portion supérieure du trapèze, au sus-épineux, au deltoïde, au faisceau supérieur du grand pectoral, au biceps brachial ; une dépression irrégulière indique l'insertion aponévrotique du trapèze et du deltoïde dont l'angle inférieur se perd dans une fossette anguleuse. On remarque au-dessous de l'aisselle les faisceaux du grand dentelé, le creux axillaire et les deux reliefs longitudinaux produits par la distension des muscles qui limitent l'aisselle en avant et en arrière.

Toutes ces formes, occasionnées par l'élévation naturelle du bras, se modèlent très-vigoureusement lorsque le membre s'élève avec effort. Alors surviennent de nouveaux changements. Le faisceau externe du sterno-cléido-mastoïdien, la partie supérieure du trapèze, se contractent avec force ; l'omoplat-hyoïdien se dessine en travers de la fosse sus-claviculaire dont la profondeur est augmentée ; on remarque surtout le relief considérable du muscle sus-épineux. Ce relief nous fournit un exemple très-remarquable à l'appui de ce que nous avons dit du rôle que jouent, relativement aux formes, certains muscles situés sous les muscles superficiels. N'oublions pas le gonflement très-marqué de la veine jugulaire. En même temps, la tête est entraînée du côté opposé par les muscles du cou dont les masses deviennent très-apparentes. Ces formes remarquables et leurs causes sont représentées très-exactement par les fig. 1, 2, 3 et 4 de la pl. XVIII. Nous en recommandons particulièrement l'étude.

Nous ne décrirons pas les changements qui ont lieu quand le bras s'abaisse ; ce mouvement est presque toujours produit par le simple relâchement des muscles élévateurs ; pour que les formes nouvelles méritent notre attention, il faut que le membre s'abaisse avec effort. Supposons que le modèle tire verticalement avec le bras étendu, sur une corde fixée au plafond, l'omoplate s'abaissera et son angle inférieur se reportera en dedans vers la colonne vertébrale; des saillies prononcées traduiront à l'extérieur les contractions du grand dorsal, du grand pectoral et du grand rond.

Extension en avant. — L'omoplate exécute toujours un double mouvement d'élévation et de rotation en dehors, mais moins prononcé que dans l'extension latérale; la dépression aponévrotique de l'épaule se montre encore, le deltoïde se contracte dans ses trois quarts antérieurs environ, la dépression deltoïdienne augmente de profondeur ; le sus-épineux, le biceps, se gonflent légèrement ; le coraco-brachial et la partie supérieure du grand pectoral se modèlent à peine, à moins que le bras ne soulève péniblement un fardeau.

Quand on abaisse le bras avec force, le grand rond, le grand dorsal et la partie inférieure du grand pectoral se contractent d'une manière évidente, et les deux bords de l'aisselle s'épaississent en se raccourcissant.

Si l'on continue ce mouvement, de manière à porter le bras *en arrière*, la tête de l'humérus viendra soulever la partie antérieure de l'épaule, les saillies musculaires seront formées par le grand rond, le grand dorsal, le deltoïde, la partie postérieure du triceps et le sus-épineux. Pour ramener vivement le bras en avant, les muscles élévateurs se contracteront avec plus ou moins d'énergie.

Suspendons l'action du deltoïde ; le grand pectoral, aidé par quelques muscles élévateurs, tels que le biceps, le coraco-brachial, portera le membre devant la poitrine;

si le bras est entraîné derrière le tronc par le grand rond
et le grand dorsal, des plis nombreux se formeront dans
l'angle de réunion du bras avec le torse, l'omoplate
se portera en dedans vers la colonne vertébrale, et
quand les deux membres exécutent ensemble le même
mouvement, la gouttière dorsale augmente considérablement de profondeur, ou bien les deux reliefs qui la limitent se mettent en contact, et l'omoplate se détache du
tronc d'une manière très-remarquable. Toutes les fois
que le bras se place devant ou derrière la poitrine, l'articulation acromio-claviculaire devient plus saillante.

La *circumduction* résulte du passage successif du bras
par les diverses positions dont je viens de décrire le mécanisme.

Rotation. — Exécutée en dehors ou en dedans, la rotation ne produit pas des changements de formes musculaires assez sensibles pour mériter une description particulière. Le bras (pl. XIV, fig. 1) exécute la rotation en
dehors.

2° *Changements produits par les mouvements de l'a-
vant-bras.* — L'avant-bras exécute sur le bras quatre
mouvements : la flexion, l'extension, la rotation en dehors
ou supination, et la rotation en dedans ou pronation.

Flexion. — Si l'on a bien étudié les dispositions et surtout les points d'attache des muscles représentés (pl. XIV),
on comprendra tout de suite le mécanisme du mouvement
de flexion. Les premiers rôles appartiennent évidemment
au biceps et au brachial antérieur. La saillie du biceps est
surtout remarquable ; quand la contraction est énergique,
on voit ce muscle se gonfler et se raccourcir parfois au

point de n'avoir plus que la moitié de sa longueur, tandis qu'il se déprime brusquement au niveau de son tendon inférieur. Le long supinateur se fait sentir à la partie externe, et tous les muscles fléchisseurs de l'avant-bras insérés sur l'humérus entrent en contraction ; mais le grand développement des ventres interne et externe de ce membre est dû, en partie, à la pression que la région moyenne de l'avant-bras éprouve en rencontrant le bras, pression qui détermine l'écartement latéral des masses musculaires.

Les formes du coude sont profondément modifiées pendant la flexion. L'olécrâne fait une saillie très-prononcée et semble vouloir percer la peau (A, B, pl. XVI, fig. 4 et 3, et B, B, pl. XVII, fig. 3 et 4) ; au-dessus, un méplat considérable répond au tendon large et aplati du triceps (4, pl. XVI, fig. 4) ; la fossette située en dehors de la tubérosité interne de l'humérus s'efface complétement.

Extension. — Il est inutile de décrire l'extension ; il suffit de dire que l'avant-bras reprend peu à peu l'aspect qu'il avait avant d'être fléchi. Remarquons toutefois que si le membre s'étend avec effort, le triceps soulève la peau du bras, et le tendon de ce muscle forme un méplat à peu près jusqu'au milieu du membre. Ce plan se rétrécit à mesure qu'il se rapproche des fibres musculaires. Il est évident que les extenseurs situés à l'avant-bras et insérés sur l'humérus se contractent en même temps et augmentent le volume du membre.

Rotation en dehors et en dedans ; supination et pronation. — Je ne décrirai que la *pronation*, parce que c'est le mouvement le plus important et que, d'ailleurs, les extrémités supérieures des figures d'ensemble et les membres dessinés dans l'Atlas, sont tous placés en supination. Les figures 3 et 4 des planches XVI et XVII représentent la pronation de l'avant-bras. On remarquera que ce mouvement est accompagné de la flexion de l'avant-bras sur le bras. J'engage mes lecteurs à étudier avec soin ce que j'ai dit des mouvements de pronation et de supination, en décrivant les articulations du radius avec le cubitus, dans la première partie de cet ouvrage (1), avant de passer à la description suivante.

Les changements de forme musculaire de l'avant-bras, pendant la pronation, sont peu sensibles, mais l'aspect général du membre est modifié par la rotation ou la torsion que subissent toutes les parties. Les muscles fixés d'une part à la tubérosité interne de l'humérus, et de l'autre au radius ou en un point correspondant à cet os, se contractent et le ventre interne de l'avant-bras se renfle, se raccourcit et se termine par un sommet anguleux, à la tubérosité humérale interne. Une dépression transversale et quelques plis correspondent à l'expansion aponévrotique du biceps (3, pl. XVII, fig. 4). Les tendons des muscles palmaires (9 et 10, pl. XVII, fig. 4) font saillie sous la peau dans le voisinage du poignet. Les muscles de la tubérosité externe s'affaissent ; mais lorsque le poignet et l'avant-bras sont fléchis, la peau du pli du bras est soulevée fortement, en dehors, par les muscles long supinateur et radiaux (5, 6, 7, pl. XVI, fig. 4), qu'une gouttière assez profonde sépare de la

____

(1) Page 89.

masse des muscles long extenseur commun des doigts, propre du petit doigt et cubital postérieur (8, 9, 10, pl. XVI, fig. 4).

L'extrémité inférieure du cubitus (B, pl. XVI, fig. 3) et le tendon du cubital antérieur distendent la peau (12, pl. XVI, fig. 4); ces deux saillies sont séparées par une fossette allongée assez profonde (fig. 3).

Près du coude, l'anconé (11, pl. XVI, fig. 4) dessine sa forme anguleuse, et sa pointe vient se terminer dans une gouttière peu prononcée qui sépare le cubital postérieur de l'antérieur. Vers l'extrémité inférieure du bord externe de l'avant-bras, un relief longitudinal, oblique d'arrière en avant, de dehors en dedans et de haut en bas, produit par les muscles long abducteur et court extenseur (13, pl. XVI, fig. 4, et 14, 15, pl. XVII, fig. 4) et par leurs tendons, croise la direction du cubitus. La contraction du biceps (3, pl. XVII, fig. 4) est très-forte pendant ce mouvement, car non-seulement ce muscle est fléchisseur, mais il est encore rotateur en dedans de l'avant-bras, ou pronateur, en raison de son attache inférieure à la tubérosité bicipitale du radius. Ainsi, les muscles qui se trouvaient à la partie postérieure du bras se contournent de telle manière que leurs extrémités inférieures se portent en avant et en dedans, tandis que leurs extrémités supérieures ne changent pas de place. Les muscles antérieurs se contournent en sens contraire, et cette torsion des puissances actives superficielles explique parfaitement l'apparence du membre.

3° *Changements produits par les mouvements de la main et du poignet.* — Les formes de l'avant-bras ne sont pas considérablement modifiées par les mouvements de flexion, d'extension, ni par les flexions latérales de la main.

La *flexion* donne lieu à la formation de deux ou trois grands plis à concavité inférieure, qui embrassent la partie antérieure du poignet en se dirigeant de dehors en dedans et de bas en haut. La fossette triangulaire située entre les tendons des muscles court extenseur, long abducteur du pouce et celui du long extenseur du même doigt, s'efface complétement. Il se forme aussi deux ou trois plis à la partie interne du poignet, lorsqu'on *fléchit la main en dedans*, et la fossette triangulaire est rendue plus profonde par la saillie tendineuse du long extenseur du pouce. La *flexion en dehors* et *en arrière* est à peine accompagnée d'un léger froncement de la peau, mais pendant l'*extension forcée* les tendons extenseurs soulèvent fortement la peau et dessinent, sur le dos de la main, trois branches bien accusées qui vont aboutir à l'indicateur, au médius et à l'annulaire ; une petite fossette les limite en dedans, près du poignet, et une autre, plus profonde, les limite en dehors et se trouve elle-même bornée par la forte saillie du tendon long extenseur du pouce.

Lorsqu'on ferme le poing en même temps qu'on fléchit la main sur l'avant-bras, les plis antérieurs du poignet sont moins apparents et l'on distingue fort bien les tendons des muscles cubital antérieur, fléchisseurs des doigts, grand et petit palmaires ; en même temps, le ventre interne de l'avant-bras se gonfle et un long méplat tendineux se forme à la partie interne du membre.

En arrière, les muscles sont tendus et se dessinent quelquefois assez nettement.

Parmi les mouvements de la main, les plus remarquables sont ceux du pouce. Quand il s'éloigne des autres doigts (*abduction*), le tendon du long extenseur et ceux du court extenseur et du long abducteur soulèvent la peau et produisent les deux fossettes dont nous avons déjà parlé. Revient-il dans l'*abduction*, les fossettes diminuent de profondeur, et il se forme en avant et en arrière deux saillies correspondant : la première à l'adducteur du pouce, l'autre au premier interosseux dorsal. On fait reparaître les fossettes en portant le pouce en arrière et en dehors ; le premier interosseux contracté est en outre repoussé en arrière et produit une saillie ovalaire. Si, au contraire, on ramène le pouce fortement en dedans (*opposition*), les fossettes s'effacent, les muscles de l'éminence thénar se gonflent, les plis qui représentent le premier et le troisième jambages de l'M majuscule dessiné dans la paume de la main se creusent davantage ainsi que ceux de la base du pouce, et la saillie de l'interosseux dorsal diminue.

Le second et le quatrième jambage de l'M, se gravent profondément, surtout quand on fléchit les doigts ; pendant ce mouvement, les plis articulaires de la face dorsale des doigts disparaissent peu à peu, ainsi que les saillies tendineuses du dos de la main.

CHAPITRE VII.

§ 1.

La cuisse, la jambe et le pied composent le membre inférieur ; l'articulation de la hanche, qui réunit la cuisse au tronc, a été décrite avec les régions latérales de ce dernier.

Le muscle droit antérieur de la cuisse (6, pl. XIX, fig. 2), étendu un peu obliquement de haut en bas et de dehors en dedans, forme un beau relief dont l'extrémité supérieure présente une légère dépression angulaire produite par l'écartement des muscles tenseur de l'aponévrose fémorale et couturier (4, 5, fig. 2), et située un peu au-dessous de l'épine antérieure et supérieure de l'os des îles (A, fig. 2). En bas, le relief du droit antérieur se rétrécit et vient se terminer en une surface plane, à peu près triangulaire, au-dessus de la rotule (C, fig. 1 et 2). Ce plan correspond au tendon du muscle, bordé par les saillies du vaste externe et du vaste interne (7, fig. 2, et 3, 3, fig. 3) qui confondent leur tendon avec celui du droit antérieur, pour aller s'insérer avec lui sur la rotule. Une saillie peu sensible, convertie plus bas en une gouttière, et que l'on peut suivre depuis l'épine antéro-supérieure de l'ilium jusqu'au côté interne du genou, borne en dedans le relief crural antérieur et s'en écarte inférieurement, pour se porter en dedans de la saillie ovalaire du vaste interne; cette forme est produite par le muscle couturier (5, fig. 2).' En dehors et en haut, se dessine d'abord la partie antérieure du tenseur de l'aponévrose fémorale, dirigée en bas, en arrière et en dehors ; puis une portion du vaste externe qui se réunit au tendon rotulien commun. Ainsi donc, le relief fémoral antérieur doit sa forme ovalaire aux deux sillons peu profonds que produisent les saillies de ses fibres musculaires, de celles du tenseur aponévrotique et du vaste externe en dehors, et des muscles couturier et vaste interne en dedans. Mais toutes ces formes se confondent en une large surface convexe limitée, en dedans, par le sillon du couturier et le relief du vaste interne, et terminée à sa partie inférieure par une dépression profonde.

Une surface triangulaire, bornée en haut et en dedans par le pli de l'aine, en dehors par le sillon couturier, s'arrête à une dépression due au passage du muscle couturier vers la partie interne du membre. L'extrémité inférieure des muscles psoas et iliaque (1, 2, fig. 2), le pectiné, les adducteurs et le bord antérieur du droit interne (9, 10, 11, fig. 2, et 6, 7, 8, fig. 3) produisent ce plan qui appartient en partie à la face interne de la cuisse, mais que je décris ici parce qu'il est parfaitement visible quand on regarde le membre par sa face antérieure.

La saillie rotulienne (C, fig. 1 et 2) succède au méplat que détermine le tendon du droit antérieur. La base de cette saillie triangulaire, à angles arrondis, se continue avec le méplat du tendon du droit antérieur; son sommet se confond avec le plan du tendon rotulien qui de la rotule s'étend à la tubérosité antérieure du tibia (D, fig. 2), et avec les pelotons graisseux proéminents sur les parties latérales de ce tendon. Le peloton graisseux sous-rotulien se prolonge jusqu'à la tubérosité antérieure en formant un coussinet dont la saillie est due en partie au ligament de la rotule. On voit en effet que ce ligament est soulevé par le tissu adipeux, mais que néanmoins il exerce toujours une compression suffisante pour repousser ce dernier vers les parties latérales où il se traduit par deux éminences qui débordent sur les côtés de la rotule; plus bas, le coussinet disparaît sous le ligament, au-dessus de la tubérosité tibiale antérieure. Ainsi donc, le triangle rotulien semble loger son angle inférieur, dans l'échan-chure d'une éminence à peu près semblable, par la forme, à un cœur de carte à jouer, légèrement déprimé sur la ligne médiane et dont la pointe aboutirait à la tubérosité du tibia. Cette dernière éminence est moins sensible que les précédentes et s'élève au fond d'une dépression anguleuse correspondant au tibia. En dehors et au-dessus de la rotule, la peau s'enfonce dans un vide assez étendu creusé entre les saillies du vaste externe et des muscles de la jambe.

La jambe a une forme à peu près prismatique; des trois faces du prisme, la postérieure correspond aux muscles jumeaux, les deux autres s'étendent, l'une en dedans, l'autre en dehors de la crête du tibia. Il résulte de cette disposition, qu'en regardant la partie antérieure du membre, on voit à la fois sa face interne et sa face externe; par conséquent, on ne peut éviter de décrire des formes qui se représenteront plus tard sur les parties latérales.

On ne sera donc pas étonné de trouver dans ce chapitre des répétitions que j'aurais pu éviter, il est vrai, en divisant la jambe en trois faces; mais cette division n'aurait été en rapport ni avec celle de la cuisse, ni avec les figures qui représentent les quatre côtés du membre.

La crête ou bord antérieur du tibia (D, fig. 1), convexe en avant, se dessine vigoureusement depuis la tubérosité de cet os jusqu'à la malléole interne. Ce bord est surtout sensible à la partie supérieure, où il présente une légère courbure à concavité externe; plus bas, il est recouvert par le jambier antérieur (12, fig. 2), et vers le tiers inférieur du membre, il s'infléchit en dedans et s'arrondit transversalement. En dehors de cette crête, le jambier antérieur d'une part, et les péroniers latéraux, le long extenseur commun des orteils, et le long extenseur du gros orteil, d'autre part (12, 13, 14, pl. XIX, fig. 2, et 11, 12, pl. XXII, fig. 2), forment deux plans de largeur inégale; le premier est fusiforme et se termine en pointe au niveau de la tubérosité tibiale; en bas, il se rétrécit et change d'aspect. Sur une jambe maigre, on distingue quelquefois en ce point la trace du tendon du jambier antérieur. Ce premier plan suit, en dedans, la direction de la crête tibiale. Le second est moins large de moitié et côtoie le bord externe du précédent au-dessous duquel il commence; il se porte ensuite vers l'articulation du pied, en conservant toujours la même largeur; mais en haut, les fibres musculaires constituent un faisceau puissant et proéminent en dehors, tandis que plus bas, elles disparaissent peu à peu et cèdent enfin la place aux tendons. Une dépression légère se montre ordinairement vers l'union du tiers supérieur de

la jambe avec son tiers moyen; je crois qu'elle dépend
surtout de ce que le soléaire, qui déborde un peu en
dehors, se rétrécit tout à coup et cesse de se faire sentir
en arrière du long péronier latéral.

La crête tibiale est accompagnée en dedans et dans
toute sa longueur par un méplat allongé, un peu plus
large supérieurement, et dont l'extrémité inférieure se
contourne en dedans et s'infléchit dans le même sens,
pour former la malléole; c'est le méplat tibial produit par
la face interne sous-cutanée de cet os. Il paraît s'élargir
vers son extrémité supérieure, parce que le tendon épanoui
du couturier vient s'insérer sur le tibia et soulève la peau.

En dedans et en arrière du méplat tibial, se modèlent
deux reliefs séparés, vers la partie moyenne de la jambe,
par un sillon qui prend naissance à peu près au niveau de
la tubérosité antérieure du tibia, suit le bord interne de
l'os jusqu'à sa partie moyenne, et s'efface peu à peu en
se recourbant en dehors et en arrière. Le relief placé au-
dessus et en arrière de ce sillon est plus prononcé que
l'inférieur; il commence près de la dépression interne du
genou (D, pl. XIX, fig. 2), se renfle d'abord, puis s'affaisse assez brusquement au-dessus du sillon auquel succède le relief inférieur. Celui-ci, beaucoup moins saillant
que l'autre, semble continuer le méplat tibial en se dirigeant néanmoins en dehors, en arrière et en bas, vers la
malléole interne, au-dessus de laquelle nous le voyons
disparaître. Le bord épais du muscle jumeau interne
(18, fig. 2) produit le premier relief, le second est formé
par le bord du soléaire et le long fléchisseur commun des
orteils (19, 20, *id.*).

Tout à fait à l'extrémité inférieure du membre, plus bas que la malléole interne, un angle rentrant, peu marqué, à sommet arrondi, réunit le pied à la jambe. On explique parfaitement cette dépression par la présence de la portion latérale interne du ligament tarsien (20, pl. XXI et XXIV, fig. 2, pl. XIX, fig. 2), dont la bandelette antérieure est visiblement soulevée par le tendon du muscle jambier antérieur, dirigé vers la partie interne du pied. . Les autres tendons, situés au niveau de l'articulation, ne deviennent bien visibles que pendant la flexion du pied sur la jambe. Sur les deux côtés du pli de l'articulation, on remarque deux saillies osseuses (A, B, pl. XXIV, fig. 4), que je décrirai avec les faces latérales.

Une surface convexe dans tous les sens, oblique d'arrière en avant, de haut en bas et de dedans en dehors, succède au pli articulaire; c'est le dos du pied. Plus élevé et fortement convexe en dedans près de l'articulation, il s'incline vers l'extrémité des orteils et vers le bord externe du pied, de manière à former une surface à double inclinaison sur laquelle on remarque plusieurs éminences et des dépressions que nous allons étudier.

En procédant de dedans, en dehors, nous trouvons d'abord la continuation du tendon du jambier antérieur (4, fig. 4, pl. XXIV) qui va se perdre sur le côté interne du pied, vers sa partie moyenne; puis le tendon de l'extenseur propre du gros orteil, dirigé obliquement de dehors en dedans (3, fig. 4); enfin, les quatre cordes tendineuses de l'extenseur commun, disposées en éventail comme celles du dos de la main, depuis le ligament annulaire jusqu'aux orteils qu'elles sont destinées à mouvoir (2, fig. 4, *id.*). Il est rare que les saillies du pédieux (6, *id.*) soient apparentes dans l'intervalle des tendons précédents. Tous ces reliefs tendineux, à peine visibles lorsque les muscles ne sont pas contractés, limitent des gouttières plus ou moins profondes qui vont en s'élargissant depuis le pli articulaire jusqu'à la base des orteils.

Le point le plus élevé de cette région dorsale porte le nom de cou-de-pied ; il correspond à la saillie des os premier et second cunéiformes (E, G, pl. XXIV, fig. 3) et à leurs articulations avec les deux premiers métatarsiens. Le tendon de l'extenseur propre du gros orteil descend le long de la partie moyenne de cette éminence et concourt à sa production. Les bases des orteils sont situées sur une ligne oblique de dehors en dedans et d'arrière en avant. Les orteils s'élargissent vers leurs extrémités dont la peau se relève sur les parties latérales des ongles. Des quatre fentes qui séparent les orteils, la première est assez large et laisse apercevoir le petit plan incliné qui réunit la face dorsale du pied à la face plantaire ; les quatre derniers orteils sont rapprochés les uns des autres, et il n'existe entre eux aucun intervalle. La dernière articulation phalangienne est indiquée par une légère dépression. Le second orteil est le plus long, les troisième, quatrième et cinquième vont en diminuant, et l'extrémité de ce dernier n'arrive qu'au niveau de l'avant-dernière articulation du deuxième orteil (pl. XXIV, fig. 3).

Les veines que l'on distingue ordinairement sur la face antérieure du membre inférieur sont : en haut, dans le méplat inguinal triangulaire, la grande saphène, puis la saphène interne qui suit à peu près la direction du couturier. On les a indiquées planche XIX, fig. 1.

En dehors, la cuisse présente une large surface convexe qui va en se rétrécissant depuis la saillie du trochanter (C, pl. XXII, fig. 2) jusqu'à l'articulation fémoro-tibiale. La saillie de cette forme produite par le vaste externe (C, fig. 2) que bride le fascia lata, très-prononcée au-dessous du trochanter, s'affaisse peu à peu en approchant du genou. Une autre saillie, située en arrière de la pré-cédente, en est séparée par un large sillon longitudinal aboutissant par son extrémité supérieure à la dépression creusée derrière le trochanter ; inférieurement, il se perd au niveau de l'articulation. La saillie est due au biceps (7, fig. 2) ; le sillon, à l'intervalle existant entre ce muscle et le vaste externe, ainsi qu'à la tension de l'aponévrose, surtout vers le haut de la cuisse. Nous connaissons les formes produites en avant par le droit antérieur, remarquons seulement que la ligne courbe qui limite le profil de la cuisse est complétée en haut par le couturier (4, pl. XXII, fig. 2).

La disposition des plans musculaires et la direction oblique de la cuisse sur la jambe expliquent parfaite-ment la dépression creusée en dehors de l'articulation du genou. L'angle externe de la rotule et son cous-sinet adipeux en avant, en dehors, le tendon inférieur du biceps soulevé par la tubérosité externe du fémur, puis une dépression située un peu au-dessus du niveau de la tubérosité antérieure du tibia, sous la saillie tendineuse du biceps et correspondant à la tête du péroné (F, fig. 2) : telles sont les formes de la face externe du genou.

En arrière de ces éminences, nous trouvons la saillie fusiforme du jumeau externe et du soléaire (9, 10, fig. 2), la petite dépression que j'ai déjà signalée, et le bord latéral d'une puissante corde tendineuse formée par le tendon commun des jumeaux et du soléaire (10, *id.*), prolongé jusqu'au talon ; plus en avant, un léger sillon qui précède les plans des péroniers, de l'extenseur commun (11, 12, 14, *id.*) et la partie supérieure de celui du jambier antérieur (8, *id.*). Au-dessus de l'articulation du pied, on voit une dépression produite par l'intervalle qui sépare le tendon d'Achille des péroniers latéraux. Elle commence au-dessous de la saillie déterminée par le bord externe du soléaire et s'élargit un peu en suivant la direction du tendon jusqu'au-dessous de la malléole externe où elle se contourne en avant. Le tendon du long péronier latéral vient embrasser la saillie osseuse de l'extrémité inférieure du péroné. La partie inférieure du corps de l'os, concave de haut en bas, se termine par la malléole en formant un plan osseux triangulaire, à base inférieure proéminente. Quelquefois les tendons des muscles extenseurs des orteils et péronier antérieur, se dessinent au devant de cette malléole qui descend toujours plus bas que l'interne. On comprend que les cordes tendineuses s'effacent subitement au niveau du pli articulaire, parce qu'elles sont refoulées par le ligament annulaire dirigé obliquement en bas et en dehors. Il est inutile de revenir sur la face dorsale du pied, visible de profil, nous la connaissons déjà ; arrivons tout de suite au bord externe.

Tout à fait en arrière, la partie latérale de la tubérosité

du calcanéum, recouverte par des tissus épais, produit un renflement arrondi, au-dessus et en avant duquel est creusée la gouttière qui contourne la malléole, gouttière due aux saillies du tissu cutané et de la malléole péronière. Une dépression légère aboutit en avant à la tubérosité du cinquième métatarsien réunie à la base du petit orteil par un bord arrondi, correspondant au muscle abducteur de ce doigt (16, fig. 2).

La saphène externe peu apparente, ordinairement située en arrière de la malléole, est la seule veine que je doive signaler sur la partie externe du membre. Vu par sa face interne, le membre inférieur nous laisse apercevoir le méplat du couturier, oblique en arrière, et un sillon qui, suivant la même direction et partant du sommet de la dépression inguinale, se rétrécit et s'efface vers le tiers inférieur de la cuisse. Enfin, en avant du sillon couturier et au-dessus du genou, existe le relief prononcé du vaste interne (6, pl. XXI, fig. 2), interrompu au niveau de l'angle rotulien interne au-dessus de la tubérosité fémorale interne. Derrière l'extrémité supérieure du couturier, les muscles internes de la cuisse, le droit interne, le troisième adducteur, le demi-membraneux et le demi-tendineux (9, 10, 11, 12, pl. XX, fig. 2) constituent un plan large et arrondi. Ce plan se rétrécit peu à peu, forme un faisceau tendineux qui suit le bord postérieur du couturier et va se perdre avec lui sur le côté interne de l'articulation fémoro-tibiale. J'ai signalé la dépression creusée en dehors de l'articulation du genou, et les dispositions musculaires ainsi que l'inclinaison du fémur sur le tibia, nous en ont fourni l'explication ; on a sans doute prévu tout de suite que, par la même cause, il devait exister une saillie en dedans du membre. En effet, c'est ce qui arrive. Au niveau et en arrière de la rotule, la tubérosité interne du fémur et le condyle interne du tibia produisent une large éminence arrondie et très-prononcée, sur laquelle on distingue quelquefois un léger sillon transversal au niveau du point d'union des surfaces articulaires. Au devant de l'éminence interne du genou, une dépression verticale correspond à l'intervalle qui sépare le condyle interne du fémur (B, fig. 2) de la rotule (C, *id.*) ; puis on reconnaît l'angle interne de cet os et la partie correspondante de son peloton adipeux. Un sillon assez apparent, dont la convexité est tournée en bas et en arrière, part du tibia, contourne le condyle de cet os et va se perdre en haut et en arrière, dans le creux du jarret. On voit (pl. XXI, fig. 2), que ce sillon résulte de la présence des tendons réunis des muscles couturier, droit interne, demi-tendineux et demi-membraneux. Le tendon de ce dernier muscle se dessine très-nettement sous la peau.

De la convexité de ce sillon, naît un large relief ovalaire déprimé dans une partie de son étendue, correspondant au jumeau interne et à son aponévrose (13, fig. 2) ; il est terminé en bas et en arrière, par un long méplat triangulaire à sommet inférieur, dû au tendon commun à ce muscle et au soléaire. En avant, cette éminence du mollet est limitée par la gouttière que les fibres musculaires du jumeau produisent en se réunissant au tibia. Une saillie moins prononcée que celle du jumeau, fait suite à cette gouttière et se prolonge jusqu'au voisinage de la malléole interne, laissant entre elle et le tendon d'Achille une dépression marquée. Nous savons déjà que cette forme est due au soléaire et au long fléchisseur commun des orteils (14, 15, fig. 2).

Au devant de ces masses musculaires, on retrouve la face interne du tibia, D, terminée inférieurement par la surface à peu près quadrilatérale de la malléole interne plus large et plus saillante que celle du côté opposé. Une profonde gouttière creusée derrière cette éminence, l'embrasse dans sa concavité. Elle répond à l'union du calcanéum avec l'astragale et à celle de ce dernier os avec le tibia ; limitée en avant par la malléole, elle est bornée en arrière par la tubérosité du calcanéum dont le tendon d'Achille (13, *id.*) et les tissus épais qui le recouvrent, augmentent la saillie. Si la peau suivait exactement les contours osseux, cette gouttière serait très-profonde, mais elle est en partie comblée par le tissu adipeux, les tendons du jambier postérieur, du long fléchisseur commun, du long fléchisseur propre du gros orteil et, de plus, recouverte par un ligament annulaire qui forme, en quelque sorte, un pont étendu depuis la malléole jusqu'à la tubérosité du calcanéum. Cette gouttière se porte obliquement en bas et en avant vers la plante du pied et concourt à la formation de sa voûte. Le bord interne du pied, large et convexe de haut en bas, présente quatre saillies, dont la première, due au scaphoïde, se montre en avant et au-dessous de la malléole ; la seconde, moins prononcée et formée par le tendon du jambier antérieur (18, *id.*), s'étend obliquement depuis le pli de l'articulation, jusqu'à l'extrémité postérieure du premier métatarsien; la troisième est produite par l'articulation de ce dernier os avec la première phalange du gros orteil. La quatrième éminence est située au niveau de la dernière articulation du gros orteil; la saillie osseuse de la base de la dernière phalange, l'épaisseur des tissus, ainsi que l'inclinaison en dehors de la phalange unguéale, en rendent parfaitement compte. Le muscle adducteur du gros orteil (19, fig. 2), revêtu d'une peau très-épaisse, détermine la forme arrondie du bord interne du pied.

La veine grande saphène se montre le long du bord interne du tibia, au-dessus de la malléole et sur le côté correspondant du pied.

Vue par derrière, la cuisse présente une large surface convexe transversalement, qui prend naissance dans le sillon sous-fessier. Formée par le relief des muscles biceps, demi-tendineux, demi-membraneux et, en haut, par le troisième adducteur (5, 6, 7, 8, pl. XX, fig. 2), elle est limitée en dehors par le sillon externe de la cuisse et le vaste externe (4, *id.*), et en dedans, par le sillon couturier. Cette surface convexe s'affaisse au-dessus du pli du jarret et se continue avec la partie supérieure de la jambe en passant entre deux légères élévations que produisent en dehors, l'extrémité inférieure du biceps et en dedans, les tendons réunis des muscles demi-tendineux, demi-membraneux et droit interne (5, 6, 7, 9, pl. XX, fig. 2).

Pour bien comprendre les formes que nous allons décrire, étudions attentivement la fig. 2, pl. XIX, car ici, les muscles se traduisent à l'extérieur avec une grande fidélité.

Les muscles jumeaux (11) sont recouverts et bridés dans la plus grande partie de leur étendue, par l'expansion de leurs tendons supérieurs ; mais deux faisceaux musculaires assez prononcés font saillie dans l'intervalle que laissent entre eux ces tendons, et ces saillies sont d'autant plus fortes, que les muscles sont bridés par les expansions. Vers le milieu de la jambe, les fibres musculaires forment deux ventres vigoureux séparés par une petite dépression anguleuse, et s'infléchissent brusquement en avant, pour se porter sur une aponévrose commune aux jumeaux et au soléaire ; le ventre externe descend beaucoup moins bas que l'interne. L'aponévrose est triangulaire, son sommet correspond à la tubérosité du calcanéum (G, fig. 1, 2). Elle est débordée par le soléaire (13, fig. 2), qui se fait surtout sentir en dehors. En bas, l'aponévrose se rétrécit, se convertit en un tendon fort et épais, et s'épanouit au-dessus du calcanéum qui lui donne attache. Dans son trajet, ce tendon décrit une courbe à concavité postérieure, déterminée par des aponévroses qui l'entraînent vers les os. Inférieurement, il est forcé de se reporter en arrière pour aller gagner le calcanéum.

Le tendon d'Achille est donc libre depuis le quart inférieur de la jambe, jusqu'au talon, et forme une espèce de pont étendu depuis l'extrémité inférieure du soléaire, jusqu'au calcanéum ; on comprend l'existence des deux gouttières latérales, profondes, et dont le fond est occupé en dedans, par les tendons du long fléchisseur commun des orteils, du jambier postérieur, du long fléchisseur propre du gros orteil, et en dehors, par les péroniers latéraux que recouvrent des aponévroses qui les dépriment. Les parties postérieures des malléoles limitent ces dépressions ; tout à fait en bas, le calcanéum surmonté du tendon d'Achille et couvert par le tégument et une épaisse couche de tissu cellulaire, produit une large saillie arrondie en tous sens, mais un peu allongée de haut en bas. Que l'on étudie attentivement ces diverses dispositions, et l'on n'éprouvera plus la moindre difficulté à modeler la face postérieure de la jambe. Le relief médian de sa partie supérieure, les deux plans du mollet, leurs renflements inférieurs auxquels succèdent un méplat légèrement convexe dans le sens transversal, puis un large ruban tendineux très-prononcé et la tubérosité du talon ; enfin les deux gouttières latérales et les saillies malléolaires : toutes ces belles formes ne sont que la traduction fidèle de la disposition anatomique.

Les muscles de la plante du pied ne jouent pas un grand rôle dans la production des formes de cette région, parce qu'ils sont masqués par l'aponévrose plantaire et par l'épaisseur du tégument. En arrière, le talon (A, pl. XXIII, fig, 4, 5), représente une éminence ovoïde, allongée d'arrière en avant et aplatie par la station ; elle se continue en dehors avec un relief allongé qui suit le bord externe du pied, s'élargit, se contourne vers l'articulation du dernier orteil et vient former en arrière des autres appendices, un coussinet arrondi, limité en avant par une rainure profonde creusée à la base des orteils. Le relief que nous venons de décrire est dû aux muscles abducteur et court fléchisseur du petit orteil (5, 6, fig. 4) et à l'interosseux (7, *id.*). Cette rainure, moins prononcée sous le gros orteil, décrit une courbe à convexité antérieure située plus en avant que les échancrures de la face dorsale du pied. La tubérosité prononcée qu'on remarque à la base du gros orteil, correspond à l'articulation de la phalange avec l'os du métatarse ; c'est, en quelque sorte, un talon antérieur.

Les pulpes des orteils, aplaties comme le talon par le poids du corps, représentent des plans à peu près quadrilatéraux ; ils vont en s'agrandissant jusqu'au gros orteil dont le plan est environ deux fois aussi large que celui du second.

En dedans du relief plantaire, se creuse une dépression qui constitue la voûte du pied et va rejoindre le bord interne et la gouttière sous-malléolaire. La plante du pied, étroite en arrière, s'élargit progressivement jusqu'au niveau des articulations métatarso-phalangiennes, puis se rétrécit jusqu'à l'extrémité des orteils. Des rides nombreuses sillonnent sa surface, mais elles sont surtout visibles sous la voûte. Des rides longitudinales plus marquées, coupées par des plis transversaux, sont gravées sur le relief externe.

§ II.

Formes particulières aux différents âges et au sexe féminin.

A. *Enfance.* — Nous connaissons déjà le sillon courbe qui limite les fesses ; chez l'enfant, des plis très-prononcés semblent séparer la cuisse du tronc. Le membre est arqué en dedans, un gros pli se montre à la partie moyenne de la cuisse, un autre, au niveau du genou saillant en dedans et dont les formes sont arrondies ; en arrière comme en avant, d'autres plis séparent la jambe du pied. Les membres abdominaux sont plus courts que les membres thoraciques ; ils ont à peu près le tiers de la longueur totale du corps. Ainsi que je l'ai déjà dit en décrivant les autres parties, les membres inférieurs sont arrondis et n'offrent guère à l'observateur que des coussinets formés par la graisse et séparés par des plis nombreux. Lorsqu'ils prennent du développement, leurs formes deviennent presque toujours grêles, la cuisse et la jambe s'allongent jusqu'à ce qu'elles aient atteint la moitié de la longueur totale du sujet ; les plis s'effacent, les saillies musculaires sont à peine sensibles, les éminences osseuses prédominent, le mollet commence à se dessiner et le tendon d'Achille se détache en arrière.

B. *Vieillesse.* — Les membres inférieurs, mal soutenus par des muscles affaiblis, fléchissent sous le poids du tronc. Tous les reliefs musculaires se dissèquent en quelque sorte ; la dépression interne de la base des cuisses se creuse profondément ; les éminences du genou ne sont plus masquées ou arrondies par le tissu cellulaire ; la crête du tibia ressemble à un coin aigu ; le mollet diminue de volume et ne se maintient plus ferme et immobile pendant la marche, comme chez l'adulte. Les saillies malléolaires et tarsiennes, les cordes tendineuses du pied, les nombreuses rides et les dépressions inter-tendineuses, indiquent la décadence et, si j'ose m'exprimer ainsi, la dessiccation, presque la momification de l'homme parvenu à un âge avancé.

Formes de la femme. — La largeur du bassin de la

femme détermine l'obliquité des fémurs ; aussi la cuisse se dirige-t-elle bien plus en dedans que chez l'homme ; l'articulation du genou fait saillie à la partie interne du membre et la ligne si gracieuse qui limite la cuisse en dehors, se creuse assez fortement au niveau de l'articulation fémoro-tibiale, se relève ensuite et s'arrondit encore en dehors de la jambe. Cette inclinaison de la cuisse sur le bassin et de la jambe sur la cuisse, constituerait une imperfection chez l'homme et lui vaudrait une qualification dérisoire ; elle prête un charme particulier à la femme ; la nature a constamment procédé avec la même prodigalité en sa faveur ; toujours des lignes onduleuses, toujours de la grâce, de la souplesse ; jamais de roideur, d'angles heurtés, de ligne droites et maigres. Sa cuisse, forte et puissante à sa base où elle est en contact avec celle du côté opposé, s'amincit en se rapprochant de l'articulation du genou délicatement modelée, à laquelle succèdent le renflement du mollet et la ligne du tibia. La partie inférieure de la jambe est d'une finesse et d'une élégance trop connues pour qu'il soit nécessaire d'en faire l'éloge ; ajoutez à toutes ces richesses, des malléoles d'enfant, un petit pied coquettement cambré, sillonné d'un réseau veineux qui rehausse la blancheur éblouissante de la peau, et vous aurez tracé l'ensemble séduisant du membre inférieur de la femme.

§ III.

Changements de forme produits par les mouvements du membre inférieur.

Je décrirai successivement les modifications qu'impriment aux formes, les mouvements : 1° de la cuisse sur le tronc; 2° de la jambe sur la cuisse ; 3° du pied sur la jambe ; et 4° des orteils.

1° Changements produits par les mouvements de la cuisse sur le tronc.

La cuisse exécute, comme le bras, des mouvements de flexion en avant, d'extension en arrière, d'abduction, d'adduction, de rotation et de circumduction ; mais l'arrangement des pièces articulaires, la puissance du tégument et des muscles, s'opposent à ce que la mobilité de la cuisse soit aussi grande que celle du bras (1).

Abduction. — Les muscles fessiers et le tenseur de l'aponévrose fascia lata, se contractent vigoureusement, le sillon iliaque se creuse et une dépression marquée se montre au niveau du grand trochanter. Toute la partie externe de la cuisse est tendue, bridée par la bandelette large dont l'extrémité inférieure soulève légèrement la peau.

Adduction. — Lorsque ce mouvement n'est destiné qu'à rapprocher la cuisse de celle du côté opposé, il n'en résulte pas de modification sensible des formes ; mais il n'en est plus de même quand on croise les cuisses. Les adducteurs, le pectiné, le droit interne, en se contractant, dépriment la face interne du membre, tandis que le couturier se raccourcit, s'élargit et se dessine obliquement jusqu'à la partie interne du genou. En dehors, la cuisse est toujours tendue par suite de la distension de

____

(1) Voyez chap. IV, 1ʳᵉ partie.

l'aponévrose fascia lata ; le trochanter soulève la peau et la partie latérale de la fesse s'aplatit.

Flexion de la cuisse sur le tronc. — Une longue et large saillie ovoïde se montre à la partie antérieure de la cuisse ; elle se termine près du genou par un méplat prononcé, sur le côté externe duquel s'élève un relief piriforme dont la grosse extrémité est inférieure. Ces changements résultent de la contraction du droit antérieur (1, pl. XXIV, fig. 2), qui repousse inférieurement le vaste externe en dehors du tendon rotulien. On reconnaît encore l'action du couturier, du psoas, de l'iliaque, des adducteurs et du pectiné (2, 3, 4, 5, 6, fig. 2). Quand la cuisse se fléchit avec effort, on voit une dépression se creuser entre les extrémités supérieures du couturier (2, pl. XXIV, fig. 2) et du tenseur de l'aponévrose (1, pl. XXIII, fig. 2). Le pli de l'aine se prononce vigoureusement et une dépression fessière se montre entre les muscles fessier et tenseur de l'aponévrose (1, 2, pl. XXIII, fig. 2) dont l'action est également mise en jeu. Le pli inférieur de la fesse disparaît, et la partie postérieure de la cuisse se tend et s'élargit (1).

Extension en arrière. — Ce mouvement est très-limité ; pour le produire, le grand fessier se contracte avec force en même temps que les muscles postérieurs de la cuisse : biceps, demi-membraneux et demi-tendineux. Le pli sous-fessier augmente et celui de l'aine s'efface ; la

(1) Pour les figures des planches 23 et 24, outre la flexion, il faut tenir compte de ce que la jambe est fléchie sur la cuisse et le pied appuyé sur le sol.

peau de la cuisse est fortement tendue sur les muscles antérieurs.

Rotation en dehors. — Les fessiers, le biceps, le couturier, sont les principales puissances qui déterminent ce mouvement pendant lequel la saillie trochantérienne se porte en arrière ; mais les contractions musculaires changent fort peu l'apparence ordinaire du membre. Il en est de même pour la *rotation en dedans.* Le trochanter est porté en avant et le membre suit l'impulsion que lui impriment les muscles petit et moyen fessiers, les demi-tendineux et membraneux, et le tenseur du fascia lata. Le plan triangulaire de la partie interne et supérieure de la cuisse, se déprime un peu pendant la rotation en dedans.

Nous ne nous arrêterons pas plus à étudier la circumduction de la cuisse que celle du bras.

Le tronc peut exécuter sur le membre inférieur tous les mouvements que ce dernier exécute sur le bassin, mais les formes de la cuisse sont encore moins altérées que lorsqu'elle est obligée de quitter le sol en soulevant son propre poids et celui de la jambe et du pied.

2° *Changements qui surviennent pendant les mouvements de la jambe sur la cuisse.*

Les mouvements de la jambe sont au nombre de quatre : la flexion, l'extension, la rotation en dehors et en dedans, mais ces mouvements sont excessivement faibles. Toujours, comme on l'a déjà remarqué sans doute, nous retrouvons des mouvements analogues à ceux du membre supérieur.

Flexion. — A mesure que la jambe se fléchit sur la cuisse, les tendons des fléchisseurs soulèvent de plus en plus la peau du jarret en dehors et en dedans ; le soléaire et surtout les jumeaux, se modèlent largement ; les deux méplats aponévrotiques se tendent, dépriment les ventres musculaires qui se ramassent sur eux-mêmes et produisent deux reliefs puissants au-dessus du plan tendineux inférieur en dehors duquel se montre le soléaire. Mais pour que toutes ces formes se manifestent, il faut que le membre fasse un effort assez violent qui exige la contraction énergique des muscles couturier, droit interne, demi-tendineux, demi-membraneux, jumeaux, soléaire (2, 7, 9, 11, 12, pl. XXIV, fig. 2) et biceps (5, pl. XXIII, fig. 2). Lorsque la flexion est complète ou forcée comme dans les fig. 1, 1, 2, 2, pl. XXIII et XXIV, les masses musculaires se rencontrent, se repoussent mutuellement, et l'on voit saillir le mollet sur les deux côtés, tandis que des gouttières profondes se creusent sur les limites des muscles et principalement à la partie interne, près du tibia. La peau antérieure de la cuisse se tend, la région du genou s'allonge peu à peu, la rotule s'abaisse et se fond avec les parties voisines, le triceps s'écarte sous la pression de son large tendon, la tubérosité du tibia se modèle nettement et les condyles du fémur produisent deux saillies dont l'interne est surtout très-prononcée. Toutes ces formes s'effacent à mesure que le triceps ramène le membre dans l'extension.

Je passe sous silence les mouvements de rotation, trop restreints pour entraîner des changements bien appréciables.

3° Changements produits par les mouvements du pied.

Lorsque les extenseurs des orteils et du gros orteil, le jambier et le péronier antérieurs, se contractent, le pied se *fléchit* sur la jambe ; des plis nombreux se forment en avant, au niveau de l'articulation ; la dépression située au-dessus du calcanéum, s'efface, les tendons des muscles que je viens de nommer, soulèvent la peau et sont séparés par des fossettes anguleuses, d'autant plus profondes que la flexion est plus forte.

L'*extension* forcée est produite par les muscles jumeaux, soléaire, fléchisseur des orteils, péroniers latéraux et jambier postérieur. Si le pied rencontre de la résistance, ainsi qu'il arrive lorsqu'on s'élève sur les orteils, une dépression angulaire très-prononcée se creuse à la base de ces appendices, les formes du mollet sont vigoureusement accentuées, des plis se montrent au-dessus du talon qui se porte en haut et en arrière, et le premier cunéiforme (F, pl. XXIV, fig. 3, et G, fig. 1) devient plus saillant sur le cou-de-pied.

Les *flexions latérales*, la *rotation en dedans et en dehors*, sont des mouvements trop faibles pour attirer notre attention.

Il existe une grande analogie entre les mouvements des orteils et ceux des doigts. Ce sont toujours des muscles terminés par plusieurs tendons longs et grêles, qui font mouvoir les différentes pièces osseuses de ces appendices ; mais la main est destinée à saisir les objets, à les embrasser avec force ; le pied, à supporter le corps, à le transporter d'un point à un autre. Aussi la flexion des doigts est-elle très-étendue et l'extension très-limitée, tandis que les orteils se fléchissent à peine, mais s'étendent facilement vers le dos du pied. L'*extension* des orteils met en relief tous les tendons extenseurs qui s'effacent pendant la flexion ; néanmoins, l'extension peut être passive lorsqu'on appuie fortement les orteils sur le sol en inclinant la jambe sur le pied. Alors, comme le représentent les figures 2, 2, planches 23, et 24, les articulations métatarso-phalangiennes et surtout celles du gros orteil, font saillie à la plante du pied dont les plis s'effacent en partie, tandis qu'il s'en forme un grand nombre au niveau et sur la face dorsale des articulations.

Toutes les plis de la plante du pied se gravent plus profondément pendant la flexion de l'extrémité inférieure, ils sont remarquables surtout vers la partie moyenne ; on voit en même temps les éminences ou coussinets que limitent ces plis, se ramasser sur eux-mêmes et devenir plus saillants.

La grande épaisseur du tégument ne permet pas d'apercevoir les formes musculaires de cette région.

CHAPITRE VIII.

ANATOMIE DES FORMES APPLIQUÉES. — DISSECTION DU LAOCOON (1).

J'essayerai, dans ce dernier chapitre, de tracer une rapide esquisse des formes du Laocoon, chef-d'œuvre de la sculpture grecque. Ici, comme toujours, nous sommes obligés d'emprunter nos modèles à l'antiquité, non que certains ouvrages modernes me paraissent dépourvus d'un mérite réel, non que je me laisse entraîner à un aveugle engouement pour tout ce qui porte un cachet d'ancienneté, mais parce qu'il faut choisir les exemples les plus parfaits, parce que les plus grands maîtres, dans les arts, dans les lettres, souvent même dans les sciences, ont toujours demandé leurs inspirations aux monuments de l'antiquité.

Après avoir décrit les formes du corps humain et les différentes parties ou les mouvements qui leur donnent naissance, il reste à prouver aux artistes toute l'utilité de l'anatomie, à leur démontrer combien cette science peut leur faciliter l'étude des modèles et leur fournir de précieux renseignements, lorsque, livrés à leur propre inspiration, ils aborderont les créations originales.

Parmi les admirables restes de l'art antique, il serait difficile de trouver une œuvre plus parfaite et mieux conservée que le Laocoon, aussi l'avons-nous choisi sans hé-

(1) La planche 25 a été exécutée d'après la belle gravure de Bouillon.

siter, comme le type le plus pur, le plus correct, et surtout comme le plus éloquent témoignage en faveur de l'influence que les études anatomiques exercent sur la perfection des œuvres d'art. Les maîtres nous ont légué des monuments auxquels manque l'animation seule pour qu'ils rivalisent avec le grand œuvre de la nature. Lorsqu'on admire cette vérité d'expression, cette harmonie des formes et surtout l'élasticité merveilleuse des tissus, ne semble-t-il pas que le marbre va s'animer subitement, ou plutôt, ne croirait-on pas que, frappé par une puissance supérieure, l'homme s'est pétrifié tout à coup ?

Il était peut-être audacieux de s'attaquer à cette magnifique statue des sculpteurs rhodiens (1), mais tout est si parfait dans ce marbre inimitable, que l'analyse s'effectue en quelque sorte d'elle-même ; les muscles semblent écarter la peau et se disséquer spontanément !

L'artiste distingué qui m'a secondé dans ce travail, a exécuté le Laocoon écorché avec la perfection et l'exactitude dont il fait preuve dans toutes ses productions ; je ne crains pas d'être démenti par lui si j'affirme que ces précieuses qualités, il les doit surtout à ses études anatomiques.

---

(1) Le Laocoon est l'œuvre de trois sculpteurs rhodiens du siècle d'Alexandre : Agésandre, Polydore et Athénodore. Suivant Winckelmann, Agésandre serait l'auteur du personnage principal ; ses fils, Polydore et Athénodore, auraient sculpté les deux enfants du prêtre d'Apollon. Ce groupe splendide fut découvert au XVIᵉ siècle, dans le palais de Titus, par le romain Félix de Frédis. Michel-Ange s'était chargé de refaire en marbre le bras droit, qu'on n'avait pas retrouvé avec le groupe ; malheureusement, le grand sculpteur ne fit qu'ébaucher son œuvre et le bras médiocre en terre cuite, qui existe aujourd'hui, fut exécuté par le Bernin.

Je ne chercherai pas à analyser les beautés innombrables du Laocoon ; tant d'autres, avant moi, se sont livrés à cet intéressant travail ! On peut lire à ce sujet les écrits de Winckelmann, d'Emeric David (1) et de Lessing qui a fait un livre tout entier sur le Laocoon (2). Je ne m'occuperai pas davantage des parties restaurées, auxquelles Eméric David adressait cette apostrophe quelque peu exagérée : — « Les mouvements de la tête, du bras gauche et des pieds, sont d'un homme de cœur ; celui du bras droit est d'un lâche! » — Je n'étudierai que l'expression et surtout les formes considérées sous le point de vue anatomique.

L'expression générale du Laocoon est celle d'une violente douleur morale et physique ; je ne reconnais nullement cette sollicitude paternelle que tant d'auteurs ont prêtée au grand-prêtre d'Apollon. Jette-t-il un regard sur ses enfants? Cherche-t-il, oubliant ses propres souffrances, à les arracher aux mortelles étreintes ? Non, il lève les yeux au ciel, semble accuser les dieux et s'efforce en vain d'écarter les replis tortueux qui l'enlacent.

Au reste, la douleur est admirablement rendue ; partout on en retrouve les traces, depuis le sommet de la tête jusqu'à l'extrémité des membres inférieurs ; non pas de cette douleur qui s'exhale en cris ou en larmes ; les souffrances cruelles qu'il éprouve n'arrachent que des gémissements étouffés à Laocoon; sa bouche est entr'ouverte plutôt par suite de la contraction générale des muscles,

(1) *Recherches sur l'art statuaire.*
(2) *Du Laocoon ou des limites respectives de la poésie et de la peinture,* par Lessing ; traduction de Ch. Vanderbourg.

que pour crier et appeler du secours. La puissance de l'homme supérieur est peinte sur ce vaste front et dans ces arcades sourcilières si largement modelées.

Les mouvements du torse sont d'une vérité saisissante ; les muscles de la poitrine et du ventre se contractent vigoureusement. Tandis que la main gauche cherche à arracher le reptile qui s'attache au flanc de sa victime, le tronc s'infléchit vers la droite et se tord sur lui-même, pour échapper aux blessures du serpent et donner plus de force au bras droit.

Les membres inférieurs sont d'une grande beauté ; en vain ils se raidissent, bientôt, on le voit, ils seront arrachés du sol auquel ils se cramponnent avec force.

Il serait impossible de rendre avec plus de bonheur les efforts du bras gauche puissamment attaché au tronc, cette contraction convulsive est d'une réalité déchirante ; malheureusement, le bras droit est mou et lourd ; il faut avouer que le mouvement est théâtral, froid, et qu'il manquait au *raccommodeur* le feu sacré de l'inspiration.

Les créateurs de ce chef-d'œuvre n'ont voulu négliger aucun détail propre à peindre l'horrible souffrance de la victime ; la contraction du scrotum, le pénis rétracté, n'auront pas échappé à l'investigation de l'observateur attentif. Mais n'allons pas plus loin, on tenterait en vain de retracer toutes les beautés de cette œuvre ; la parole est froide, l'expression impuissante auprès de l'éloquence du marbre !

Il sera plus facile de se rendre compte des formes anatomiques du Laocoon. Pour la face, je renverrai

à ce que j'ai dit à propos des modifications qu'elle
éprouve sous l'influence des mouvements (1), parce que
l'action musculaire ne se traduit pas aussi rigoureusement
que dans les autres parties du corps, et qu'à l'exception
des sourcils que rapprochent l'un de l'autre les muscles
orbiculaires des paupières et sourciliers, et du sillon
facial produit par les muscles zygomatiques, le jeu de la
physionomie est presque entièrement caché par la barbe.
Mais comme la contraction du sterno-mastoïdien gauche
est bien sentie, comme les fossettes sus-clavière et sus-
sternale se creusent profondément! L'épaule en s'élevant,
entraîne la clavicule; le deltoïde se montre avec ses
dépressions aponévrotiques et ses divers faisceaux; on
reconnaît sans peine les limites qui le séparent du grand
pectoral dont le plan large et vigoureux donne tant de
puissance à la poitrine. Les fibres contractées augmentent
la profondeur du sillon sternal que limite le creux xiphoïdien placé à l'origine du sillon médian du ventre. Les
parois abdominales rétractées mettent en évidence la
grande arcade supérieure et antérieure du tronc, largement modelées à l'antique. On distingue toutes les divisions des muscles droits et les sillons qui les séparent des
muscles obliques. L'arcade inférieure du tronc cerne le
bas-ventre dans sa concavité et va rejoindre le sillon
iliaque déchiré par la dent du serpent. Plus haut se renfle
la partie inférieure de l'oblique, à laquelle succèdent les
puissantes digitations de ce muscle et du grand dentelé,
bornées en arrière par le relief du grand dorsal.

____

(1) Chap. 3, § 3, 2e partie.

N'est-on pas saisi d'admiration à la vue de ce calque rigoureux des organes sous-cutanés, et ne fallait-il pas avoir fait sur le modèle vivant une étude approfondie du système locomoteur, pour le traduire avec une telle perfection? Qui ne reconnaîtra au premier aspect, sur le bras gauche, le biceps, le brachial antérieur et le triceps, ainsi que les formes osseuses du coude? Les saillies musculaires de l'anconé, du long supinateur, des radiaux, du cubital postérieur, de l'extenseur commun des doigts et de ses tendons, se montrent aussi bien visiblement sur l'avant-bras (1), et quant à la main, elle ne le cède en rien au reste du membre, sous le rapport des formes.

Nous retrouvons à la cuisse la même conscience d'exécution ; le long ruban couturier, le tenseur de l'aponévrose, s'écartant l'un de l'autre pour loger l'extrémité supérieure du muscle droit antérieur ; puis, entre ce dernier et la partie inférieure du couturier, la masse vigoureuse du vaste interne ainsi que celle du vaste externe en dehors du droit antérieur. Au couturier succède, en dedans, le plan triangulaire des muscles psoas, iliaque, pectiné, premier adducteur et droit interne. Ce plan s'élargit parce qu'il est soulevé par le siége sur lequel est placé le grand-prêtre.

Les formes du genou sont irréprochables ; on y reconnaît la rotule et son coussinet adipeux, embrassés inférieurement par le tendon du couturier ; la tubérosité

______

(1) Nous avons supprimé le repli du serpent qui passe au-devant du membre, pour mettre à découvert les muscles de la région antérieure.

antérieure du tibia est bien visible sur le membre droit. Enfin nous nous rendons un compte aussi exact des formes de la jambe ; rien n'est omis, ni le plan osseux du tibia, ni les deux saillies produites par le jumeau interne, le soléaire et le long fléchisseur des orteils, ni le large relief convexe correspondant aux muscles jambier antérieur, extenseur des orteils, péronier latéral, etc.

Les saillies et les dépressions modelées sur les extrémités inférieures, sont traitées avec le même soin ; les veines gonflées par la contraction musculaire, contribuent encore à animer le marbre. Je n'examinerai pas en détail le pied et la main, cette étude m'entraînerait trop loin ; d'ailleurs chacun pourra suppléer facilement à mon silence et continuer le travail que j'ai ébauché dans ce chapitre.

Les muscles sont presque tous contractés, soit sous l'influence de la douleur, soit pour imprimer au corps les divers mouvements qu'il exécute. Il n'appartenait qu'à ces artistes inspirés de reproduire fidèlement ces belles attitudes, tout en conservant à leur sujet un caractère aussi remarquable de puissance et de noblesse.

Qu'on relise avec soin les paragraphes relatifs aux changements de forme produits par l'action musculaire, et l'on appréciera mieux encore toutes les beautés de cet incomparable chef-d'œuvre qui offre un splendide assemblage des plus belles et des principales positions du corps humain.

Encore une fois, ceci n'est qu'une ébauche, un exemple abrégé d'analyse anatomique ; mais tel qu'il est, ce travail suffira, je l'espère, pour démontrer aux élèves l'immense utilité de l'*Anatomie des formes* appliquée à l'étude des beaux modèles que nous a légués l'antiquité. Et maintenant, hésiteront-ils encore à prendre cette science pour guide dans la séduisante mais pénible carrière qu'ils ont à parcourir?

TABLE DES MATIÈRES

Paris. — Imprimerie de E. MARTINET, rue Mignon, 2.

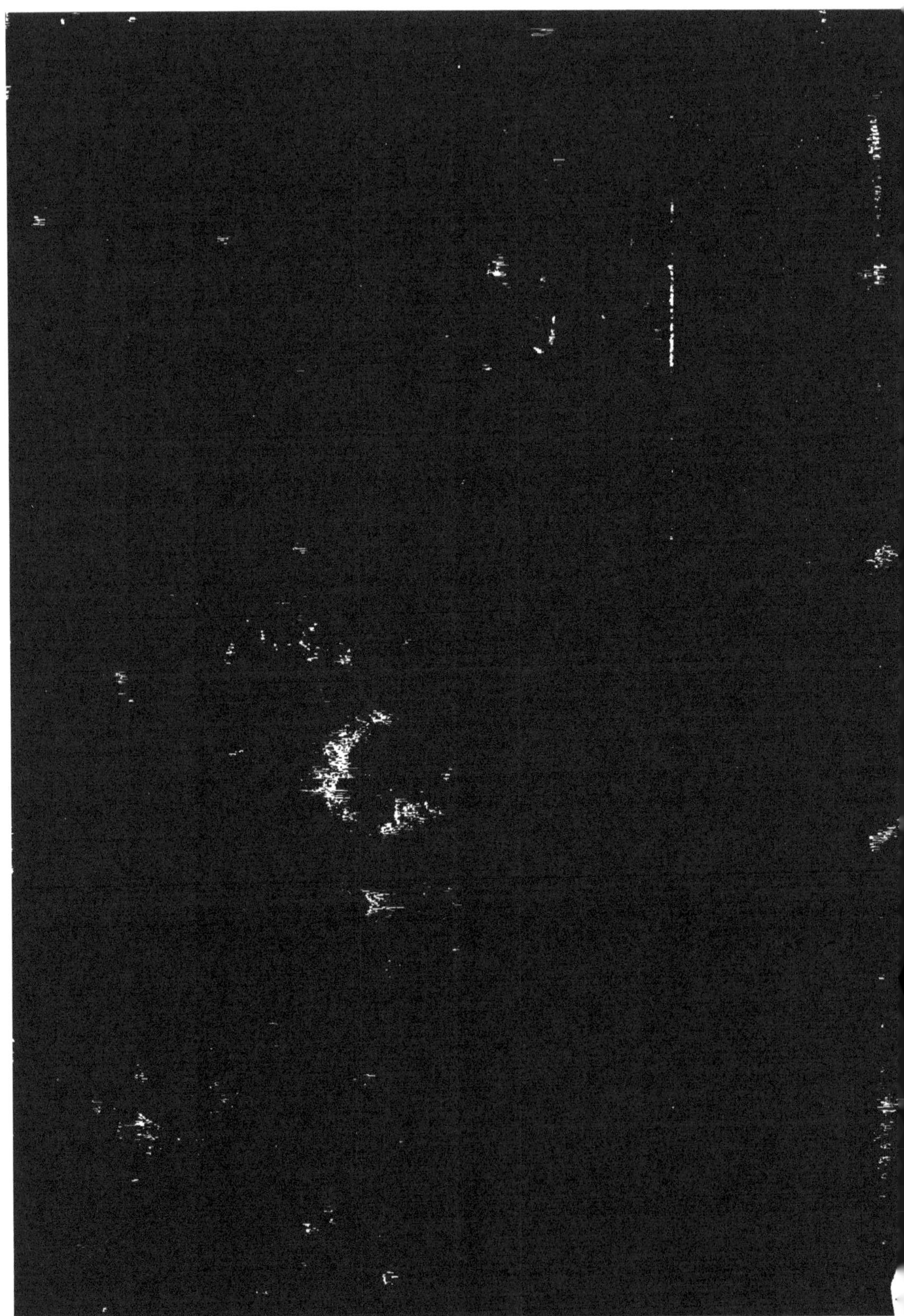